U0691267

行政公益诉讼

诉前程序研究

汪骏良 ◎ 著

中国出版集团
中国民主法制出版社

全国百佳图书
出版单位

图书在版编目（CIP）数据

行政公益诉讼诉前程序研究 / 汪骏良著 . — 北京：中国民主
法制出版社，2024.12. — ISBN 978-7-5162-3822-6

Ⅰ. D925.318.4

中国国家版本馆 CIP 数据核字第 20245QW502 号

图书出品人：刘海涛
出版统筹：石　松
责任编辑：刘险涛　吴若楠

书　　名 / 行政公益诉讼诉前程序研究
作　　者 / 汪骏良　著

出版·发行 / 中国民主法制出版社
地址 / 北京市丰台区右安门外玉林里 7 号（100069）
电话 /（010）63055259（总编室）　63058068　63057714（营销中心）
传真 /（010）63055259
http: // www.npcpub.com
E-mail: mzfz@npcpub.com
经销 / 新华书店
开本 / 16 开　710 毫米 ×1000 毫米
印张 / 15.5　**字数** / 200 千字
版本 / 2025 年 2 月第 1 版　　2025 年 2 月第 1 次印刷
印刷 / 三河市龙大印装有限公司

书号 / ISBN 978-7-5162-3822-6
定价 / 88.90 元
出版声明 / 版权所有，侵权必究。

序

汪骏良博士的《行政公益诉讼诉前程序研究》一书终于付梓！骏良是上海政法学院恢复硕士研究生招生后的第一届学生，我和他相识于他攻读硕士研究生阶段，其后他又攻读了上海财经大学的博士，成为我在上海财经大学法学院指导的第一个博士研究生，目前已是上海杉达学院副教授。作为骏良的导师，有幸见证了他在学术道路上的成长与蜕变，如今看到这部凝聚着他心血与智慧的著作问世，喜悦之情难以言表。所以，当他请我为他的新书作序时，心中满是感慨与欣慰。

骏良在攻读博士学位期间，就展现出了对于行政公益诉讼的学术热情与执着，并在随后的研究中一直将此作为主要研究方向。行政公益诉讼是检察公益诉讼制度的重要组成部分，由诉前程序和诉讼程序两部分构成。而行政公益诉讼的规范的预期目标和实践的成效，都表明诉前程序对于行政公益诉讼具有独特的价值：一是确立了诉前程序的法律地位。诉前程序在行政公益诉讼中处于前置与必经的地位，检察机关启动行政公益诉讼是从启动诉前程序开始的，而且基于诉前程序与诉讼程序的关系，诉前程序中涉及的受案范围、调查核实、证据标准等内容都对后续诉讼程序的启动与推进产生重要的影响。二是丰富了检察权监督行政权的方式。检察机关启动行政公益诉讼以监督行政机关履行公益保护职责的情况在本质上是检察权监督行政权的一种新的方式。检察机关作为宪法所确立的法律监督机关，在应然层面有权对行政权的运行开展监督，但在实然层面检察权对行政权的监督仍然存在诸多短板。而诉前程序在一定程度上弥补了上述短板，不仅构建了一种监督公益保护的新方式，也对检察建议类型与适用的完善、检察权运行方式的适度转变等方面产生了延伸效果。三是实现了制度预期的目标。与同为检察公益诉讼制度组成部分的民事公益诉讼不同的是，行政公益诉讼实现公益保护的预期目标更依赖于诉前程序作用的发挥。也就是说，以诉前程序结案应当成为一种常态，而事实上也的确如此。而要实现这一目标，需要在诉前程序中检察机关与行政机关的关系与互动、公益诉讼检察建议的内容构造、诉前程序的结案标准等方面作出必要的回应。

骏良笔耕不辍，在成书之前已发表多篇与行政公益诉讼相关的论文，本书是在骏良博士学位论文的基础上修订而成的，相较于博士学位论文，无论在内容上还是表达上都有了显著提升。本书聚焦"行政公益诉讼诉前程序"，从理论、规范与实践三个维度开展研究：基于功能主义的路径，揭示了诉前程序的理论基础；通过考察诉前程序从实践尝试到逐步定型实施的过程，分析了诉前程序的特点、确立成效以及存在的不足；以启动、调查核实、制发检察建议以及与诉讼程序的衔接等构成诉前程序的诸环节为线索，结合诉前程序的典型案例，予以全面的审视，并提出针对性的完善建议。该书结构合理、材料详实、体例完整，既总结了过去一段时间以来行政公益诉讼诉前程序的实践经验，又通过对诉前程序各环节的完整且深入的审视，提出了既契合学理性，又具有针对性的完善措施。当然，本书仍有一些需要继续斟酌之处，比如，书中提出的检察公益诉讼中公益识别的诸标准之间的适用关系；又如，检察机关在诉前程序中调查核实权行使的相关问题，等等。期待骏良能够在后续研究中作更深入的思考，形成更丰硕的成果。

此书的出版是对骏良数年来研究行政公益诉讼诉前程序的鼓励，希望他能够以此为契机，继续努力，持续创新，在学术上取得更大的成绩。

是为序！

关保英

上海市人民政府参事

上海政法学院教授、博士生导师

2024 年 11 月于上海

前　言

2014 年 10 月，党的十八届四中全会通过的《中共中央关于全面推进依法治国若干重大问题的决定》中提出"探索建立检察机关提起公益诉讼制度"，由此拉开了检察公益诉讼制度设计与实践的新篇章。该制度基于我国国家治理体系和治理能力现代化的总目标，旨在弥补法律保护公共利益上存在的制度短板。检察公益诉讼制度分为民事公益诉讼和行政公益诉讼，经过试点后，于 2017 年正式载入《中华人民共和国民事诉讼法》和《中华人民共和国行政诉讼法》，成为我国正式法律制度之一。而检察机关也在此背景下，伴随着国家监察制度的建立，重塑了检察业务布局，使公益诉讼检察成为一项全新、独立的检察业务。

完整的行政公益诉讼由诉前程序与诉讼程序共同构成。诉前程序是实现公益保护与监督行政机关履职等制度预期目标的主要方式；诉讼程序则是制度"质"的规定性的体现。经过近 10 年的实践探索与逐步完善，诉前程序已经取得了明显的成效：一是在实在法规范层面，"诉前程序"成为一个正式的实在法概念并且具备了特定的内涵，诉前程序的步骤、环节，以及初步建立运行的规范体系。二是在检察办案实践层面，诉前程序的公益保护与监督行政等目标通过检察机关的办案与结案数量、行政机关的整改比例等方面得到了较为充分的体现，同时检察机关在办案实践中不断总结经验、创新方式，为制定与完善实在法规范奠定了基础。

但是，作为一项仍处于发展阶段的法律制度，随着对诉前程序理论认识的不断深化与实践运行的不断总结，诉前程序在启动、调查核实、制发检察建议以及与诉讼程序的衔接等方面仍需进一步的审视并提出后续完善的建议与意见。特别是检察公益诉讼立法已经纳入了国家的立法规划之中，并且正在有序和快速地推进中，使得对诉前程序相关问题的研究更具价值和意义。

在启动方面，主要涉及启动主体、启动条件和启动竞合等内容。检察机关作为法定的启动主体，具备职能优势、能力优势、地位优势和动力优势。但是，其作为唯一的启动主体也会在案件来源、外部监督与公益构成契合等方面存在问题，需要进一步的完善。行为条件、效果条件和因果关系条件共同构成了启动条件。在判断行为条件时存在以下两方面问题，需要在规范中予以明确：一是"三定"规定、权力清单等在实践中被用于确定行政机关职责的非正式法依据在规范效力上存在不同的认识；二是作为类与不作为类的行政行为在构成标准上各有不同。在判断效果条件时，由于受现行法对公益范围规范方式的影响，会出现救济范围、实践依据、预期目标和领域重叠等问题，而不同规范中有关启动时间的矛盾表述也需要予以解决，以免影响效果条件的判断。由于民事公益诉讼和行政公益诉讼采用的是"诉前程序＋诉讼程序"的结构，因此在特定情况下会出现程序竞合的问题，需要明确检察机关在此情况下如何适用不同的程序。

在调查核实方面，相关实在法规范对检察机关在诉前程序中如何调查核实作出了一系列的规定，包括可以采取的措施、权力行使的界限和调查核实的期限等，为保障检察机关在诉前程序中调查核实权的运行提供了必要的支撑和保障。但是，在具体实践中，调查核实权也面临着作为依据的实在法规范体系性尚显不足、调查核实权的保障有待提升、调查核实的专业性亟须完善等问题，需要对其作出必要与相应的改进。

　　在制发检察建议方面，作为一种柔性的法律监督方式，检察建议用于诉前程序对两者来说都有积极作用：检察建议契合了诉前程序的特点与功能；用于诉前程序之后，检察建议自身也得到了新的发展。与此同时，在检察建议适用于诉前程序的过程中，有关实在法规范地位不明、建议内容安排不当、后续跟踪落实不力等问题仍然存在，需要从规范上作出必要的回应。

　　在与诉讼程序的衔接方面，衔接的标准问题对诉前程序能否结案和是否需要提起行政公益诉讼程序都有重要的影响。实在法规范对此作出了形式标准与实质标准的规定：行政机关是否限期履职并书面回复检察机关是形式标准；公共利益是否得到了有效的恢复是实质标准。而在办案实践中，诉前程序与诉讼程序的衔接出现了一些不一样的做法：行政机关在整改期间作出了行政行为，但检察机关仍然提起了诉讼；检察机关要求行政机关穷尽所有的法律程序，检察机关信任行政机关作出的整改承诺就此结案；检察机关实施了多次或不同形式的诉前督促行为等。这些办案实践中的做法在规范与制度上应当如何看待，事关诉前程序与诉讼程序的转换以及两类程序在行政公益诉讼中所发挥的作用。

目　录

第一章 引 言

第一节 研究目的和意义

行政公益诉讼诉前程序（下文称诉前程序）伴随着检察公益诉讼制度的提出、试点、规范与全面实施过程而不断推进与发展，在公共利益保护与监督行政机关履职的实践中取得了显著的成效，发挥了预期的作用，有关诉前程序的规范构建也逐渐形成体系。当然，诉前程序在不断实践的过程中，也出现了一些问题与不足，需要从理论、规范与实践等多个方面予以回应，以期更好地发挥其应有的作用。总的来说，研究诉前程序具有以下三方面的目的和意义。

一是揭示诉前程序的理论基础。任何具体的法律制度都需要特定的理论基础予以支撑和指导，包括诉前程序在内的整个检察公益诉讼制度具有鲜明的问题导向特征，换言之，法律制度的设计和构建是从中国的实际情况和突出问题出发的。而基于问题导向构建的制度，应当具备坚实的理论基础，实现逻辑自洽。因此，需要在理论上确定诉前程序的基础。

二是梳理诉前程序的实施过程。诉前程序经历了从试点到全面实施，并且进一步发展的实践过程。伴随着这一过程，有关诉前程序的规范也经历了从无到有、渐成体系，并且不断发展的过程。可以说，整个诉前程序的实施过程是包含规范与实践两个层面的发展过程。规范和实践的发展过程既是研究诉前程序的重要素材，也是研究诉前程序的重要背景。

三是审视诉前程序的各个环节。诉前程序是一种法律程序，而法律程序是由各个环节与步骤组成的。因此，诉前程序的各个环节成了研究诉前程序的具体承载和落脚点，而诉前程序的研究成果体现在组成该程序的各个环节与步骤的改善措施与建议之中。

第二节　问题的提出

对诉前程序的研究以其构成的环节和步骤为具体对象和落脚点，并且以实在法规范与运行实践为研究视角。以此观之，诉前程序在启动、调查核实、制发检察建议和与诉讼程序衔接四个环节存在以下问题。

一是启动环节。这一环节中涉及的问题集中于启动主体单一、启动条件适用困难和程序竞合有待明确等方面。

二是调查核实环节。这一环节中涉及的问题集中于有关调查核实的实在法规范依据体系尚未形成、调查核实权运行的保障力度不足、调查核实权的专业性程度有待提高等方面。

三是制发检察建议环节。这一环节中涉及的问题集中于检察建议的实在法规范法律地位尚不明确，以及由此导致的监督失位、建议内容安排失当、制发后跟踪落实被动等方面。

四是与诉讼程序衔接环节。这一环节中涉及的问题集中于在检察机关办案实践中对衔接的标准存在不统一的做法。这些做法与实在法规范所规定的形式标准与实质标准存在矛盾与冲突，从而影响两类程序之间的衔接。

第三节　文献综述

通过查阅相关书籍、论文、实在法规范与办案实践案例等资料，本书将有关诉前程序的既往研究情况概括为以下五个方面。

一是关于诉前程序的价值与功能的研究。薛志远和王敬波（2016）分析了试点前后的 17 个案例，认为诉前程序具有分流功能。胡卫列和田凯（2017）把诉前程序的价值总结为激活行政机关自我纠错的积极性、尊重行政机关在行政职责领域的决定权、经费成本均远低于提起诉讼。胡卫列和迟晓燕（2017）总结认为：诉前程序体现了检察权、司法权对行政权的尊重和自身的谦抑；有助于发挥行政机关自我纠错、主动履职的能动性；可以有效节约司法资源，提高检察监督效益。刘辉（2017）指出，行政诉前程序旨在督促行政机关履行职责。张彬和张一博（2017）认为，诉前程序具有促进检察机关、行政机关和审判机关制衡关系公平的价值，提高检察机关提起行政公益诉讼效益的价值，完善检察机关法律监督职能行使秩序的价值，以及具有衔接、协调和分流功能。沈开举和邢昕（2017）认为，诉前程序是公共利益的救济手段，是行政系统内自我监督的要求，是违法行政责任的纠错形式。王春业（2018）指出，诉前程序可以有效节约司法资源，为行政机关提供体面的纠错机会，在专业性领域更适合行政机关的自我纠错。黄学贤（2018）认为，诉前程序体现了检察机关尊重"穷尽救济原则"，展现了司法对行政机关在自行领域的决定权、尽可能释放行政机关自我纠错机制的效能、缓解提起诉讼的压力、降低司法运行成本等方面的优势。Randall S. Schipper（1987）指出"等待 60 日方能起诉"是给予行政机关评估案件的机会，并决定执行。王曦和张岩（2015）指出，美国环保公民诉讼中的诉前通知程序本质是迫使联邦环保局或相关企业采取措施履行环保职责或停止污染行为，并且具有强制性。

总结来说，诉前程序的价值与功能，对于不同的主体有不同的内涵：对于审判机关来说，它能够起到合理分流案件、节约司法成本的功能；对于检察机关来说，它具有监督行政的功能；对于行政机关来说，它具有尊重行政机关判断与专业的功能。

二是关于诉前程序与诉讼程序衔接的研究。高宗祥（2016）认为，诉前程序与诉讼程序的衔接需要同时满足形式要件和实质要件：形式要件是检察机关提出检察建议；实质要件是行政机关拒不纠正违法行为或者不履行法定职责使公共利益仍处于受侵害状态，而且应当统一实质要件的确认。胡卫列（2017）提出，诉前程序发挥了行政机关纠正行政违法行为的作用，而提起诉讼是最后的手段，也是最刚性的手段。孔祥稳、王玎和余积明（2017）认为，在诉前程序与诉讼程序的衔接中，行政机关履职是否充分是争议的焦点。王万华（2018）认为，诉前程序是行政公益诉讼的核心程序，检察权独立地发挥了监督行政的作用，而诉讼程序为诉前程序发挥作用提供最终保障。王春业（2018）认为，对行政机关履职是否充分的判断，既要看其实施的行为，又要看行为所产生的效果。刘超（2018）基于对11件诉前程序典型案件的分析，认为诉前程序向诉讼程序转换时应当坚持行为标准。

总结来说，诉前程序与诉讼程序共同构成了行政公益诉讼。诉前程序是前置的必经程序，也是独立的，是能够结束案件的程序；诉讼程序是对诉前程序的保障。标准判断问题是两类程序衔接的争议点，其核心是对行政不作为的判断所采用的行为标准和效果标准的差异。

三是关于诉前程序适用例外的研究。李沫和向明（2010）认为，诉前程序的例外情形应当严格适用，并且列举了适用的情形，比如：有充分的证据表明行政机关将不处理侵害社会公益的事件等。应松年等（2015）认为，要设立由检察机关提起的诉前临时禁令程序，避免公益损害的扩大。王蕾（2016）也列举了不适用诉前程序的例外情形，例如：违法行政行为已不可纠正或损失已经无法挽回、情况紧急的、行政机关明显故意拖延的等。王春业（2018）针对试点期间规范规定的整改回复期限的修改，提出了不适用诉前程序的情形：继续履行或纠正已经没有实质意义的案件。

总结来说，对于这一问题的研究可以检察公益诉讼制度试点为界，分为两部分来看待：试点之前的研究并不是针对检察公益诉讼制度中的诉前程序而提出的；试点之后的研究则是专门针对检察公益诉讼制度中的诉前研究而言的。考虑到本书研究对象的特定性，这里仅就后者的相关研究予以梳理。诉前程序适用的例外包括两种情形：一种是整改回复期限的缩短；另一种是完全排除适用。整改回复期限缩短可以与诉前程序与诉讼程序的衔接这一问题相联系，展开进一步研究；对于完全排除诉前程序适用的研究，一方面从目前的制度设计来看，并无这样的空间，另一方面没有太大的必要进行调整。

四是关于诉前程序中检察建议适用的研究。这一问题的研究可以概括为两大类：第一类是关于检察建议的研究；第二类是检察建议在诉前程序中适用的研究。第一类研究聚焦于检察建议的强制力问题：杨书文（2005）、吕涛（2010）、项谷和姜伟（2012）、韩成军（2014）、罗倩（2014）、应松年（2015）、叶韬平（2015）、解志勇（2015）、卢护锋（2017）等学者从不同主题和不同视角，赞成并论证了检察建议不具有强制力；万毅和李小东（2008）、王万华（2018）等学者则认为其具有强制力。第二类研究以检察建议在诉前程序中适用的规范与实践为研究对象：黄学贤（2018）、张鲁萍（2018）等学者针对检察建议在诉前程序中适用次数的研究，认为诉前程序中适用检察建议应当以一次为宜，否则会有损检察建议的严肃性；黄涛和付厅（2017）在关于检察建议内容安排的研究中发现，"检察建议应笼统还是细化不明确使同类案件产生不同后果"是诉前程序试点中的一个问题。黄学贤（2018）认为，检察建议的内容应当具体明确，以确保其刚性。而王春业（2018）持不同看法，倾向于检察建议的内容采用简明扼要的方式表述，多采用定性判断。

总结来说，检察建议是否具有强制力的问题，同时涉及如何从法律上认定检察机关作出检察建议的行为。这是一种行使权力的行为，还是一种事实行为？与此相关的是，对强制力的认识与判断是否一定与权力运行相挂钩，也是存在不同认知的问题。这些问题构成了检察建议在诉前程序中适用相关研究的基础和前提。检察建议在诉前程序中适用次数的问题，从规范的理解和解释的角度来看，似乎并不应当成为争议问题，但是从相关检察机关办案实践的角度来看，存在多次制发检察建议的情况；也有在制发检察建议后，另行采用其他督促方式的。因此，有必要对这一问题进行明确的判断。检察建议内容安排的问题，主要围绕具体性和原则性的争议，这也是检察建议用于诉前程序之后所产生的新问题之一。因为建议内容的详略安排体现了检察权对行政权的监督程度、检察机关和行政机关在履行公益保护职责上的不同定位、诉前程序向诉讼程序转换的标准等多方面的问题，需要考虑多种因素进一步开展研究。

五是关于诉前程序中检察机关的调查核实权的研究。调查核实权是在检察公益诉讼制度建立起来之后，对检察机关在诉前程序中调查取证权力的概括与描述。相关研究也是建立在诉前程序实践的基础之上，并结合相关规范的规定。王万华（2018）提出，诉前程序中检察机关可以被赋予充分的调查取证职权，以其自行调查取证为主，调取行政执法证据为辅；或者以调取行政执法证据为主，依职权调查取证为辅。关保英（2020）则明确提出检察机关在行政公益诉讼中应享有取证权的观点，具体包括深度调查权、强制权、举证权和论证权等内容。

　　总结来说，调查核实权在诉前程序中是检察机关享有的一项非常重要的权力，它影响了诉前程序中的案件事实认定与证据固定。但是针对这一权力具体如何行使还存在不同的认识，实在法规范中的规定与办案实践中的具体做法还有区别，需要在既有基础上进行深度的研究和讨论。

第二章　行政公益诉讼诉前程序的理论基础

行政公益诉讼诉前程序，分为广义和狭义概念。广义概念上的诉前程序可以指行政公益诉讼程序开始前的各类环节，其中既有送达答辩状、告知开庭信息、诉前财产保全等发生在所有诉讼程序开始前的活动，也有与行政诉讼既相对独立又有衔接的救济程序，如行政复议程序等。而狭义概念上的诉前程序，即本书的研究对象，则是作为行政公益诉讼制度重要组成部分的环节，专指检察机关在行政公益诉讼程序监督行政机关履行公益保护职责的法律程序，是必经的前置程序，也是能够结束案件的程序。①

任何法律制度的实践都需要在理论上寻找支撑，这些理论基础能够为法律制度的实践与发展提供指导、解释与说明。对于诉前程序来说，寻找到恰当的理论基础显得尤为紧迫与重要。而关于理论基础的寻找路径，可以考虑从法律制度的功能切入②。那么，诉前程序的功能是什么呢？我们可以从"行

---

① 现行法规范中明确使用"诉前程序"一词的是最高人民法院和最高人民检察院联合制定的《公益诉讼司法解释》（2018），其中第 22 条规定："人民检察院提起行政公益诉讼应当提交下列材料：……（三）检察机关已经履行诉前程序，行政机关仍不依法履行职责或者纠正违法行为的证明材料。"由此，诉前程序不再是一个学理概念，还是一个具有规范意义的概念。

② 孙笑侠教授认为，从功能的角度切入是"最佳角度"："表现为学说的行政法'理论基础'只存在唯一一种最佳角度，那就是从行政法的功能角度来阐述理论基础。"孙笑侠.法律对行政的控制（修订二版）[M].北京：光明日报出版社，2018：33.

政公益诉讼诉前程序"这一完整的概念表述中找到答案："公益"意味着该制度的功能是保护公共利益；"行政诉讼"意味着该制度的功能是监督与约束行政权；"诉前"意味着该制度的功能是发挥行政权在保护公益上的优先性。因此，公益的法律保护理论、行政权受法律监督理论与行政权优先保护公益理论共同构成了诉前程序的理论基础。

第一节　公益的法律保护理论

一、公共利益的产生

（一）公共利益是一种独立存在的利益

"'公共利益'一词的问世最早可追溯到公元前 5—6 世纪的古希腊，古希腊特殊的城邦国家制度造就了一种'整体国家观'。与'整体国家观'相联系的是具有整体性和一致性的公共利益。公共利益被视为一个社会存在所必需的一元的、抽象的价值，是全体社会成员的共同目标。"[①] 而公共利益的界定是法学、管理学、政治学、经济学等多个领域的根本性问题，尽管这些领域的学者都作过尝试，但都遇到了困难，使公共利益成为一个大家既有共识又难以清晰界定的概念。因此，有学者引用了博登海默对"正义"的比喻[②]，来形容公共利益"也有一张'普洛透斯似的脸'"。[③]

当然，公共利益界定遇到的困难与另一个问题息息相关，即公共利益是

---

① 胡鸿高.论公共利益的法律界定——从要素解释的路径［J］.中国法学，2008（4）：56.

② "正义有着一张普洛透斯似的脸（a Protean face），变幻无常、随时可呈不同形状并具有极不相同的面貌。"E·博登海默.法理学：法律哲学与法律方法［M］.邓正来，译.北京：中国政法大学出版社，2017：266.

③ 应松年.当代中国行政法［M］.北京：人民出版社，2018：2114.

否存在。对于这一问题，有"存在说"和"不存在说"两种认识。

"存在说"认为，公共利益是一种独立存在的利益，并对其予以描述。比如，民主主义者在认可公共利益存在的基础上，并将其置于个人利益之上，他们"从根本上否认严格意义上个人利益的正当性……个体的价值选择应该或必须是公共利益导向的，不存在一个或然的选择"。[①] 又如，有学者从公共事务的角度作出阐述："公共产品和公共权力是客观存在的，公共事务是必不可少的，因此，公共利益也是客观存在的。"[②] 此外，还有学者探究公共利益的起源，以此来证明公共利益的存在："公共利益概念……最初是指开明君主在他们的外交和经济政策中所应当追寻的国家安全和繁荣等目标，后来成为一个更加概括的集体目标概念，即任何合法政府成立都应当促进的目标。公共利益概念兴起的背景是资产阶级为主体的市民社会的发展。"[③] 从这一概念可以看出，公共利益包括国家利益和社会利益的雏形。

"不存在说"否定公共利益的客观存在或其独立性。比如，布坎南就明确表示不承认独立的"公共利益"的概念。[④] 又如，针对有学者提出以社会福利函数作为公共利益表示方式的观点，阿罗对此并不认可："由于个人偏好无法汇聚成社会的需要和偏好，社会福利函数存在的依据被否定。"[⑤] 再如，自由主义也否认公共利益。"他们认为，所谓公共利益不过是一种个体奴役的政治修辞和政治神话。"[⑥]

本书赞同"存在说"的观点。虽然公共利益的概念界定尚不清晰，但是并不代表公共利益不存在，它是客观存在的。一方面，现实中社会主体日益

---

① 万绍红.西方共和主义公共利益理论研究［M］.上海：上海三联书店，2016：15.

② 颜运秋.公益诉讼理念与实践研究［M］.北京：法律出版社，2019：1.

③ 倪斐.公共利益法律化研究［M］.北京：人民出版社，2017：1.

④ 詹姆斯·M.布坎南，戈登·图洛克.同意的计算——立宪民主的逻辑基础［M］.陈光金，译.上海：上海人民出版社，2017：11-15.

⑤ 余少祥.什么是公共利益——西方法哲学中公共利益概念解析［J］.江淮论坛，2010（2）：87.

⑥ 万绍红.西方共和主义公共利益理论研究［M］.上海：上海三联书店，2016：15.

多元化，使得他们主张和想要维护的利益也呈现出多样化，因此，一定数量的社会主体所代表的利益会逐渐成为公共利益的范畴。而不同社会主体的多元利益之间可能产生冲突，进而需要一种协调与平衡的机制，公共利益就可以成为这样一种协调与平衡的机制。另一方面，利益并不是固定的，而是变迁的，它会随着社会的发展在内涵或者类型上发生变化，尤其是与个人休戚相关但又无法完全由个体单独采取措施的利益，需要赋予其独立的地位并构建专门的保护制度。

（二）公共利益与个人利益的关系分析

如果认定公共利益作为一种独立利益的存在，那么需要明确其与其他利益——特别是个人利益的关系。之所以强调公共利益与个人利益的关系，是因为上文提及的两种关于公共利益的观点，都把个人利益作为论证其观点的重要理由。公共利益与个人利益的关系可以做如下分析。

1.公共利益来源于并包含个人利益

"共同体的利益是什么呢？是组成共同体的若干成员的利益总和。"[1] 这是公共利益来源于个人利益的经典表述。正如，如果将国家的财政利益看作是一种公共利益的话，那么国家财政的主要来源就是纳税人所缴纳的税收，而纳税就是社会中的个体将私人财产转化为公共财产的过程。除此以外，社会中特定的个人利益还可能因为其所体现的重要价值而被作为公共利益予以特别的保护。这也是公共利益来源于个人利益的体现。

2.公共利益独立于个人利益而存在

尽管个人利益是公共利益的来源，但是一旦形成公共利益，就独立于个人利益而存在，它不是个人利益的另一种表现形式。比如，从生态环境损害

---

① 杰里米·边沁.道德与立法原理导论［M］.时殷红，译.北京：商务印书馆，2000：59.

的定义中就可以发现，^①一旦发现生态环境损害，那么赔偿的范围并不局限于传统的人身伤害和财产损失赔偿，还需要承担环境利益受到损害的赔偿责任。由此可见，环境利益已经被作为一种独立的利益类型而存在，属于公共利益的范畴。^②

3.公共利益是限制个人利益的正当理由

公共利益和个人利益的关系也存在着冲突的面向，典型的案例是以公共利益为由限制个人利益。我国宪法中规定国家征收或征用公民私有财产的理由就是公共利益。^③也就是上文所说的公共利益作为平衡与协调各种不同利益的标准与机制。当然，公共利益限制个人利益并不是绝对的，其限制个人利益的目的是达致一种平衡，它"最多不过是个人利益在实现过程中一个基本的让与或者妥协，即各个个人为了实现自己的利益，而他人也同样有权去追求自己的利益，在单个人的追求中，每个人都想获得好处而不致伤害他人而形成的一种平衡关系"。^④

---

① 《生态环境损害赔偿制度改革试点方案》中将"生态环境损害"定义为："因污染环境、破坏生态造成大气、地表水、地下水、土壤等环境要素和植物、动物、微生物等生物要素的不利改变，及上述要素构成的生态系统功能的退化。"

② 同样被认为属于公共利益，环境公益与消费公益是不同的："因为消费公益诉讼所欲保护的利益，在本质上仍然属于私益，只是由于受到侵害的私意主体分别起诉，明显不符合诉讼经济的要求，所以专设消费公益诉讼程序，目的是一次性解决涉及众多消费者的私益纠纷。而环境民事公益诉讼不独所涉利益本身即属于公共利益范畴，且其所涉公共利益本身亦不可分割。"详见：段厚省．环境民事公益诉讼基本理论思考［J］．中外法学，2016，28（4）：890．

③ 中华人民共和国宪法［EB/OL］．（2018-03-22）［2024-09-23］．https://www.gov.cn/guoqing/2018-03/22/content_5276318.htm.

④ 关保英．行政法时代精神之解构：后现代行政法理论的条文化表达（增订本）［M］．北京：北京大学出版社，2017：497．

二、法律保护公共利益的必要性与困难

（一）法律保护公共利益的必要性

众所周知，法律是调整社会关系的一种方式。社会关系的本质是人与人之间的关系，而人与人之间的关系在很多时候表现为利益关系，因此法律调整利益关系，主要采用以下三种具体方式。第一种是法律确认利益。利益是法律权利的来源，法律通过确认利益，将特定的利益转换为法律权利，纳入法律的保护范围之中。第二种是法律协调利益。"法律的主要作用之一就是调整及调和上述种种相互冲突的利益，无论是个人的利益还是社会的利益。"[①] 正如上文所说的，公共利益作为限制个人利益的正当理由，正体现了立法者的取舍。第三种是法律救济利益。当权利受到侵犯时，可以通过诉诸法律的方式得到恢复或者赔偿。上述方式的本质是法律对利益的保护，无论是个人利益还是公共利益都需要法律的保护。

需要指出的是，法律在涉及公共利益时需要防止公共利益被泛化和被虚化的情形。公共利益被泛化是指："各种地方利益、部门利益，甚至私人商业利益都来扯上公共利益的大旗为其鸣锣开道，公共利益仿佛成了百物杂陈的大口袋，其涵盖范围被无限扩张。"[②] 如卢梭所说："当卑鄙的私利厚颜无耻地披上神圣的公共福利的外衣的时候，公意就沉默了。"[③] 公共利益被虚化则是

---

① E·博登海默.法理学：法律哲学与法律方法［M］.邓正来，译.北京：中国政法大学出版社，2017：414.

② 周林彬，何朝丹.公共利益的法律界定探析——一种法律经济学的分析进路［J］.甘肃社会科学，2006（1）：130.

③ 卢梭.社会契约论［M］.李平沤，译.北京：商务印书馆，2011：116-117.

指："对于各类事关公共利益的社会公共管理决策，由于缺乏民意表达和公众参与的通道，特别是民主决策程序的虚置而使公共利益难以落到实处；对于社会生活中损害公共利益的行为，由于社会个体缺乏有效的对抗、制约力量，以及司法对公益救济所存在的各种漏洞、不足，导致公民的维权行为缺乏有力保障。"①

（二）法律保护公共利益遇到的困难

1.公共利益的范围难以确定

公共利益所涵盖的范围决定了法律保护的对象。法律的明确性通常要求其所保护的对象应当是具体的，但是公共利益的范围是难以确定的，通常呈现出一种开放的状态。②有关公共利益的范围，大致有如下三种观点。

（1）公共利益的范围是全体公民的利益。公共利益"类似于代数中提取公因式，即公共利益来源于个人利益又独立于个人利益，是全体成员享有的普遍的利益"。③应该说，该观点是理想状态下对公共利益范围的描述。但现实中，社会利益具有多样化和细分化的特点，使得真正体现全体公民的利益并不多，由此会使法律保护的公共利益范围受到限制。

（2）公共利益的范围是大多数人的利益。该观点主张社会中大多数人的共同利益构成了公共利益。比如，德国学者洛厚德（C. E. Leuthold）从地域基础的标准认为，公共利益"是一个相关空间内关系人数的大多数人的利益……只要居于某区域内之某种阶级的人民是居多数的话，那么代表他们所谓的阶级利益即可形成公益"。④相较于"全体公民利益说"的观点，"大多数

---

① 周林彬，何朝丹.公共利益的法律界定探析——一种法律经济学的分析进路［J］.甘肃社会科学，2006（1）：130.

② 胡鸿高.论公共利益的法律界定——从要素解释的路径［J］.中国法学，2008（4）：59.

③ 余少祥.什么是公共利益——西方法哲学中公共利益概念解析［J］.江淮论坛，2010（2）：88.

④ 陈新民.德国公法学基础理论（增订新版·上卷）［M］.北京：法律出版社，2010：232.

人利益说"的观点在操作性上更强，也更契合现实情况。但从洛厚德提出的观点来看，国家利益即公共利益，而在国家利益之外的其他公共利益没有被纳入其中。

（3）公共利益的范围是体现重要价值的利益。可以看出，前两种观点都是从利益主体的数量角度来描述公共利益的范围。但是，社会中的有些利益涉及的主体数量并不多，甚至是少数。然而，他们的利益体现了某种重要的价值，需要被特别对待和保护，否则就会产生实质的不公平。因此，从价值层面的考量可以为确定公共利益的范围提供判断的标准。

2.公共利益的概念难以界定

公共利益范围的难以确定，导致了在法律层面难以界定公共利益的概念，"公共利益"由此成了"不确定法律概念"①的典型代表。"尤其在当今国家事务多元化的时代，关于什么是公共利益，以及发生利益冲突时如何选择重点，总是疑问丛生。"②也正是因为公共利益概念的难以界定，使得法律界定公共利益存在多种路径，"重要的不在于公共利益的具体含义，而在于它的界定方式。这种理解实质上走的是一种程序主义路径：……公益……是一个价值中立的技术程序"。③

一种是抽象概括的路径，即以下定义的方式进行界定。《元照英美法词典》把 Public Interest 解释为："①应予认可和保护的公众普遍利益；②与作为整体的公众休戚相关的事项，尤其是证明政府管制正当性的利益。"④罗斯科·庞德（Roscoe Pound）把"公共利益"定义为"其他一些是包含在一个政

---

① "不确定法律概念是指未明确表示具有流动的特征之法律概念，其包含一个确定的概念核心以及一个多多少少广泛不清的概念外围。"详见：陈清秀.依法行政与法律的适用［C］//翁岳生.行政法（上册）.北京：中国法制出版社，2009：248.

② 哈特穆特·毛雷尔.行政法学总论［M］.高家伟，译.北京：法律出版社，2000：6-7.

③ 朱晓飞.公益诉讼语境下的"公益"含义解析［C］//贺海仁.公益诉讼的新发展.北京：中国社会科学出版社，2008：44.

④ 薛波.元照英美法词典（缩印版）［M］.北京：北京大学出版社，2013：1116.

治组织社会生活中并基于这一组织的地位而提出的各种要求、需要或愿望"。①
而从语义的角度来看，界定公共利益可以从"公共"和"利益"这两个子概念切入，"关于'公共'一词的基本含义，人们一般都会认同公共是与私人或个体相对而言的……关于'利益'一词的基本含义……利益就是指社会主体的需要在一定条件下具体的转化形式，它表现为社会主体对客体的主动关系和客体对于主体的某种好处和意义"②。

　　另一种是特征描述的路径。当抽象概括路径难以清晰界定概念时，可以考虑选择特征描述的路径。迈克·费恩塔克（Mike Fentak）把公共利益的特征总结为以下六个方面：一是公共利益不仅事关现存人口的利益，还关注未来社会成员的利益；二是公共利益与国家任务的变化有关；三是公共利益与"公民身份"或"人权"有关；四是公共利益既是保守的，也是改良的；五是公共利益在公法与司法审查的诉讼资格有关；六是公共利益具有理想属性。③孙笑侠教授总结为整体性和普遍性。④最高人民检察院也采用这一路径，在"检例第 30 号"中把公共利益的特征概括为：主体是不特定的多数人；具有基本性；具有整体性和层次性；具有发展性；具有重大性；具有相对性。在诸多特征描述路径中，影响力最大的观点是陈新民教授提出的"不确定性"特征："公益概念的最特别之处，在于其概念内容的不确定性。这种内容不确定性，可以表现在其利益内容的不确定性及受益对象的不确定性。"⑤关于公共

① 罗斯科·庞德.通过法律的社会控制［M］.沈宗灵，译.北京：商务印书馆，2010：41.

② 孙育玮."公共利益"问题的法理学探讨［J］.学习与探索，2006（4）：106.

③ 迈克·费恩塔克.规制中的公共利益［M］.戴昕，译.北京：中国人民大学出版社，2014：40-80.

④ 孙笑侠.法的现象与观念——中国法的两仪相对关系（修订四版）［M］.北京：光明日报出版社，2018：59.

⑤ 陈新民.公共利益的概念［C］//陈新民.德国公法学基础理论（增订新版·上卷）.北京：法律出版社，2010：229.

利益的诸多研究都是以此特征为起点。^① 本书关于这一路径的理解，一方面，所谓"特征"是指一个事物区别于其他事物之处，是对该事物局部的描述，而概念界定通常是对该事物全貌的描述，因此，难以将特征描述等同于概念界定；另一方面，"不确定性"的确是公共利益概念的一个重要特征，这与其作为"不确定法律概念"有关，也就是说，"不确定性"并不是专属于公共利益的特征，而是所有"不确定法律概念"的特征。

还有一种是内容罗列的路径。比如，罗斯科·庞德把和平与秩序的要求、一般安全、一般的健康状态、占有物的保障，以及买卖的保障等作为社会利益的内容。^② 博登海默在庞德观点的基础上进一步罗列了公共利益的诸内容："一般安全中的利益，其中包括防止国内外侵略的安全和公共卫生的安排；社会制度的安全，如政府、婚姻、家庭及宗教制度等；一般道德方面的社会利益；自然资源和人力资源的保护；一般进步的利益，特别是经济和文化进步方面的利益；最后但并不是最不重要的一点，即个人生活中的社会利益，这种利益要求每个个人都能够按照其所在社会的标准过一种人的生活。"^③ 我国孙笑侠教授罗列了以下六个方面的内容：公共秩序的和平与安全；经济秩序的健康、安全及效率化；社会资源与机会的合理保存与利用；社会弱者利益；公共道德的维护；人类朝文明方向发展的条件等^④。此外，《中华人民共和国土地管理法》把

---

① 如有一些学者在研究行政公益诉讼制度中就借鉴了陈新民教授的这一描述，并以此作为研究基础。详见：崔卓兰，卢护锋.建构行政公益诉讼制度的若干问题探析 [J].长白学刊，2006（5）：35-40.；朱学磊.论行政公益诉讼的宪法基础——以传统行政诉讼模式的合宪性危机为线索 [J].现代法学，2016，38（6）：23-32.；黄学贤.行政公益诉讼若干热点问题探讨 [J].法学，2005（10）：45-52.；季美君.检察机关提起行政公益诉讼的路径 [J].中国法律评论，2015（3）：214-221.；等等。

② 罗斯科·庞德.通过法律的社会控制 [M].沈宗灵，译.北京：商务印书馆，2010：45.

③ E·博登海默.法理学：法律哲学与法律方法 [M].邓正来，译.北京：中国政法大学出版社，2017：415.

④ 孙笑侠.法的现象与观念——中国法的两仪相对关系（修订四版）[M].北京：光明日报出版社，2018：58.

可以征收农民集体所有土地的公共利益细分为六项。^① 这一路径使公共利益的内涵更加明确，使概念的具体使用更加方便。但是，本书认为它在界定公共利益的准确性上存在不足，特别是在应对公共利益的发展与变迁上。

3.公共利益的法律保护规则需要重构

"公共利益"的不确定性特征在法律保护上还带来了新的挑战，需要重构保护规则予以适应。

第一，请求权主体确定规则的重构。公共利益不确定性特征的典型表现就是涉及的受益主体不确定。"'利益'概念显然是复杂的。各种各类的个人和组织主观上都可能会认为自己受到了某一行政行为的'影响'。"^② 在法律保护特别是救济公共利益时，公共利益的受益主体会转化为请求权主体，请求权主体由此也难以确定。请求权主体的不确定会影响请求权的行使，加之，公共利益具有非竞争性和非排他性的特点，会容易产生法律保护公共利益时的"搭便车"现象。^③ 比如，环境污染会损害不特定的多数人的利益，其中部分主体提起救济并使环境得到了改善，那么，其他未提起救济的主体也从中获益，这不但影响了启动救济的主体的救济动力，还可能产生所有人都想要从别人的主动救济中获得收益，造成无人主动提起救济的尴尬局面。此外，法律保护时请求权主体的不确定还会对公益的代理人产生影响："即公共利益代理人是否真正代表了其声称要为之代言的利益，以及最终如何界定这一利益。"^④ 因此，不能简单地将适用于私人利益救济的"谁受损谁救济"的请求权

---

① 中华人民共和国土地管理法［EB/OL］.（2019-09-05）［2024-09-23］.http://www.npc.gov.cn/npc/c2/c30834/201909/t20190905_300663.html.

② 卡罗尔·哈洛，理查德·罗林斯.法律与行政［M］.杨伟东，李凌波，石红心，等译.北京：商务印书馆，2004：991.

③ 所谓"搭便车现象"，是指"追求成本最低化的人就有积极性利用任何不用付费或者不用在提供公益物品方面付出相应努力就可以免费得到的物品"。详见：颜运秋.公益诉讼理念与实践研究［M］.北京：法律出版社，2019：12.

④ 理查德·B.斯图尔特.美国行政法的重构［M］.沈岿，译.北京：商务印书馆，2011：146.

主体确定规则，完全照搬到公益救济的请求权主体确定之中，而是需要通过另行确定公益请求权主体的方式予以明确。

第二，启动法律保护时间规则的重构。"有损害有救济"是法律保护利益——特别是私益时遵循的原则。这一原则用于公共利益的法律保护时却遇到了困难：一是基于公共利益主体的不特定性，在公益受到损害时，不特定的受益主体就会转化成不特定的受害主体，如果遵循损害后才救济的原则，会使得受害主体更多且更难确定。二是事后救济成本巨大，甚至损害发展到一定程度就不可恢复了。[①] 以上海市的苏州河环境综合治理为例，前三期历经13 年（1998—2011 年），共耗资约 140 亿元；第四期于 2018 年 12 月底启动，整治范围进一步扩大，工程的投资估计在 254.47 亿元。[②] 三是相较于私益受损，公共利益受损的结果具有隐蔽性，难以及时发现和表现出来，如果等到损害出现之后再启动救济显然不合适。因此，法律对公共利益的保护"应以预防保护为主，而不是以损害发生后的保护为主"。[③] 相应地，需要通过重构法律保护公益的启动时间规则来规范预防保护的理念。

第三，法律保护措施规则的重构。社会事务的专业属性越来越强，并反映在各种利益之中，从而使得实现和保护各种利益需要专业技术的介入。如前文所述，受损的公共利益可能是独立于传统的人身和财产利益之外的新的利益类型，不一定表现为传统的人身利益和财产利益，而可能是另一种独立的利益形态，如环境利益。往往这种形态的利益保护和救济有赖于专业的技术手段与措施，需要专业技术人员，具备专业知识等，这些

---

① "环境损害具有社会性、潜伏性、长期性、修复难度大甚至难以修复等特点，环境损害破坏的是一定区域甚至是整个生态系统的安全，环境污染物扩散影响范围具有不特定性，一旦公共环境资源遭受污染和破坏，需要花费巨资进行修复甚至难以修复。"详见：最高人民检察院第八检察厅 . 行政公益诉讼典型案例实务指引（生态环境·资源保护领域）［M］. 北京：中国检察出版社，2019：388.

② 陈玺撼 . 苏州河整治走过 20 年！一图看懂苏州河治理的前世今生［EB/OL］.（2018-12-30）［2024-06-24］.https://www.jfdaily.com/news/detail?id=124616.

③ 王春业 . 论检察机关提起"预防性"行政公益诉讼制度［J］. 浙江社会科学，2018（11）：54.

都是私人利益的法律保护规则中不作专门强调的内容。相反，在公益法律保护领域，应强调相关法律规范的突出地位，确立各类专业措施和专门知识在公益的法律保护中的特定法律地位，以满足公益法律保护的专业性要求。

三、公益诉讼是法律保护公共利益的具体方式

（一）对公益诉讼含义的不同理解

构建公益诉讼制度并且依法提起公益诉讼是法律保护公共利益的具体方式之一。有关公益诉讼的概念，在不同的场景下产生了不同的认识，概括总结为以下三种。[①]

1.字面意义上的"公益诉讼"

从字面上来看，"公益诉讼"指保护公共利益的诉讼活动，这就意味着，只要诉讼活动所保护的利益中包含了公共利益，那就属于公益诉讼。

2.作为诉讼类型之一的"公益诉讼"

作为诉讼类型之一的"公益诉讼"，其相对应的概念是"私益诉讼"。公益诉讼特指当事人为了纯粹的公共利益提起的诉讼，这一诉讼所保护的法益与当事人自身并没有直接的利害关系。比如，英国的告发人诉讼制度[②]、美国

---

① 林莉红. 法社会学视野下的中国公益诉讼 ［C］// 贺海仁. 公益诉讼的新发展. 北京：中国社会科学出版社，2008：4-5.

② 14世纪，英国议会授权私人可以就与之没有利益关系的损害提起诉讼，并且在胜诉后可以分享被告的损害赔偿。详见：MORRISON T W. Private Attorneys General and the First Amendment ［J］. *Michigan Law Review*, 2005, 103: 599-600.

的"私人检察总长理论"①。相较于私益诉讼，作为诉讼类型的"公益诉讼"的特殊性在于"原告与案件利益关系的特殊性（主要是因为缺乏足够的利益关系之联结），导致在传统诉讼中原告的诉讼存在起诉资格之障碍，并进而产生一些诉讼法技术上的问题，如诉讼中的处分权、法院裁判之拘束力等问题"②。为此，需要从法律上构建专门的确定诉讼主体的规则。原告与所诉的利益之间是否具有利害关系亦成为判断该诉讼是否属于公益诉讼的条件之一。

3.民权运动意义上的"公益诉讼"

民权运动发生在 20 世纪中期的美国，伴随着这一运动的兴起，"旨在救助诸如妇孺病残、少数种族等社会弱势群体、推进制度及社会的变革"③ 的公益诉讼作为新的诉讼类型随之产生。在讨论纳入公益诉讼保护范围的诸多观点中，主张将弱势群体的利益纳入其中的观点（本书前文已有相关论述），正是民权运动意义上的"公益诉讼"。美国著名的布朗诉教育委员会案（Brown v. Board of Education）可以看作是这一意义上的公益诉讼的典型案例。而在中国，那些"通过法律手段揭露违法行为和不合理的法律、规章制度，推动法律制度的完善，并促使国家机关认真履行法律职责"④ 的诉讼活动也可以看作是此层面的公益诉讼的生动实践。从这个意义上来说，揭露违法行为、完善相关制度、督促公权力机关履职，实质上是从普遍意义上保护公民的权利，在一定程度上超越了传统私益诉讼所保护的特定当事人权利。

---

① "私人检察总长理论"在补充公共执法资源、确保执法公平、摆脱政党约束等方面具有鲜明的优势，并且把公共权力与私人权利相互融合。详见：RUBENSTEIN W B. On What a "Private Attorney General" Is—and Why It Matters [J]. *Vanderbilt Law Review*, 2004, 57: 2129-2173.

② 林莉红. 法社会学视野下的中国公益诉讼 [C] // 贺海仁. 公益诉讼的新发展. 北京：中国社会科学出版社，2008：4.

③ 朱晓飞. 公益诉讼语境下的"公益"含义解析 [C] // 贺海仁. 公益诉讼的新发展. 北京：中国社会科学出版社，2008：45.

④ 黄金荣. 一场方兴未艾的法律运动——对当代中国公益法实践的观察与评论 [C] // 贺海仁. 公益诉讼的新发展. 北京：中国社会科学出版社，2008：76.

当然，需要指出的是，"对公益诉讼的三种理解之间并非有截然之界限……毕竟各种理解都是建基于公益诉讼乃对公共利益的维护之诉的基础上，因而，从范围上看，也不可能有外延上的截然区分"。①

（二）公益诉讼制度的理论源流

公益诉讼作为一项法律制度，最早可以追溯到古罗马时期。罗马法中的诉讼对私益诉讼和公益诉讼进行了区分："前者乃保护个人所有权利的诉讼，仅特定人才可提起；后者乃保护社会公共利益的诉讼，除法律有特别规定者外，凡市民均可提起。"② "直到近代法国学者狄骥（Duguit）创立了客观诉讼和主观诉讼的概念，后经德国、日本学者借鉴，在大陆法系国家诉讼法学研究中被广泛使用，为大陆法系国家的公益诉讼制度奠定了理论基础。"③ 因此，公益诉讼的制度历史悠久，理论渊源深刻。④

1.进步主义法律思想

这一思想被认为"是公益诉讼理论基础的发端"。进步主义者认为：法律是达到目的的手段；古典主义思想中那些被作为公理的法学思想和理论是为了"帮助决策者按照公共政策来解决社会问题"；相较于古典主义法律思想，进步主义法律思想更加注重通过法院的裁判活动来查明立法目的。

2.法律现实主义

"力求把社会科学的方法引入法学研究之中，而且他们都赞同政府对经济进行调控的观点。"这是法律现实主义者与进步主义者相同的地方。而他们的不同之处在于："现实主义者将他们对于法律研究关注的焦点从立法转回司

① 林莉红.法社会学视野下的中国公益诉讼 ［C］// 贺海仁.公益诉讼的新发展.北京：中国社会科学出版社，2008：5.

② 周枏.罗马法原论 ［M］.北京：商务印书馆，2014：971.

③ 张雪樵.检察公益诉讼比较研究 ［J］.国家检察官学院学报，2019（1）：150.

④ 徐卉.通向社会正义之路——公益诉讼理论研究 ［M］.北京：法律出版社，2009：19-36.

法，特别是私法案件中的普通法诉讼，但是对于法官做什么以及他们是怎么做的，则是采用了一种破除偶像和修正主义者的理解。""对法律形式的质疑和挑战"是现实主义法学思想对公益诉讼的重要贡献。

3.法律程序主义

"当最高法院表明其愿意将法律之下的公平、正义的理念扩大到社会的边缘人群和失败者——那些'分离的、被隔绝的少数人群'之时，这便是一个明确的信号。"最高法院中大法官人数的增加与更迭是法律程序主义产生的重要背景。对公益诉讼而言，法律程序主义的积极意义在于："一个民主社会中的法治要求实现积极的司法，以矫正一个多数主义的政治制度因轻视少数人、异己分子和受践踏、被压迫者的利益而带来的趋向。这些都为公益诉讼所倡导的对少数人利益的保护，法院在司法治理中实现社会边缘群体利益的公益观提供了坚实的基础。"

四、诉前程序的公益识别功能

公共利益是行政公益诉讼制度的基础与核心。但正如上文所述，这一概念的不确定性对行政公益诉讼制度产生了一定的不利影响。在行政公益诉讼的具体个案中，识别某个特定的利益是否属于公共利益成为需要解决的前提性问题。而从行政公益诉讼制度的构成来看，诉前程序与诉讼程序相比，其具有公益识别的独特功能。

（一）地位的前置性与公益识别的前提性相契合

行政公益诉讼是由诉前程序和诉讼程序共同构成的。启动行政公益诉讼，必须先启动诉前程序，对于那些由诉前程序就能够实现公益保护目的的案件而言，诉前程序就等于行政公益诉讼制度。既然识别公益是行政公益诉讼适用的前提，那么，公共利益就应当在程序启动的一开始就得到确认。诉前程序在整个行政公益诉讼中的前置地位恰好能够在程序的开始阶段解决这一问题。也就意味着，一旦某个特定的利益在诉前程序中被认为不属于公共利益，那么行政公益诉讼程序也就无须启动了。由此观之，诉前程序相当于过滤机制，通过标准的建立与适用，使真正符合制度设计的公益得到识别，并在诉前程序和诉讼程序中得到有效保护，避免资源的消耗与浪费。

（二）个案的矫正性与公益识别的公平性相契合

在公共利益的概念界定存在困难的背景下，"不特定多数人的利益"成为界定公共利益概念的"公约数"，这与法律制定者和适用者遵循"多数决"民主程序来确定公益是一致的，但正如前文所述，这只是公共利益概念的一个维度。那些体现少数人意见的正当的利益显然不能被"淹没"。正如前文所述，社会中弱势群体的利益也是公共利益的组成部分，而这些利益需要通过另外的法律程序予以识别。此外，公共利益的内涵"在运用中需要行政机关在个案中加以判断；而在判断过程中行政机关恣意解释'公共利益'的可能性，又增加了解决这个问题的复杂性"。[1] 因此，诉前程序作为解决个案的程序，既能够通过个案判断公共利益，又能够监督并纠正行政机关在个案中识别公共利益的不当问题。在这个意义上，诉前程序对公共利益的识别和发展与诉讼程序中法院的作用是一致的，它弥补了全部依赖民主多数决机制确定公共利益范围所造成的不公平。

---

① 章剑生.现代行政法基本理论（第二版）[M].北京：法律出版社，2014：415.

（三）程序的终结性与识别结果的推广性相契合

如前文所述，如果通过诉前程序能够达到公益保护的目的，那么就可以结案。因此，诉前程序是必经程序，而后续诉讼程序不是必经程序。无论是制度设计者的期望还是在具体实践中，以诉前程序结案都是一个理想的状态。诉前程序的终结性具有类效果，目前主要表现在公益恢复方面，但同时不能忽视的是，诉前程序在公益的识别与判断上也具有类效果。这就意味着，一旦某个个案对特定的利益是否属于公益作出识别之后，随着诉前程序的终结，上述判断即被固定，并且对其他相同利益的识别具有推广效果。反之，如果诉前程序不具有终结性，那么公益识别的结果也就不是固定的，自然无法推广。

（四）主体的独立性与公益识别的公正性相契合

考虑到是否属于公益的判断关乎特定主体的利益，因此需要特别关注识别结果的公正性。而诉前程序公益识别功能与诉前程序的适用主体密切相关，在法律地位上越是独立的适用主体，越有助于达成公益识别结果的公正性。从目前我国的公益诉讼制度设计来看，检察机关作为适用主体恰好具备独立性：一方面，检察机关在法律地位上独立，其依照宪法行使法律监督权，与其他同样由权力机关产生的国家机构之间保持着一定的边界感与独立性，从而有助于其法律监督功能的有效实现；另一方面，检察机关没有利益牵涉性。"与其他诉讼主体相比，检察机关没有自身利益的牵涉，适合代表国家和社会公共利益提起诉讼。"[1] 上述两方面的独立性，使检察机关能够在诉前程序中

---

[1]　最高检发布检察机关提起公益诉讼试点方案［EB/OL］.(2015-07-02)［2024-06-24］. https://www.spp.gov.cn/spp/c107893/xwfblist.shtml.

保持客观与中立，保障公益识别结果的公正性，真正保障公益所关涉的主体利益。

第二节　行政权受法律监督理论

一、"控权"的必要性分析

行政权应当受到控制："行政虽然是立法和司法之外的一种独立国家权力，但是，它不仅受法律和权利的约束，而且在涉及公民基本权利时受法院的控制。"[①] 行政法则是"有关控制政府权力的法"。[②] "行政法的主要功能，应当是控制一切逾越国家权力的行为。"[③] 这些有关行政权与行政法的经典论述揭示了行政权必须接受监督，其受控的必要性源于行政权的执行功能、行政权主体的分解以及行政权的发展趋势三个方面。

（一）行政权的执行功能意味着其应当受到控制

行政权在国家权力中承担着执行的功能，可从博登海默在对"行政"的概念界定中"对权力的行使"的表述看出。[④] 我国学者对"行政"的定义也是如此：行政是"为实现国家的目的，运用制定政策、法规、规章，组织实施管理、命令、监督、制裁等方式执行国家法律和权力（立法）机关意志的活

---

① 哈特穆特·毛雷尔.行政法学总论 [M].高家伟，译.北京：法律出版社，2000：144.

② 威廉·韦德，克里斯托弗·福赛.行政法（第十版）[M].骆梅英，苏苗罕，周华兰，等译.北京：中国人民大学出版社，2017：2.

③ 卡罗尔·哈洛，理查德·罗林斯.法律与行政 [M].杨伟东，李凌波，石红心，等译.北京：商务印书馆，2004：92.

④ "行政乃是为实现某个私人目的或公共目的而在具体情形中对权力的行使。"详见：E·博登海默.法理学：法律哲学与法律方法 [M].邓正来，译.北京：中国政法大学出版社，2017：380.

动。"① 执行功能意味着，行政权的运行需要事前有依据、事后有评价。立法权行使的结果——法律自然是事前的依据："就执行功能而言……有必要将其置于最终被委托表达国家意志的机构的控制之下。"② 司法权的行使——无论是大陆法系的行政诉讼还是英美法系的司法审查制度都是事后评价的方式。无论是事前依据还是事后评价，实际上都是对行政权的控制与监督。

（二）行政权主体的分解意味着其应当受到控制

行政权的权力主体可以分为归属主体和行使主体，其中，归属主体是"人民"，这是从宪法中"一切权力属于人民"的规定中得出的；而行使主体，即行政主体，这是"由于人民是一个集合概念，是由无数单个个体构成的，因而，在绝大多数情况下，既不可能也没有必要直接行使行政权。这样便产生了行政权的行使主体"。③ 由此，在行政权的运行中会产生两种不同的意志，并为行政法治提供了作用空间。在归属主体与行政主体的关系中，归属主体制约了行政主体，这意味着，行政主体在行使行政权力时要受到行政权的归属主体——人民的约束，而我国的人民代表大会制度是人民共同意志的集中体现，它构成了对行政主体权力行使的监督。④

---

① 应松年. 当代中国行政法［M］. 北京：人民出版社，2018：6.

② 弗兰克·古德诺. 政治与行政——政府之研究［M］. 丰俊功，译. 北京：北京大学出版社，2012：63.

③ 关保英. 行政法时代精神之解构：后现代行政法理论的条文化表达（增订本）［M］. 北京：北京大学出版社，2017：3.

④ 以 2023 年召开的第十四届全国人大一次会议议程为例，10 项议程中，"审议政府工作报告""审查 2022 年国民经济和社会发展计划执行情况与 2023 年国民经济和社会发展计划草案的报告、2023 年国民经济和社会发展计划草案""审查 2022 年中央和地方预算执行情况与 2023 年中央和地方预算草案的报告、2023 年中央和地方预算草案""审议国务院机构改革方案""选举和决定任命国家机构组成人员" 5 项议程都体现了作为行政权归属主体的人民通过人民代表大会制度对行政权行使主体的制约。

（三）行政权的发展趋势意味着其应当受到控制

行政权的发展经历了由绝对国家时期不受任何法律约束，到自由国家时期受到广泛约束，仅适用于保护公共安全和秩序、消除危险的领域，再到为满足个人日益增长的需要，为社会提供各种给付与设施的不同发展阶段。[①] 从中可以看出，行政权呈现出扩张与民主的发展趋势，[②] 这两个趋势要求控制行政权。扩张趋势指"政府的行政管理已经扩张到以往由私人决断的许多领域"[③]，具体表现在以下四个方面：一是行政权的给付性日益增强，"以保障和提供个人福利为中心，确保个人体面生活的给付行政是现代行政这枚硬币的另一面"；[④] 二是行政权的边界日益模糊，行政权已经不仅局限于执行功能，立法与司法的功能也能由行政主体承担，因此人们也越发习惯"当代的国家是'行政国家'"[⑤]；三是行政权的行使主体日益得到拓展，行政权的"疆域"不断拓展，必然需要一个庞大的行政组织体系，通过授权、委托、协议等方式把诸多社会层面的主体纳入其中；四是行政权的运行方式日益丰富，"行政指导、行政救助、行政救济、行政物质帮助等行政行为在我国行政法中已经由原来的柔性变成了刚性，尤其是在给付行政的理念之下，其已经成为行政主体的当然义务"。[⑥] 民主趋势，指在行政权运行过程中，行政主体的单方强制性逐

---

① 哈特穆特·毛雷尔.行政法学总论［M］.高家伟，译.北京：法律出版社，2000：14-18.

② 有研究者将这一趋势概括为膨胀化、规范化和民主化。本书认为，"规范化"是行政权应当受到约束与控制的描述，而膨胀化与民主化则是行政权应当被规范和被控制的原因。所以，本书在此仅考察其原因，具体阐述扩张趋势和民主趋势。有关膨胀化、规范化和民主化的论述，详见：关保英.行政法学（第二版）［M］.北京：法律出版社，2018：48-50.

③ 理查德·B.斯图尔特.美国行政法的重构［M］.沈岿，译.北京：商务印书馆，2011：139.

④ 章剑生.现代行政法基本理论（第二版）［M］.北京：法律出版社，2014：10.

⑤ 哈特穆特·毛雷尔.行政法学总论［M］.高家伟，译.北京：法律出版社，2000：17.

⑥ 关保英.给付行政的精神解读［J］.社会科学辑刊，2017（4）：37.

渐降低，更多的主体参与行政权的运行，对话与协商的程序融入行政权的过程中。"随着参与理论越来越为人们所接受，公益诉讼成为一个新兴行业。"[①]不可否认的是，数字化转型与互联网技术的广泛运用也对行政权发展的民主趋势产生了助力。

二、诉前程序监督行政权的空间所在

（一）监督行政权的既有体系

诉前程序具有监督行政权的作用，是检察机关监督行政机关履职的新方式，它弥补了现行监督行政权的体系中缺失的部分。因此，有必要对既有的监督行政权的体系予以描述，才能发现诉前程序这一新监督方式的空间所在。从监督方法来看，监督行政权的方法主要有权力制约与权利监督两种。本书从这两种方法切入，来观察监督行政权的体系。

1.以权力制约行政权

根据我国宪法的相关规定，我国的国家权力分为立法权、行政权、监察权、审判权和检察权，并且由不同的国家机构来行使上述权力。而以权力制约行政权，是指这些被划分出来的国家权力分别对行政权实施制约和监督，并且由此形成了权力制约行政权的体系。

第一，立法权制约行政权。古德诺（Goodno）在《政治与行政》（*Politics and Administration*）一书中指出："立法机关或任何政治机构可以做的一切，就是通过实施这种控制，确保负责执行这些行政功能的人们保持高效的工作效率和公正无私的态度。"[②]立法权制约行政权有以下三个特点。一是时间上的

---

① 卡罗尔·哈洛，理查德·罗林斯.法律与行政［M］.杨伟东，李凌波，石红心，等译.北京：商务印书馆，2004：226.

② 弗兰克·古德诺.政治与行政——政府之研究［M］.丰俊功，译.北京：北京大学出版社，2012：65.

事前性。从时间上看，立法行为在行政行为之前，这样才能够为行政权的行使提供依据，也符合"法无授权不可为"的基本要求。因此，立法权对行政权的制约是一种事前制约。此外，立法行为所产生的规范还为事后制约的方式提供了依据。二是依据上的规范性。立法权制约行政权的具体方式是为行政权的运行提供依据，该依据也就是立法权运行的结果——法律。而法律具有相对稳定性、普遍性和反复适用性，表现出鲜明的规范性特点，这是其他国家权力制约行政权中所不具备的。三是效力上的权威性。立法权制约行政权的权威，一方面源于其时间上的事前性，即作为行政权运行依据的法律规范先于行政权的运行而存在，使行政机关在最初行使行政权时便能够感受到立法权的存在与制约；另一方面源自我国立法权的行使主体。根据宪法，我国的立法权是由权力机关行使的，而行政机关又是由权力机关产生并且受其监督的，由此也在一定程度上保障并提升了立法制约的权威性。①

第二，行政权制约行政权。层级监督是行政权制约行政权的具体表现，它源于行政权的隶属体系，这也是现代官僚制的特征之一："由职务等级制原则与上诉渠道原则确立了一种公认的高级职务监督低级职务的上下级隶属体系。"② 行政权制约行政权有以下五个特点。一是体系上的既存性。以行政权制约行政权并不需要另外单独构建专门的制约体系，直接适用行政权的隶属体系即可。二是范围上的广泛性。行政权制约行政权仍然发生在行政权的内部，从而其监督的范围是最为广泛的："在县级以上各级人民政府对下级行政机关实施的监督中，其监督范围的广泛性几乎达到了极致，既能够对所属各工作

---

① 根据我国《宪法》和《各级人民代表大会常务委员会监督法》的规定，各级人大常委会对行政机关的监督主要有听取和审议本级政府工作报告、审查和批准预算及其调整与执行情况报告、审查和批准国民经济和社会发展计（规）划及其执行与调整情况、监督检查行政机关实施法律的执法行为、对规范性文件备案审查、询问和质询、特定问题调查和审议和决定撤职案等内容。这些监督内容中，既有人大常委会作为国家权力机关对行政权的监督，也有作为立法机关对行政权的监督。

② 马克斯·韦伯.经济与社会［M］.阎克文，译.上海：上海人民出版社，2010：1096.

部门的一般行政工作进行监督，也能够对其行政执法活动进行监督，并且还能够对下级人民政府的所有行政工作与行政管理活动进行监督。"① 三是方式上的主动性。行政机关的履职以及行政权的运行具有积极性与主动性的特点，这也是区别于其他国家权力运行之所在。这一特点自然也被带入行政权对行政权的制约过程之中，由此使这一制约方式具有鲜明的主动性。四是效果上的直接性。由于行政体系的一体化，使行政权对行政权的制约在效果上表现出鲜明的直接性：下级行政机关通常在受到上级行政机关的监督后，会及时作出改正与反馈；而上级行政机关也拥有直接改变或者撤销下级行政机关的权力。五是力度上的有限性。相较于其他国家权力对行政权的制约，行政权制约行政权的短板在于制约力度上的有限性，这依然与它依赖于既存的行政权体系有关。"它们缺乏法治所要求的权力分工与制约机制，不具有法治的特征。"②

第三，监察权制约行政权。③ 监察权是我国重构纪检监察体制之后，对国家权力重新划分的产物。监察权制约行政权有以下三个特点。一是对象上的个体性。监察权制约行政权是通过监督行使行政权的人实现的，这是它与其他国家权力制约行政权最显著的不同。④ 二是内容上的廉洁性。监察权制约在内容上特别突出对公职人员廉洁性的监督，与原先行政监察相比，

---

① 应松年. 当代中国行政法 [M]. 北京：人民出版社，2018：2794.

② 孙笑侠. 法律对行政的控制（修订二版）[M]. 北京：光明日报出版社，2018：223.

③ 监察权制约行政权只是两权关系的一个面向，另一个监督的面向表现为行政权通过预算控制的方式制约行政权。此外，两权之间也有相互配合的关系，即《监察法》所规定的："监察机关办理职务违法和职务犯罪案件，应当与……执法部门互相配合，互相制约。监察机关在工作中需要协助的，有关机关和单位应当根据监察机关的要求依法予以协助。"这里的"执法机关"被官方解释为公安机关、国家安全机关、审计机关以及质检机关、安全监管部门等行政执法部门。

④ 《中华人民共和国监察法》开宗明义地表明，该法的制定目的之一就是"加强对所有行使公权力的公职人员的监督"；在对监督职责与监督范围的规定中，再次明确了公职人员是监督、调查和处置的直接对象。

效能监督和执法监督鲜有涉及。① 三是性质上的融合性。相较于其他国家权力，监察权的政治性质更加突出，在监察权的实际运行中蕴含着执政党的纪律监察职能。因此，在制约行政权的过程中，这一政治性质也会得到充分的体现。

第四，审判权制约行政权。"无论在哪一种情形中，为了保障对行政机关的政策选择活动实施有效的外部监督，求诸司法是必需的。"② "求诸司法"是审判权制约行政权的方式，具有以下三个特点。一是方式上的被动性。与其他国家权力的运行相比，审判权具有鲜明的被动性，只有当事人认为自身利益受到损害并提起诉讼，法院才会对行政行为的合法性进行审查，从而制约行政权力。二是范围上的限缩性。行政诉讼面临着受案范围的问题，即"将所有行政活动纳入司法控制网之中是不可能的"。③ 这就意味着审判权并不制约行政权的所有内容。三是效力上的个案性。审判权对行政权制约是通过个案裁判的方式实现的，因此它所产生的监督效力很多时候是止于个案的，特别是在成文法国家中，由于个案一般不具有类案的效力，因此制约的效力也就难以推而广之。

第五，检察权制约行政权。检察机关履行的是宪法规定的法律监督职能。④ 检察权对行政权的制约，是指"检察机关按照人民代表大会授权……

① 有学者更具体地分析了行政监察所具有的执法监察、效能监察和廉政监察三项职能整合进专职监察机关的可行性问题，并认为，廉政监察职能应当整合至专职的监察机关之中，而执法监察和效能监察不宜整合进去。详见：江利红.行政监察职能在监察体制改革中的整合［J］.法学，2018（3）：80-89.；秦前红.我国监察机关的宪法定位——以国家机构相互间的关系为中心［J］.中外法学，2018（3）：555-569.

② 理查德·B.斯图尔特.美国行政法的重构［M］.沈岿，译.北京：商务印书馆，2011：112.

③ 哈特穆特·毛雷尔.行政法学总论［M］.高家伟，译.北京：法律出版社，2000：146.

④ 对于这一宪法定位与职能，有论者指出："随着国家监察体制改革，以审判为中心的司法体制改革以及公益诉讼制度改革等实现的宪制变动，人大架构下检察机关的法律监督权出现了新的解释和澄清需要。"详见：张晋邦.检察机关一般法律监督权：规范内涵、宪制机理与调整方向——兼论检察院组织法原第5条的修改［J］.甘肃政法学院学报，2019（4）：24.

督促行政机关恪守'依法行政'之宪法职责，在全国范围内统一、正确地实施国家法律，包括在所有个案中无差别地实现法律的公平、正义"。^①检察权制约行政权主要有以下三个特点。一是职责上的专职性。从历史沿革来看，尽管在不同的历史时期，检察权的对象有所不同，但是总体上检察机关作为专门的法律监督机关这一定位并未有显著改变。^②从这个意义上来说，检察权制约行政权是其法律监督职能的具体表现，体现了检察机关在履行法律监督职能上的专职性。二是适用上的诉讼性。从理论上来说，履行法律监督职能的检察机关可以对行政机关的执法履职行为予以监督，然而"现行的检察职能主要限于诉讼领域"^③，而在诉讼领域之外对行政机关的监督更多地停留在探索阶段^④。一个探索领域是行政执法与刑事处罚衔接（即"两法衔接"），其中涉及检察权制约行政权的是"移送监督"^⑤，即检察机关对行政机关向刑事诉讼办案机关移送案件的行为予以监督。^⑥另一个探索领域是在民事诉讼和行政诉讼，即检察机关依据《人民检察院民事行政抗诉案件办案规则》在

① 傅国云．行政检察监督研究：从历史变迁到制度架构［M］．北京：法律出版社，2014：70.

② 1949年，《中央人民政府组织法》第29条确立了检察机关的独立地位，承担检察责任。1951年，《最高人民检察署暂行组织条例》借鉴前苏联检察权的职责，将检察署的职能界定为"一般监督"，即监督国家机关及其工作人员以及普通公民是否遵守法律。1954年的《宪法》《中华人民共和国人民检察院组织法》和1978年的《宪法》均延续了"一般监督"的界定。1982年，《宪法》改变了之前宪法对于检察机关职权规定的方式：由具体列举检察机关的职权改为概括性地确立检察机关是国家法律监督机关的宪法地位，这使得检察机关的法律监督职责第一次在宪法上得到了明确。

③ 朱孝清．国家监察体制改革后检察制度的巩固与发展［J］．法学研究，2018，40（4）：14.

④ 张步洪．行政检察制度论［M］．北京：中国检察出版社，2013：149.

⑤ 国务院．行政执法机关移送涉嫌犯罪案件的规定［EB/OL］．（2020-08-07）［2024-09-23］．https://flk.npc.gov.cn/detail2.html?ZmY4MDgwODE3NmQ1ZDRkODAxNzZkNzEyYzAzNDAzZTI.

⑥ "《人民检察院组织法》的第五条……取消了人民检察院对国务院所属各部门、各级国家机关、国家机关工作人员和公民是否遵守法律的相关规定，保留了人民检察院行使的其他职责（职权）。显然，这样的立法……是有意如此规定，即不赋予人民检察院针对行政执法机关及其工作人员的一般法律监督权。立足于这一分析，对于'两法'衔接中最重要的监督——人民检察院针对行政执法机关是否移送或是否及时移送涉嫌犯罪案件的监督的法律依据就处于缺失的地位，其合法性也就自然成为不容回避的问题。"详见：应松年．当代中国行政法［M］．北京：人民出版社，2018：1516.

抗诉程序中可以针对存在制度隐患、有工作人员严重违背职责并应当追究纪律责任等情形向行政机关提出检察建议，开展监督。三是功能上的互补性。检察机关制约行政权的领域和范围，应当基于既有的制约行政权的体系和结构，立足于其法定职能和履职特点，从而与其他制约方式形成功能上的互补。

2.以权利监督行政权

"权力为权利而生，为权利而存，为权利而息。"[①]权利对行政权的监督具体表现为公民监督、社会团体监督以及舆论监督等。与权力制约行政权相比，权利监督行政权具有以下三个方面的特征。一是效力上的终极性。行政相对人在行政权运行过程中，既是行政权作用的对象，又是行政权运行的监督者。这一监督者的身份源于作为国家权力享有者的宪法地位。由此，行政权所有者对行政权行使者的监督具有终极性。二是来源上的外部性。相较于各类国家权力的行使者——国家机构，相对人处于国家机构之外，由此相对人对行政权的监督属于外部监督。这就意味着，权利监督行政权属于外部监督。监督来源的外部性，一则可以保证监督主体的独立性，即实施监督的主体在地位和意志上均与被监督的行政机关保持一定的距离；二则可以确保监督效果的公正性，即相对人与行政机关之间的关系相对简单，能够使监督效果更加公正；三则可以增强监督方式的民主性，即扩大了监督行政权的主体范围。三是感受上的敏感性。权利主体作为行政权运行的相对方，他们对行政权的运行情况有着更敏感的体验和感受，特别是对行政权的违法和不当运行，以及由此对权利的损害有更清晰和及时的感受，因此他们在监督行政权的针对性和有效性上都会更有优势。

---

① 应松年.当代中国行政法［M］.北京：人民出版社，2018：4.

（二）诉前程序对既有控制行政权体系的弥补

1.弥补监督行政行为专门性的缺失

从前文的描述和分析可以看出，立法权、行政权和审判权对行政权的制约通常是以权力运行的过程为载体进行的，并不是专门制约行政权。监察机关是专门的制约行为，但是它的制约对象是行政权的行使者而非行政行为。由此可见，能够对行政行为实施专门制约的只有检察机关。但就目前来看，检察机关专门制约行政机关在理论与实践层面都还存在明显的短板。

诉前程序的设置恰好弥补了上述短板：一方面，检察机关在宪法定位和法定职责上都契合诉前程序作为监督行政机关的方式及其功能，本书将对检察机关在主体的适格性上进行更具体的分析；另一方面，诉前程序并非诉讼活动，它在结构上与诉讼活动存在明显的差别，但是它与诉讼活动一样能够结束案件，由此使检察机关可以不用依赖诉讼活动监督行政行为，拓展了检察权制约行政权的场域。

2.弥补公共利益领域救济的缺失

行政机关一般被认为是公共利益的代表者和维护者，特别是在福利行政和给付行政的理念指导下。但是，不可否认的是，行政机关在实践中会逐渐出现自我利益，并且与公共利益产生冲突或违背公共利益，此时公共利益就成为掩盖政府自我利益的理由。在这样的情况下，行政机关成为公共利益的破坏者，需要通过监督来纠正行政机关的上述行为，从而保护真正的公益。

诉前程序的设置正好可以实现上述设想：一方面，诉前程序是用于监督行政机关履行公益保护职责的专门程序，填补了既有监督体系中的空白；另一方面，检察机关在诉前程序中也是处于公共利益的代表者和维护者的地位，从而形成了公共利益代表的双主体结构，为双主体的协商、监督等互动关系的建立奠定了基础。

3.弥补社会权力参与监督的缺失

如前文所述，监督行政权的体系是由权力制约和权利监督共同构成的。在"国家—社会"的二元结构中[①]，社会权力的作用和重要性正在不断显现。社会权力，指"社会主体以其所拥有的社会资源对国家和社会的影响力、支配力"。[②]社会权力来自民间，由专业的社会组织来行使，体现了公民权利的社会化。

检察公益诉讼中的民事公益诉讼由于赋予了特定社会组织以起诉的权利，即体现了上述社会权力的作用，以及社会组织参与社会公益保护的价值。而在行政公益诉讼中，社会组织目前只能通过向检察机关提供案件线索的方式，参与对行政权的监督过程。基于现行制度设计，要进一步突出社会组织在案件线索提供和线索转换为立案等方面的参与和发挥的作用，填补社会权力参与公益领域监督行政权运行的空白。

---

① 有关中国是否已经形成了"国家—社会"二元结构目前尚未有官方的定论。但是，不可否认的是，伴随着市场经济体制的建立，原先"国家—社会"一体化的格局的确被突破了。社会阶层开始分化，社会主体开始多元，政府职能开始剥离，越来越多的社会组织和社会力量在国家运行中发挥着积极和重要的作用。党的十八届三中全会通过的《全面深化改革若干重大问题的决定》中改变了过去常用的"管理"一词，首次并多次使用"治理"一词，并将"国家治理体系和治理能力现代化"作为全面深化改革的总目标。"治理"的使用表明今后国家治理不再仅仅是政府的职责，而是政府部门、社会组织和其他公共部门共同参与的过程，这在一定程度上意味着对社会力量与社会组织的功能和价值的认可。

② 郭道晖.社会权力与公民社会［M］.北京：译林出版社，2009：54.

三、诉前程序是对行政权的程序控制方式

（一）"控权"的两种方式：实体规则控制与正当程序控制

法律是控制行政权的方式，从法律规则来看，可以进一步把控制行政权的方式分为实体规则控制与正当程序控制。

1.实体规则控制

所谓实体规则控制，就是"通过行政实体法来规范行政权的范围，即法律对行政机关哪些可以做、哪些不能做的事项作出了尽可能明确、具体的规定"。[①]从特点上来看，实体规则控制是"从行政行为结果着眼，注重行政法实体规则的规定，行政主体的法律适用技术侧重于对实体法规则的分析并严格遵循行政法实体，法律规则被等同于行政管理权力的理由，通过详细的实体规则来实现法律对行政权力的控制功能"。[②]

2.正当程序控制

正当程序控制则是"从行政行为过程着眼，侧重于行政程序的合理设计，行政主体的适用技术是以正当程序下的行政决定为特征的，权力的理由是通过相对人的介入和行政主体共同证成的，通过合理的行政程序设计来实现控制行政权力的目的"。[③]特别是在行政自由裁量权广泛适用的情景中，通过正当程序控制行政权成为常规手段。"当事后的司法审查效果不能满足法治需求时，'良好的行政优于不当行政事后救济'的认识把人们寻求控制行政权的目

---

① 章剑生.现代行政法基本理论（第二版）[M].北京：法律出版社，2014：497-498.
② 孙笑侠.程序的法理（第二版）[M].北京：社会科学文献出版社，2017：255.
③ 孙笑侠.程序的法理（第二版）[M].北京：社会科学文献出版社，2017：258.

光引导至行政过程之中。"① 需要指出的是，正当程序控制方式依赖法律的程序特征和整体功能。

（二）实体规则控制效果被削弱

实体规则控制的方式较为容易被人们感知和观察，因为实体规则体现为当事人的权力、权利、义务和责任，传统观点认为，这一方式的控制效果较好。但是，"行政职能扩张以后，实体规则的控权作用被大大削弱，行政法不得不转而求助程序的规则，即从行政程序方面来协调自由裁量权与法律控制的关系，程序化成为现代行政法发展的新趋势"。② 具体而言，从以下三个方面可以看出实体规则的控制效果有所削弱。

1.制定者的转移影响了控制效果

如前文所述，行政权表现出扩张的发展趋势，这一趋势的具体表现之一是行政权不再仅仅局限于发挥执行功能，而是介入其他公权力作用的领域。比如，行政权被赋予了立法功能，从而产生了行政立法权，使行政机关与立法机关共享了国家的立法权。王名扬教授总结了行政立法产生并迅速发展的五方面原因：一是议会时间不够；二是法律技术性强；三是法律需要灵活性；四是紧急情况；五是试验阶段。③ 行政机关行使立法权会产生行政权的"自我编程"问题，④ 进而削弱了实体规则的控制效果。

具体来说，立法权制约行政权中，如果立法者是立法机关，那么其与被制约的行政机关之间是分离的，能够保证制约的公正性和客观性。此外，立法机关作为行政权的制约者，在约束行政权上具有积极性，能够保障自

① 章剑生．现代行政法基本理论（第二版）［M］．北京：法律出版社，2014：17．

② 应松年．当代中国行政法［M］．北京：人民出版社，2018：1248．

③ 王名扬．王名扬全集：英国行政法、比较行政法［M］．北京：北京大学出版社，2016：98-99．

④ 有关行政权"自我编程"问题，详见：高鸿钧．商谈法哲学与民主法治国——《在事实与规范之间》阅读［M］．北京：清华大学出版社，2007：315．

身的意志在行政机关中得到贯彻和执行。但是，如果由行政机关来制定规则，那么这些规则在用于制约或者控制行政权的活动时，势必会在公正性和客观性上有所欠缺。而且一旦行政机关意识到制定出来的规则是用来约束自己的，那么其制定规则的积极性，也就是主动履行行政立法职责，可能会受到影响。更为严重的问题是，行政机关可能滥用立法职责，即通过行使立法权为自己的不当或违法行为提供合法的依据，有学者形象地称之为"造法行政"①。

2.变迁的缓慢延误了控制时效

法律规则，特别是直接规定当事人权利义务的实体规则，通常被人们寄予厚望，期望其能够展现出高度的稳定性和可预见性，为社会成员提供明确的行为指引与合理的未来预期。然而，"法律中的许多变化都是缓慢而又渐进发生的。这些变化往往局限于法律制度的一些特殊方面，或局限于一个特定框架中的具体问题。法律秩序中受到影响的部分会在某种程度上发生变化，而其原有结构的大部分则仍保持不变。大多数法律改革都具有非整体的或不完全的性质，而这恰恰解释了下述事实，即稳定与变化在法律生活中趋向于互相连接和互相渗透"②。

如果说，法律规则的变化是缓慢的，那么行政权的快速变化与行政权需要积极应对社会事务的变化有关。比如，网约车的产生与发展为政府的管理提出了新的课题，之前对出租车行业的监管方式不能完全照搬到对网约车的监管之中。因此，在相关法律规则没有发生改变的情况下，政府需要对网约

---

① "造法行政，就是行政机关通过自己的造法行为进一步依其所造的法而行使行政权。""具体地说，行政主体在制定规则时违反了立法机关的意志，违反了立法机关已经确立的原则，或者在立法机关还没有对某些事项作出原则性规定的情况下而制定规则的行为都应当是造法行为；行政主体在没有任何根据的情况下所制定的规则旨在对私权进行限制，旨在禁锢行政相对人，此时其行政行为就属于造法行为。"详见：关保英.行政法的私权文化与潜能［M］.济南：山东人民出版社，2011：55-67.

② E.博登海默.法理学：法律哲学与法律方法［M］.邓正来，译.北京：中国政法大学出版社，2017：342.

车出现的新问题采取对应的措施，以平衡创新与安全之间的关系。而政府的措施则为后续关于网约车的立法提供了基础和依据。

由此可见，实体规则控制行政权力在时间上是滞后的，并且会延误控制的时效。具体来说，原先的实体规则还没有发生改变，而行政权已经为了适应社会的变化而发生变化。立法者在此后再对规则进行修改，需要意识到新的实体规则施行时，社会环境或已历经变迁，行政权亦作出了必要的调整。在这样联动的过程中，实体规则只能"亦步亦趋"地跟随着社会的变化与行政权的调整，所谓立法权制约行政权是无法实现的。

3.表达的模糊增加了控制难度

众所周知，法律规则应当是公开的，而公开的载体是语言。语言的表达具有可解释性，"法律经常利用的日常用语与数理逻辑及科学性语言不同，它并不是外延明确的概念，毋宁是多少具有弹性的表达方式，后者的可能意义在一定的波段宽度之间摇摆不定，端视该当的情况、指涉的事物、言说的脉络，在句中的位置以及用语的强调，而可能有不同的意涵。即使是较为明确的概念，仍然经常包含一些本身欠缺明确界限的要素"。[1]再加上，许多技术性规范融入法律规则之后，使其表达更加模棱两可。[2]

由此，通过语言表达的法律规则，因为可解释性和模糊性给其适用增加了难度。比如，法律对行政行为除了合法性的要求外，还有合理性的要求。但显然，相较于合法性的判断，合理性的判断并不容易，因为"合理"的概念并不明确，为此需要结合具体个案的情况作出解释。

---

① 卡尔·拉伦茨.法学方法论［M］.陈爱娥，译.北京：商务印书馆，2003：193.

② 卡罗尔·哈洛，理查德·罗林斯.法律与行政［M］.杨伟东，李凌波，石红心，等译.北京：商务印书馆，2004：488.

（三）正当程序控制方式之优势 [①]

1.规则的稳定性填补了实体规则控制的真空

实体规则的内容涉及人们的权利义务，需要根据社会的发展和人们的需求发生改变和调整。当调整对象已经发生改变，而调整对象的实体规则尚未发生改变时，就出现了控制行政权的空窗期，于是需要另一种方式来予以弥补，这种比实体规则更为稳定的控制方式就是正当程序。

法律上的程序是被规则化了的步骤、顺序和方式。具体来说，符合正当程序要求的步骤、顺序和方式一旦以法律规则的形式固定下来，就不宜发生根本性的改变。比如，行政执法程序要正当，至少在步骤与顺序的安排上应当遵循先调查取证再作出决定的基本规律。由此可见，相较于实体规则，程序规则的稳定性更强。

2.形式的正义性明确了正当程序控制的标准

法律程序是一种法律形式，对于法律程序的正当性要求，也就转换为对法律形式的正义性要求："如果我们认为正义总是表示着某种平等，那么形式

---

① 有学者以比较程序控制与实体控制、程序与行政层级控制的不同，来说明程序控制的原因与必要性："也许有人说，行政实体法不也可以达到控制的目的吗？为什么一定要用行政程序法呢？有两个原因。其一，行政实体法虽为行政主体在行政管理中所用，但其所调整的并不是行政主体与公民的关系，而是国家与公民或者说公民整体与公民个体之间的关系……其二，行政实体法是行政主体进行行政管理活动的目的依据，但不是它的过程依据。因此，要想在行政管理过程中实现对行政主体的控制，光靠行政实体法是做不到的，只有靠行政程序法才行。也许有人说，行政系统的上级对下级也可以而且应该进行控制，这种控制也是行政程序法……为什么一定要发展出有相对人参与的、以调整行政主体与相对人之间关系为主的行政程序法呢……如果把这种层级控制制度视为行政程序法，与现代以相对人参与为主的行政程序法混为一谈的话，那就根本上错了……只有当国家最高领导人是公民整体的代表，并且也直接受到公民整体的制度性（程序性）控制时，他才会在民众的推动下逐渐建立起一套允许公民直接参与行政管理活动的现代行政程序法。"详见：应松年．当代中国行政法［M］．北京：人民出版社，2018：2199-2200.

的正义就意味着它要求：法律和制度方面的管理平等地（即以同样的方式）适用于那些属于由它们规定的阶层的人们。"①

更为重要的是，人们已经不再从作为附属于实体正义的地位来认识程序正当或者描述形式正义的价值了，而是开始认可并承认程序正当本身的独立价值。法律程序的正当性成为控制行政权的重要判断标准，无论在理论上还是实务中，正当程序原则都已经成为行政法基本原则的重要构成，公开、回避、参与和说明理由等都已经成为一个行政行为不可或缺的程序环节。所以，行政权运行过程中所设置的步骤、环节与顺序应当体现正当程序与形式正义的要求，实现对行政权的程序控制。

3.过程的交涉性体现了正当程序控制的本质

"程序是交涉过程的制度化。"②"交涉"揭示了法律程序本质：一是法律程序应当是由多主体参与的，不同参与主体所代表的利益是多元的、有差异的。二是法律程序提供的是不同参与主体相互交流并寻求达成共识的机会，由此可见，法律程序可以发挥协调利益的平台作用。"程序参加者如果完全缺乏立场上的对立性和竞争性，就会使讨论变得钝滞，问题的不同方面无法充分反映，从而影响决定的全面性、正确性。"③三是法律程序体现于法律规则之中，具体表现为程序性权利和程序性义务，并且为各方在法律程序中的"交涉"提供可供遵循的规则。

法律程序的"交涉"本质也反映在正当程序规则对行政权的控制之中："因为程序使公民个体参与行政活动，与行政主体发生活动、交涉，在行政系统的末梢上对行政主体进行控制，从而达到对行政主体完全的控制。"④一是行政权的运行应当是多主体实质参与的过程，而不应当是行政主体单方决定的

---

① 约翰·罗尔斯.正义论［M］.何怀宏，何包钢，廖申白，译.北京：商务印书馆，1988：58.
② 季卫东.法律程序的意义［C］//季卫东.法治秩序的建构（增补版）.北京：商务印书馆，2014：20.
③ 季卫东.法律程序的意义［C］//季卫东.法治秩序的建构（增补版）.北京：商务印书馆，2014：25.
④ 应松年.当代中国行政法［M］.北京：人民出版社，2018：2199.

过程。二是参与行政权运行过程的多主体所代表的利益，应当存在冲突或者说并非完全一致。三是各方参与主体在行政权的运行中，都有机会听取对方的观点，发表自己的意见。四是各主体应当有秩序地参与行政程序，不仅享有程序性权利，而且履行程序性义务。

4.表达的明确性提升了正当程序控制的准度

法律中程序性规则也是以语言为载体进行表达的，这与实体规则是一样的。但程序性规则的语言更具有明确性。比如，"当事人""证据""听证"等概念都是相对明确的，在适用时不易发生混淆和不确定。此外，"比如，从总则到条款，从重要条款到次要条款，从描写性内容到规定性内容等。这样可以保证法律规范的庄严性，及其内容的严谨合理和准确规范，能使法律规范的内涵得到最充分的体现，并可以给所涉及的法律条文、专业术语和概括性词语设定具体的阐释语境，在具体的法律解释中可以进行体系化的理解"。①

（四）诉前程序是以正当程序控制行政权的实现方式②

1.诉前程序的规范化与制度化

法律程序特指那些被法律规范确认的程序，也就是被规范化、制度化的步骤、环节和方式，而且程序的规范化与制度化保障并提升了程序的权威性。诉前程序作为监督行政权履行保护公益的专门法律程序，在规范化与制度化上经历了从无到有、从局部试点到全面落地的过程。本书将在第三章对此过

---

① 卢秋帆.法律语言的模糊性分析［J］.法学评论，2010，28（2）：25-26.

② 有论者从检察权本身的程序性特征出发，指出诉前程序在本质上是监督行政机关的程序："检察监督的程序性特点……强调其具有不同于人民法院以及其他公权力机关的特有属性。检察权归根结底，是一种程序性权力……检察机关不能像审判机关那样进行实体性、终局性的裁判。检察监督，其实质是法定的监督程序的强制性启动……行政公益诉讼诉前检察建议，也是启动一个督促相关行政机关自我纠错、依法履职的程序。"详见：胡卫列.国家治理视野下的公益诉讼检察制度［J］.国家检察官学院学报，2020，28（2）：10-11.

程进行完整的描述。

2.诉前程序的参与者明确化

如前文所述，在正当的法律程序中，参与各方代表着不同的利益，并且各利益之间存在着冲突和矛盾，希望在法律程序中通过交涉互动实现利益的协调。因此，各方参与者在法律程序中应当具备明确的角色和定位。具体到诉前程序之中，检察机关与行政机关作为主要的参与者，两者的角色定位亦是明确的。

检察机关是公共利益保护的监督者。这一角色定位契合了检察机关作为法律监督者的宪法定位。法律发挥利益协调的作用，以化解利益冲突。检察机关的法律监督功能，就是对法律发挥的利益协调作用的监督。如果法律未能如期地有效协调相关利益方，那么监督者就负有纠正责任。在诉前程序中，检察机关正是扮演这样的角色：行政机关作为公共利益的代表者本应当依法保护和维护公共利益，但当行政机关没有很好地履行法定的保护公共利益的职责时，就需要检察机关通过诉前程序来予以监督。需要指出的是，检察机关和行政机关在诉前程序中都是公共利益的代表者，两者之间并不冲突。[①] 检察机关作为公益保护者可以从两方面理解："一方面通过履行法律监督职能保护社会主义法律体系本身所代表的制度公益……；另一方面作为获得法律授权的公益司法保护力量……可对特定公益进行专门的司法保护。"[②]

行政机关则是公共利益保护的被监督者。行政机关从公共利益的代表者

---

① 有关检察机关与行政机关在代表公益上的不同，有这样的论述："行政机关是公共利益的第一顺位的代表，其不仅负有维护公共利益的法定职责，也有能力和资源能够维护好公共利益……检察机关在公益诉讼中的公共利益代表身份主要体现在民事公益诉讼中，相对于行政机关而言，检察机关的公益代表身份不仅是第二位的，而且实质上是对行政机关的一种代位诉讼……在行政公益诉讼中，检察机关提出的诉讼请求，都是围绕行政机关依法履职展开的，并不直接针对被损害的公共利益。"详见：胡卫列.国家治理视野下的公益诉讼检察制度［J］.国家检察官学院学报，2020，28（2）：13.

② 刘艺.论国家治理体系下的检察公益诉讼［J］.中国法学，2020（2）：154.

与保护者的地位转变为诉前程序中公共利益保护的被监督者，主要原因是其在履职过程中会产生自利①，偏离公益代表者与保护者的定位。"政府必须从事那些对促进个人在体能、智能和精神方面的福利，以及国家的物质繁荣所必需的事务。政府的利益不再等同于其国民的利益……二者毫无疑问是有区别的。"②

在诉前程序中，检察机关与行政机关分别承担着监督者与被监督者的角色，但是这并不是对两者角色定位的全面描述，两者在诉前程序中更有相互配合与协作的一面："检察行政公益诉讼……不应只强调其法律监督属性，还应强调其是特定领域内检察权与行政权的合作治理机制。"③而"双赢多赢共赢"的监督理念正是建立在两者配合与协作的基础之上。为了实现国家治理体系和治理能力现代化的目标，检察机关与行政机关在诉前程序中的关系体现了程序所具有的如下功能："现代程序意味着建立制度性妥协（institutional compromise）的机制，以保证市场自由竞争的协调平衡，保证没有任何权力可以独断专行。"④

3.诉前程序过程的交涉性显著化

如前文所述，"交涉"是程序在法律上的本质，交涉的形式为最终各方主体及其所代表的利益在法律程序中实现协调与妥协奠定了基础。在诉前程序中，程序的交涉性质得到了显著的体现，具体表现在以下两方面。

一方面，行政机关在诉前程序中有权表达意见。根据《人民检察院检察

---

① "行政系统的自利性是指行政系统在其权力行使和机制的运行中追逐自身利益并使其独立化与合法化的格局……行政系统成了相对独立的实体，其作为一种具有法律上人格的系统要受到立法的制约、司法的制约，一旦制约格局成为法治运作的主流，不同的政治实体就有了不同的利益……利益本身的存在就使行政主体在权力运作中既是一个政治实体，也是一个利益角逐的实体。"详见：张淑芳.论行政规避法律［J］.学术月刊，2018，50（5）：96.

② 狄骥.公法的变迁［M］.郑戈，译.北京：商务印书馆，2013：34.

③ 刘艺.论国家治理体系下的检察公益诉讼［J］.中国法学，2020（2）：159.

④ 季卫东.法律程序的意义［C］//季卫东.法治秩序的建构（增补版）.北京：商务印书馆，2014：25.

建议工作规定》（2019）（下文称《检察建议 2019 规定》），行政机关作为检察建议的对象，在诉前程序中表达自己意见的场景有：在调查核实中、在检察建议正式发出前、对检察建议提出异议，以及宣告送达时。这些场景几乎覆盖了检察建议制发的全过程，体现了行政机关和检察机关在诉前程序中的交涉关系。

另一方面，检察机关督促行政整改的实施。制发检察建议后，即进入了行政机关根据检察建议进行整改的程序。根据《检察建议 2019 规定》，这一过程并不是一个完全由行政机关主导的程序，而是由检察机关介入的程序。在介入方式上，检察机关应当保持一定的克制："人民检察院应当积极督促和支持配合被建议单位落实检察建议。督促落实工作由原承办检察官办理，可以采取询问、走访、不定期会商、召开联席会议等方式，并制作笔录或者工作记录。"

第三节　行政权保护优先理论

一、公共利益的行政权保护优先于司法保护

经过分工设计后的不同国家权力在公共利益的保护上采用了不同的方式，呈现出不同的特点：立法权通过制定法律，确认公共利益的法律地位，为公益保护提供法律依据；行政权被认为是保护公共利益的第一选择，主要是源于其主动性的运行特点以及与社会接触最为深入；审判权和检察权则主要是以个案的方式对公益予以救济。[①] 因此，在设计国家权力保护公益的制度时，要充分考虑不同国家权力保护具备的不同特点。

本书认为，行政权保护与司法保护都是特定国家机关以适用法律的方式

[①] 为了表述的简便，本节以"司法保护"这一表述来指代我国的审判权和检察权对公益的保护。

保护公共利益，这是两者的共同性。但如上所述，两者也有明显的区别。在这两种保护方式中，行政权在保护公共利益上应当居于优先地位。正因为"在日趋城市化、技术高度发展的社会中，通过司法来调整私领域秩序的传统安排，已不足以保护各个重大群体的利益以及保障基本的社会目标。面对这种信念……促使政府提供范围越来越广的产品和服务。结果是，行政部门对福利、收入、教育以及个人所享有的其他受益机会，承担起越来越多的权力"。① 以环境保护为例，"环境司法具有其自身无法克服的局限性：首先，环境司法囿于其个案裁量的本质特征，根本无法形成普遍性的、可供重复使用的一般规则，而只能将判决的效力局限于对个案的利益协调和妥协之中，无法像环境行政一样'批量化'处理不断蔓延且具有共性的对环境公共利益的普遍损害。其次，环境司法囿于其有限的司法资源，往往无法处理复杂的科学技术问题。即便在已经有成熟公益诉讼实践的国家，因科学技术专家及其服务的缺乏导致大量环境纠纷悬而未决、中途放弃或者只能部分解决的情况也十分普遍。最后，环境司法囿于其封闭的裁判程序和较高的诉讼成本，也不能像作为过程行政的环境行政一样实现不同利益诉求的普遍代表、充分表达和综合平衡"。②

　　基于以上分析，我国的行政公益诉讼中设置专门的诉前程序契合了行政权保护优先的理论。行政权在保护公共利益上具有专业、效率、组织与协调等方面的优势。

---

① 理查德·B.斯图尔特.美国行政法的重构［M］.沈岿，译.北京：商务印书馆，2011：73.

② 王明远.论我国环境公益诉讼的发展方向：基于行政权与司法权关系理论的分析［J］.中国法学，2016（1）：65.

（一）行政机关保护公共利益具有专业优势

行政权基于其履职的特点，是所有国家权力中专业性最为突出的公权力："当今许多行政管理中出现的复杂的科学、技术、社会和经济问题，通常不适宜通过裁决程序来解决。"① 一方面，"在给付行政的诸具体领域中，多带有高度专业技术性特色。例如，在社会保障行政过程中，如何确定社会保障中的家庭收入，如何认定工伤或残疾，这些问题无法交由立法机关处理"。② 另一方面，"司法部门既无强制，又无意志，而只有判断；而且为实施其判断亦需借助于行政部门的力量"。③

行政权在专业性上的显著优势可以从政府内部机构的设置比其他国家权力行使者内部机构设置更加细致的程度中窥见一二。一方面，行政机关及其工作人员专业素养不断提升，正如密尔（Mill）所说："政府的全部工作都是要专门技术的职务；完成这种职务需要具备特殊的专业性的条件，只有多少具备这些条件或者具有这方面经验的人才能对这种条件作出适当的评价。"④ 另一方面，行政机关为了达到专业性的要求，会主动调整行政权运行的方式，愿意采用公私合作等方式，选择具有显著专业属性的其他社会组织共同参与社会事务的治理，以提高权力运行的专业水平。

此外，行政权与行政法中融入了诸多技术标准也是行政权专业优势的具体表现。"行政法中的技术标准是指为行政法治实践提供相应参考的数据、规

① 理查德·B.斯图尔特.美国行政法的重构［M］.沈岿，译.北京：商务印书馆，2011：158-159.

② 应松年.当代中国行政法［M］.北京：人民出版社，2018：1174.

③ 汉密尔顿，杰伊，麦迪逊.联邦党人文集［M］.程逢如，在汉，舒逊，译.北京：商务印书馆，1980：391.

④ J.S.密尔.代议制政府［M］.汪瑄，译.北京：商务印书馆，1982：193.

格、技术要求、质量标准以及其他可以进行量化的规范。"① 这些数据、规格、技术要求、质量标准等融入行政权与行政法之中，是因为行政权需要与社会深度接触，而这些技术标准正是社会不同领域中的重要组成部分。由此，行政权对这些社会领域的影响，以及行政法在约束行政权在这些领域中的运行时，不可避免地要面对这些技术标准，明确它们在行政权运行与行政法约束中的地位与作用，从而提高了行政权与行政法自身的技术性和专业性。

诉前程序是由检察机关启动的督促行政机关履职的程序，因此具有程序转换的功能，即从诉前程序向行政执法程序转换，关于这点在本书中将进行详细的分析。一旦转换为行政执法程序，就为行政机关的专业性优势提供了发挥机会。

（二）行政机关保护公共利益具有效率优势

基于公共利益的特性，法律应当更加注重对公共利益的预防性保护，在保护措施上要选择效率更高的方式。"由于事前预防优于事后救治，因此，可以认为防火（fire-watching）要比灭火（fire-fighting）更加'有效率'。"② 行政权在公共利益保护的效率上具有鲜明的优势。具体来说：首先，效率是行政权运行的基本价值。"现代社会中的行政权对效率尤其渴望。"③ 行政机关作为执行机关，执行的效率自然是评价执行效果的重要标准。其次，行政权对社会具有敏感性，这一特性有助于行政权快速地反应与预判社会的变化并采取相应的措施。最后，行政权的行使具有积极性，它是一种"主动出击"的权力，这与"不告不理"的审判权形成鲜明的对比。

---

① 关保英.论行政法中技术标准的运用［J］.中国法学，2017（5）：216.

② 卡罗尔·哈洛，理查德·罗林斯.法律与行政［M］.杨伟东，李凌波，石红心，等译.北京：商务印书馆，2004：165.

③ 章剑生.现代行政法基本理论（第二版）［M］.北京：法律出版社，2014：93.

因此，制度设计把行政权所具有的效率优势发挥出来，从而实现公共利益的预防性保护。诉前程序是前置必经程序，而且如前文所述，诉前程序中行政机关具有履职的空间，这就意味着诉前程序可以成为行政机关在收到检察机关的督促后及时快速履行公益保护职责的窗口期，相较于直接启动诉讼程序予以保护明显效率更高。

（三）行政机关保护公共利益具有组织与协调优势

公共利益的保护和救济往往需要由特定的组织来实施，主要是因为个体在保护和救济时会在知识、费用、能力等方面显得力不从心。以公益保护和救济的费用为例，在泰州 1.6 亿环境污染赔偿案件中，涉案的 8 家企业都难以承受高额的环境损害恢复费用，为此二审法院只能采用"缓期有条件抵扣"的履行方式，兼顾环境赔偿责任的实现和企业的承受能力。此外，基于前文分析的个人利益与公共利益的关系，一些作为公共利益的个人利益，也只能由特定的组织提出并寻求法律保护："倘若个人利益依托于某一组织并通过该组织向国家提出诉求，可能会获得更好的法律保护。"①

行政机关作为国家机构，它们在公益保护和救济上具有组织与协调的优势：一方面，行政机关能够充分地调动各方资源，发挥其在国家与社会中强大的组织协调作用；另一方面，行政机关的稳定性、规范性和能力上都有显著的优势，可以更好地保护和救济那些尚未纳入公共利益或者尚未被特定组织所代表的个人利益："虽然在理论上，设置行政机关的目的通常在于代表未经组织的利益，但是，行政管理的现实往往会阻碍它们去这样做。在这些情形中，各种未经组织的'公共'利益不可能得到强有力的支持。"②

---

① 章剑生.现代行政法基本理论（第二版）［M］.北京：法律出版社，2014：6.
② 理查德·B.斯图尔特.美国行政法的重构［M］.沈岿，译.北京：商务印书馆，2011：72.

二、诉前程序是由诉讼程序向行政程序的转换过程

基于上述分析，我们要将行政权优先保护公共利益的理论转化为制度与规范层面的设计与实践，尤其是"对于我国这样的行政管理大国而言，司法治理绝不可能替代行政管制，只是行政管制的辅助机制"。① 如果在公益保护上依靠司法保护，会产生不利的影响，比如，在环境公益案件中，"法院所发挥的作用，已经带有一定的能动司法甚至可以说是行政管理的色彩……有些试点环境民事公益诉讼的法院在做法上……已经在很大程度上偏离了法院的司法职能定位，而更像环保行政机关"。② 同样是公益的领域，消费公益诉讼的相关制度设计中已经注意到行政治理优先于司法治理："消费公益诉讼……是在政府公共管理存在漏洞或者管理失灵，侵害到消费领域的公共利益的情况下，通过诉讼形式对政府功能的一种补位，对受到损害的市场秩序和社会公共利益的一种救济和恢复。"③

在行政公益诉讼中设计诉前程序并且设置为前置、必经程序，其实是发挥行政权在保护公共利益中的优势，体现了行政权在保护公共利益时居于优先地位。因为，诉前程序具有转换功能，即从检察机关提起的广义上的司法程序转换为行政执法程序。行政机关在诉前程序中居于被监督者的地位，在得到检察机关的督促和提醒之后，行政机关应当根据检察建议启动行政执法程序以保护公共利益。这一模式"既可以防止司法权（检察权）对行政权之

---

① 刘艺.论国家治理体系下的检察公益诉讼［J］.中国法学，2020（2）：154.

② 段后省.环境民事公益诉讼基本理论思考［J］.中外法学，2016，28（4）：895.

③ 杜万华.最高人民法院消费民事公益诉讼司法解释理解与适用［M］.北京：人民法院出版社，2016：135.

'入侵'的发生，又可以契合'谦抑'与'成本'两个因素之要求"。① 再配合之后的诉讼程序，使完整的行政公益诉讼实现了"行政执法监督、检察建议与行政公益诉讼三者之间的联动机制"。②

诉前制度的设计在域外法中也有参考。比如，美国的《清洁空气法》中规定，如果公民想要针对空气污染提起公民诉讼，那么必须先完成一个通知程序，即把违法行为和空气污染的情况告知环境保护部门，只有在通知程序通过之后（一般为 60 日），才能真正地提起公民诉讼。从作用上来看，上述通知程序可以告知并且督促违法者及时采取补救和恢复措施；可以提醒行政机关及时采取措施保护公共利益；③ 还可以帮助法院分流案件，④减轻法院的受案压力。⑤ 此外，通知程序作为非诉程序，可以发挥其在化解纠纷上所具有的优势。又如，德国《环境损害法》也规定，环境团体应首先向行政机关提出履行义务的请求，如果行政机关在 3 个月内未采取措施，环境团体可以请求行政法院判令行政机关命令经营者采取预防措施或进行损害赔偿。⑥

---

① 张祥伟.环境公益诉讼司法运行理论与实践研究［M］.北京：中国政法大学出版社，2018：138.

② 卢超.从司法过程到组织激励：行政公益诉讼的中国试验［J］.法商研究，2018，35（5）：33.

③ See THOMPSON J L. Citizen Suits and Civil Penalties under the Clean Water Act［J］.*Michigan Law Review*, 1987, 85: 1656-1680.

④ See PARKER V. The Increasing Role of Citizen Antipollution Suits［J］.*State Bar of Texas Environmental Law Journal*, 1985, 15 (3): 1-7.

⑤ JORGENSON L, KIMMEL J J. Environmental Citizen Suits: Confronting the Corporation［R］. Washington D.C.: Bureau of National Affairs, 1988: 6.

⑥ 张鲁萍.检察机关提起环境行政公益诉讼功能定位与制度建构［J］.学术界，2018（1）：140.

第三章 行政公益诉讼诉前程序：从反复实践到正式确立

第一节 行政公益诉讼诉前程序确立前的实践尝试

在党的十八届四中全会正式提出检察机关探索公益诉讼制度之前，我国检察实务领域已率先展开了公益诉讼的初步探索。这一过程中，部分实践尝试与现行行政公益诉讼制度中的诉前程序环节具有相似性，具体表现为"督促起诉"与"检察督促令"等创新举措的实施。以下将深入阐述这两项具有代表性的尝试与探索。

一、"督促起诉"是诉前程序确立前的探索

（一）公益诉讼"于法无据"是探索"督促起诉"的动因

1.检察机关提起公益诉讼的初次尝试与停止

在笔者检索到的资料中，我国检察机关提起公益诉讼的尝试最早可以追溯到 1997 年河南省方城县检察院就该县工商局擅自出让房地产导致国有资产流失提起诉讼案。在此之后，一些地方检察机关尝试在国有资产、环境污染等公共利益领域提起民事公益诉讼并"取得了较好的成效，也积累了一些经

验做法"。① 直到 2004 年，最高法通过"叫停"法院受理检察机关提起的这类诉讼，从而阻止了检察机关的此次尝试。最高法给出的理由是，检察机关的起诉在法律上缺乏相关的依据。②

理论界对于检察机关的探索有肯定说、否定说和折中说三种观点。"第一种是肯定说……检察院介入民事诉讼有必要，虽说有国有资产监管部门在管理国有资产，但实际上并没有一个很有力的机关来处理国资流失问题。通过检察院介入，提起诉讼，宣告民事行为无效，返还国有资产，从理论上讲可以成立，因为这种诉讼涉及国家利益，而且检察院本身是公益代表……国有资产流失、环境污染、垄断，有时侵害的是不特定的对象，没有明确的受害人或适格的原告，又不能形成集团诉讼，但是侵权事实确实存在。在找不到适格主体或适格主体不提起诉讼时，应该允许检察院介入……第二种是否定说……不应随意剥夺国企的契约自由权……如果检察机关以国有法人单位的财产处置不合理为由提起诉讼进行干预，显然会导致我国大量国有企业的契约自由受到司法干预。第三种是折中说……认为检察机关发现严重国资流失问题，首先应该提出司法建议，要求国有资产监管部门或上级主管部门依法查处，履行监管职责。如果监管、主管部门确实置国家利益于不顾，穷尽了救济手段仍然没有办法，检察机关依照宪法有关保护国家财产、国家利益的精神，提起民事诉讼也是可以理解的。"③

最高法的"叫停"行为，令检察机关陷入了两难境地：一方面，检察机

① 最高人民检察院民事行政检察厅.检察机关提起公益诉讼实践与探索［M］.北京：中国检察出版社，2017：35.

② 最高人民法院在 2004 年 6 月 17 日回复湖北省高级人民法院的请示中指出："检察机关以保护国有资产和公共利益为由，以原告身份代表国家提起民事诉讼，没有法律依据，此案件不应受理，如已受理，应当驳回起诉。"

③ 傅国云.论民事督促起诉——对国家利益、公共利益监管权的监督［J］.浙江大学学报（人文社会科学版），2008（1）：47-48.同时需要指出的是，第三种观点中提到的"司法建议"隐含了如今"诉前程序"的意思。

关提起民事诉讼在当时确实"于法无据"；另一方面，面对公共利益受损的现实，检察机关基于其法定职责和法律地位也应当采取一定的措施。于是，部分地方检察机关开始探索"督促起诉"的方式。

2. "督促起诉"的实践适用与规范固定

"2003 年初，浙江省检民行检察部门在总结基层检察机关以检察建议、支持起诉等方式挽回国有资产损失之经验的基础上，创造性地提出了'民事督促起诉'的设想。"[①]"督促起诉"，是检察机关督促特定的当事人依法提起诉讼以保护国有资产流失等领域公益的方式。据统计，2003 年 1 月至 2006 年 9 月，浙江检察机关共办理督促起诉案件 500 多件，挽回公共利益损失三亿余元。[②] 因此，这一方式后来在实践中得到了复制和推广，积累了一定的经验，并且在规范层面得到了一定的认可，如浙江、福建两省人大常委会都在 2010 年作出决定或规定，对督促起诉提出要求。[③]

对于"督促起诉"的实践与规范，在学理上得到了一定的肯定："检察机关对国有资产流失严重的现象不能坐视不管的实践需求，为民事督促起诉的发端提供了充足动力；选择相近但有区别的支持起诉为经验借鉴对象，为民事督促起诉的实践提供了尽快打开局面的有效手段；逐步扩大试点范围和立足但不局限于实践的总结提升，为民事督促起诉的稳妥推进提供了策略保障；及时采取区域性检察规则和地方性法规来固定既有成果，为民事督促起诉的全国性立法确认提供了先期准备。"[④]

---

① 刘加良.解释论视野中的民事督促起诉［J］.法学评论，2013，31（4）：92.

② 方益波.浙江：首创"督促起诉"挽回国资三亿元［N］.经济参考报，2006-10-13（4）.

③《浙江省人大常委会关于加强检察机关法律监督工作的规定》（2010 年 7 月 30 日）明确要求检察机关开展"民事督促起诉工作"；《福建省人大常委会关于加强人民检察院对诉讼活动的法律监督工作的决定》（2010 年 5 月 27 日）也明确要求"探索开展公益诉讼、督促起诉、支持起诉等活动"。

④ 刘加良.解释论视野中的民事督促起诉［J］.法学评论，2013，31（4）：93.

3.合法性问题是"督促起诉"的最大障碍

显著的实践效果和地方规范的认可并没有为"督促起诉"这一方式扫清法律地位上的障碍。因为"督促起诉"这一方式的探索始终没有在国家层面的法规范中得到确认和认可,从而无法使它成为一项正式的法律制度:《民事诉讼法》在 2012 年修改的时候并未将"督促起诉"纳入其中。对此,"有学者……认为法典虽然没有对督促起诉制度进行专门规定,但其确立了该制度的上位概念即民事检察建议制度,以此来弥补督促起诉制度在立法层面的根基缺失"。[①] 直到 2015 年,"督促起诉"在民事公益诉讼的试点再次得到适用,[②] 但有意思的是,民事公益诉讼试点结束进入正式实施阶段之后,就不再使用"督促起诉"的方式,而是以"诉前公告程序"替代之。[③]

(二)行政公益诉讼诉前程序从"督促起诉"探索中的借鉴

从制度的沿革关系来看,我们可以从如今行政公益诉讼诉前程序中找到一些当初"督促起诉"尝试的"影子",具体表现在以下四个方面。

1.行为性质上的借鉴

"督促起诉"是检察机关督促法定主体起诉维护公益的方式,具有监督的性质。行政公益诉讼诉前程序旨在提醒行政机关积极履职以保护公益,也具有监督的性质。

---

① 韩静茹.社会治理型民事检察制度初探——实践、规范、理论的交错视角 [J].当代法学,2014,28(5):140.

② 《检察机关提起公益诉讼试点方案》(2015)提出:"检察机关在提起民事公益诉讼之前,应当依法督促或者支持法律规定的机关或有关组织提起民事公益诉讼。法律规定的机关或者有关组织应当在收到督促或者支持起诉意见书后一个月内依法办理,并将办理情况及时书面回复检察机关。"

③ 《最高人民法院 最高人民检察院关于检察公益诉讼案件适用法律若干问题的解释》(2018)第 13 条。

2.适用条件上的借鉴

"督促起诉"的适用以法定主体不行使诉讼权为前提，"负有监管职责的公共部门或组织依法享有诉权且怠于行使"①是检察机关"督促"的条件之一。在这点上，行政公益诉讼的诉前程序亦然，检察机关的启动以行政机关消极履职为前提。

3.适用范围上的借鉴

如前文所述，"督促起诉"是专门用于公共利益保护的方式。而作为行政公益诉讼制度组成部分的诉前程序亦是保护公益的特定方式。尽管在公益的范围和类型上两种方式的表现有所不同，②但是整体的适用范围是相同的。

4.适用顺序上的借鉴

"督促起诉"是在诉讼程序开始前的行为，先有"督促"，再有"起诉"。因此，它在法律地位上具有前置性。行政公益诉讼诉前程序也具有前置性的法律地位，而且相较于"督促起诉"来说，它的前置性中还具有强制性的色彩，因为它是行政公益诉讼的必经程序。

（三）行政公益诉讼诉前程序与"督促起诉"的区别分析

尽管在诉前程序中我们可以发现"督促起诉"的"影子"，但是两者毕竟是不同的制度，"制"的规定性上的差异也是显而易见的。

---

① 张步洪.构建民事督促起诉制度的基本问题［J］.人民检察，2010（14）：22.

② 关于"督促起诉"所保护的公益类型，由于当时处于探索阶段，并没有统一的法律规范，因此，除了上文提及的国有资产外，各地还有自己的尝试，比如，《甘肃省检察机关办理督促起诉、支持起诉案件规定（试行）》确立的公共利益类型是国有土地、矿藏等自然资源出让、转让、开发；国有文物保管、收藏、使用、保护；公共工程招标、发包；政府部门基于各类扶助目的而向企业或个人出借的专门财政资金未按合同约定及时收回，或违反相关政策规定将资金出借给不符合条件的当事人；国企改制与国资处置中国有资产流失；国有或社会公共资产拍卖、变卖，国有或社会公共资产流失；其他由于监管不力或滥用职权损害公共利益等。

1.诉讼类型不同

在"督促起诉"中,检察机关"督促"特定当事人提起的是民事诉讼;而诉前程序是行政公益诉讼的前置必经程序。应该说,民事诉讼与行政诉讼之间具有一定的相似性,在法律适用上,民事诉讼法也为行政诉讼法提供了借鉴。但是,两者在目的、当事人的诉讼能力和救济效果上都具有明显的不同,这些不同会影响作为前置环节的"督促起诉"和诉前程序。

2.法律效力不同

从探索阶段已经存在有关"督促起诉"的地方规定来看,检察机关对于被"督促"后仍然不起诉的主体,只能通过法律建议或纪律处理建议的方式来寻求进一步的监督,促进公共利益的保护。而行政机关如果消极对待检察机关通过诉前程序送达的检察建议,那么检察机关应当直接提起行政公益诉讼,监督行政机关履职。显然,诉前程序具有更强的法律效力。

3.监督对象不同

如前文所述,"督促起诉"和诉前程序都具有监督属性,但是在监督对象上存在差异:诉前程序作为一项正式法律制度,它的监督对象是消极履行公益保护职责的行政机关;而"督促起诉"的对象并不明确,这与其没有在正式法规范中得到认可有关,在实践中"督促起诉"的对象主要是监管国家或社会公共利益的有关部门或国有单位。

二、"检察督促令"是诉前程序确立前的又一次尝试

(一)公益保护的需要再次引发检察机关的实践

"督促起诉"方式在实践中被"叫停",这一措施并没有改变公共利益依然受到损害的现实,但是针对公益的专门保护和救济公益的制度依然有存在

的必要性。于是，在 2008 年，部分地方检察机关再次尝试公益诉讼的制度探索，与前一次"督促起诉"方式的尝试相比，此次探索具有以下特点。

1.公益领域仍然坚持问题导向：由国有资产保护转向环境保护

"督促起诉"方式保护的公共利益主要聚焦于国有资产保护领域，而此次再探索保护的公共利益则转向了环境保护领域。这与当时发生了重大环境污染事件有一定关系。比如，贵州省贵阳市"两湖一库"发生的严重污染促使了当地在全国范围内较早创新环境司法保护的制度设计并设立专门的环保法庭。"作为贵阳市 390 余万人的主要饮水源的红枫湖、百花湖和阿哈水库近年来水质总体上呈恶化势头，饮用水安全形势十分严峻。"① 可见，检察机关在公益诉讼保护和救济公益的探索上仍然坚持从现实问题出发，具有问题导向性。

2."于法无据"仍然是检察机关探索的最大障碍

"督促起诉"的探索面临的最大障碍是"于法无据"，这也是当时被"叫停"的主要原因。当时已经在地方规范层面获得认可的情况下，最终也没有能够被作为一项正式制度确立和固定下来。2008 年启动的探索仍然在合法性上面临着困境，同样是检察机关在没有明确法律依据的背景下开展的探索。应该说，"于法无据"的背景给检察机关的探索带来的是正反两方面的效果：从正面效果来看，没有明确的法律规范给检察机关的探索提供了更大的空间，更有利于检察机关经验的积累；从反面效果来看，正如"督促起诉"的尝试一样，检察机关的探索面临着再次夭折的风险。当然，"于法无据"并不意味着检察机关启动公益保护的探索是任性而为的，其实检察机关屡次积极主动地探索公益诉讼保护方式的原因与它的定位和职责息息相关，这从一些法院的判决书中也可以得到印证。比如，在广州市番禺区人民检察院诉卢平章水域污染损害赔偿纠纷案中，广州海事法院在判决书中专门写道："检察机关作

① 高洁.环境公益诉讼与环保法庭的生命力——中国环保法庭的发展与未来［N］.人民法院报，2010-01-29（5）.

为国家的法律监督机关，其检察权包括国家财产和资源免遭违法行为侵害，以及在国家财产和资源遭受违法侵害时有权代表国家提起诉讼。"①

（二）探索行政公益诉讼的地方实践

1.贵阳市首创检察机关提起行政公益诉讼

2010 年，贵阳市人大常委会制定了《贵阳市促进生态文明建设条例》（下文称《2010 条例》），以支持贵阳市中级人民法院环境保护审判庭和清镇市人民法院环境保护法庭的设立与运行。该条例首创了检察机关可以通过提起行政诉讼的方式来保护和救济公共利益。2013 年，贵阳市人大常委会制定了《贵阳市建设生态文明城市条例》（下文称《2013 条例》）并延续了《2010 条例》中首创的检察机关提起行政公益诉讼的规定："检察机关、环保公益组织为了环境公共利益，可以依照法律对涉及环境资源的具体行政行为和行政不作为提起诉讼，要求有关行政机关履行有利于生态文明建设的行政管理职责。"②

对于这一创造性的规定，本书认为，既要看到贵阳市人大常委会作出上述规定的积极一面，即为检察机关的探索提供了规范依据与支持；又要看到这一做法存在的问题，即作为地方立法机关并没有对司法制度作出规定的权限，因为这属于《中华人民共和国立法法》（下文称《立法法》）所确立的绝对保留事项之一。

2.贵阳市首创"检察督促令"

除了以地方立法的方式规定了检察机关可以提起行政诉讼外，贵阳市人大常委会还在《2013 条例》中首创了"检察督促令"这一方式："审判、检察机关办理环境诉讼案件或者参与处理环境事件，可以向行政机关或者有关单

---

① 《广州海事法院民事判决书》（2009）广海法初字第 247 号。相似案件还有，如《无锡市锡山区人民法院民事判决书》（2009）锡法民初字第 1216 号。

② 《贵阳市建设生态文明城市条例》（2013）第 37 条。

位提出司法建议或者法律意见、检察建议或者督促令，有关行政机关和单位应当及时回复。"

"检察督促令"是检察机关之前没有采取过的监督措施。在实际运行中，贵阳市检察机关将这一方式运用于这样的场景："依法打击生态环境保护领域、普通刑事犯罪和国家工作人员职务犯罪行为的同时，对尚未构成刑事犯罪的环境污染违法事件采取发出检察督促令的措施。督促相关单位、企业停止环境违法行为，监督相关职能部门依法履行管理职责……督促事项均得以落实。"① 应该说，"检察督促令"在运行中发挥了积极、有效的作用，但仍面临以下两个问题。

一是"于法无据"的问题。"于法无据"是检察机关在探索公益诉讼时面临的长期存在的问题，到"检察督促令"的适用时仍然没有得到有效的回应，甚至在更高的规范层面，都难以找到有关"检察督促令"的表述和具体规定。作为创造性使用这一方式的贵阳市人大常委会也没有对其适用条件、适用方式、适用程序等作出进一步的规定。

二是与检察机关的其他监督方式之间界限不清。在《2013 条例》中，"检察督促令"和"检察建议"之间是以"或"字连接。从文义上来看，一方面表明检察建议和检察督促令都是检察机关向行政机关和有关单位提出监督时可以选用的方式；另一方面表明检察建议和检察督促令应该是有区别的，否则，条例制定者没有必要分别规定两种形式。但问题在于，这两者之间的实质性的区别似乎从条例的规定中难以窥见。尽管有学者试图从学理上作出区分②，但本书认为，检查督促令和检察建议之间的边界是模糊的、区别是不明显的，特别是在检察建议的适用与规范已经相对成熟的情况下，是否有必要单独创设"检察督促令"是值得商榷的。

---

① 任磊. 充分发挥"检察督促令"的生态保护法律载体作用［J］.当代贵州，2014（31）：56.

② 详见：王华伟.试论行政执法检察监督方式之改进——以"检察督促令"为契点［J］.湖北社会科学，2017（6）：151-152.；梁玉霞，倪瑞兰.检察督促令：法律监督的正当性——兼议检察建议和纠正违法通知书不适当性及其废止［C］.第十届全国检察理论研究年会，2009：289.

第二节　行政公益诉讼诉前程序的正式确立

检察公益诉讼制度始于 2014 年党的十八届四中全会通过的《中共中央关于全面推进依法治国若干重大问题的决定》（下文称《决定》）。作为检察公益诉讼制度的组成部分，诉前程序正是伴随着该制度从提出到试点，再到最终确立，逐渐建立并运行起来的。

一、作为正式制度的诉前程序的确立背景

诉前程序既然是检察公益诉讼制度的重要组成部分，那对于其确立背景的认识，就需要置于检察公益诉讼制度的确立背景中进行考察。本书认为，关于检察公益诉讼制度的背景，是实现国家治理体系和治理能力的现代化。这是因为，检察公益诉讼制度是推进全面依法治国的重要举措，而全面依法治国又是全面深化改革的重要领域之一。全面深化改革的总目标"完善和发展中国特色社会主义制度，推进国家治理体系和治理能力现代化"自然成为检察公益诉讼制度的背景。具体来说，这一制度背景可以进行如下阐释。

一是治理。"治理"是一个可以从不同视角解读的概念。[1]"国家治理"中的"治理"是相对于"管理"而言的："治理是指一种新的管理过程，或者

---

[1]　See COLEBATH H K. Making Sense of Governance [J]. *Policy and Society*, 2014, 33: 307-309.

是对现有规则的改变，或者是管理社会的新方法。"① 要实现"'管理'上升为
'治理'至少应满足以下条件：'管理'价值要符合法治精神；'管理'过程是
良法之治；'管理'结果要公平正义"。② 可见，法治是治理的应有之义："在现
代国家，法治是国家治理的基本方式，是国家治理现代化的重要标志，国家
治理法治化是国家治理现代化的必由之路。"③ 此外，"治理"强调的是多主体、
去中心化，④ 由此，行政机关在"治理"语境中的角色和定位发生了重大转变，
与各类社会主体共同形成"有主导、有协同、有参与"的多层次治理主体。
所以，"治理"并不意味着"摆脱政府"。⑤ "在治理过程中弱化政府的重要作
用与弱化市场和社会参与者的作用一样是不可接受的……在本质上，治理是
一种混合行为，公共部门和私人部门以不同的方式和程度参与其中。"⑥ 而对于
社会主体来说，在治理过程中，他们的身份发生了质的变化："这些非行政机
关的组织、个人接近于或本身就处于所治理的行政任务生成的环境中，熟知
相关的社会秩序。"⑦

二是国家治理体系和国家治理能力。"国家治理体系是在党领导下管理
国家的制度体系，包括经济、政治、文化、社会、生态文明和党的建设等各
领域体制机制、法律法规安排，也就是一整套紧密相连、相互协调的国家制
度；国家治理能力则是运用国家制度管理社会各方面事务的能力，包括改革

---

① RHODES R. Understanding Governance: Ten Years On［J］.*Organization Studies*, 2007, 28 (8): 1246.

② 应松年 . 加快法治建设促进国家治理体系和治理能力现代化［J］. 中国法学，2014（6）：41.

③ 张文显 . 法治与国家治理现代化［J］. 中国法学，2014（4）：5.

④ COLEBATH H K. Making Sense of Governance［J］.*Policy and Society*, 2014, 33: 310.

⑤ BORZEL T A, RISSE T. Governance Without a State: Can It Work?［J］.*Regulation & Governance*, 2010, 4 (2): 113-134.

⑥ PETERS B G. Is Governance for Everybody?［J］.*Policy and Society*, 2014, 33: 303.

⑦ 章剑生 . 现代行政法基本理论（第二版）［M］. 北京：法律出版社，2014：37.

发展稳定、内政外交国防、治党治国治军等各个方面。"①"国家治理体系"是由经济、政治、文化、社会、生态文明、党的建设等方面的治理制度共同构成的。"国家治理能力"是指参与国家治理的各主体能力的集体。因此，执政党、国家机构、参政党、社会组织和公民等主体的治理能力都是该集合中的组成部分。

三是现代化。"现代化是'一场社会变革'……特指人类社会从传统的农业社会向现代工业社会转型的历史过程。这一过程涉及全球的经济、政治、社会、思想、文化、心理各方面的巨大变迁。现代化又是一个连续不断的历史长过程。"②从历史史观来看，追求国家的现代化始终是我们国家的追求，如20世纪60年代确立的以"四个现代化"（即"四化"）作为国家的奋斗目标。自改革开放以来，"现代化"就不再局限于部分领域的现代化了，而追求的是一种更具有全局性的现代化，涵盖了国家与社会的各个方面，使"现代化"这一概念变得更加具有包容性。国家治理体系和治理能力的现代化正是一种全局性的现代化，它"更多是从上层建筑方面来讲的现代化，突出的是通过上层建筑对生产关系和生产力的适应性调整，来进一步激发社会活力，加快生产力发展步伐"。③

"实现国家治理体系和治理能力的现代化"这一确立背景对检察公益诉讼制度的确立和实施过程产生了以下三方面的影响。

---

① 习近平.切实把思想统一到党的十八届三中全会精神上来［EB/OL］.（2014-01-02）［2024-06-24］. http://theory.people.com.cn/n/2014/0102/c49169-24000494.html.
② 马敏.现代化的"中国道路"——中国现代化历史进程的若干思考［J］.中国社会科学，2016（9）：29.
③ 杜飞进.中国现代化的一个全新维度——论国家治理体系和治理能力现代化［J］.社会科学研究，2014（5）：41.

（一）规范先行的确立路径，契合依法治理的要求

法治是治理的应有之义。实现依法治理的前提就是有法可依。因此作为一项新的法律制度，检察公益诉讼制度自然应当按照"重大改革于法有据"的要求，先行制定并出台有关规范，为该制度的试点与全面实施提供充足的依据。诉前程序正是伴随着检察公益诉讼制度规范先行的确立路径而逐步确立的。

（二）多主体发挥治理效用，契合多元治理的要求

多主体参与是由管理向治理转变的重要特征，每个参与主体在治理过程中都承担相应的任务，发挥相应的作用。本书第二章已经从行政权受控于正当程序的路径对行政公益诉讼制度中最主要的两个参与主体——检察机关和行政机关的任务和作用进行了详尽的分析。除了这两个主要参与主体外，执政党、权力机关、监察机关等其他主体也发挥着相应的作用：执政党通过采用提出倡议、作出决定、听取汇报等方式"发挥了'元治理'（meta-governance）的功效"①；权力机关，则以监督者的身份听取了检察公益诉讼相关情况的汇报，并开展专项检查；监察机关，则对行使公益诉讼检察权的工作人员在履职过程中的廉洁情况，以及由检察机关在公益诉讼中发现的行政机关工作人员的廉洁情况实施专门的监督。此外，监察机关办理的案件还可以成为检察公益诉讼的案件线索和来源。

---

① 刘艺.论国家治理体系下的检察公益诉讼［J］.中国法学，2020（2）：152.

（三）兼具制度更新与创新，契合现代化的发展特征

检察公益诉讼是一项新的制度，这里的"新"包括"更新"与"创新"两重涵义。所谓"更新"，是指它填补了国家治理结构中公共利益保护不足、检察权制约行政权方式单一等方面的问题，并对检察建议的适用等既有规范与制度作出了相应的修改与调整。所谓"创新"，是指它是检察机关业务重构的重要内容，公益诉讼检察从原先的民事行政检察中独立出来，成为四大检察之一，并在检察机关内部设置了专门的机构。"公益诉讼无论从内涵还是外延都对传统的法律监督职能有了新的拓展。"① 这也体现了国家治理体系和治理能力现代化中所蕴含的发展特征。

二、作为正式制度的诉前程序的确立路径

诉前程序是随着检察公益诉讼制度的提出而同步确立并开始试点实践的。与之前检察机关探索提起公益诉讼不同的是，此次制度探索的路径可以概括为：规范制定先行、由上而下推进和从部分试点到全面实施。

（一）规范制定先行的路径

检察机关之前提起公益诉讼的几次尝试都遇到了规范依据缺失的问题，特别是国家层面的规范依据难以给予有效的支撑，在一定程度上影响了从尝试与探索走向制度定型。而始于 2014 年的试点，则是从规范制定（详见表 3-1）开始的，尽管这些规范，特别是试点期间的规范在法律效

---

① 胡卫列. 当前公益诉讼检察工作需要把握的若干重点问题［J］. 人民检察，2021（2）：7.

力上还存在讨论的空间，但是与之前"于法无据"下的探索相比，在法治意义上是明显的进步。

表 3-1　检察公益诉讼相关规范制定一览表

阶段	年份	规范文件名称	制定或通过主体
试点阶段	2014	中共中央关于全面推进依法治国若干重大问题的决定（简称《决定》）	党的十八届四中全会通过
	2015	检察机关提起公益诉讼试点方案（简称《检察院试点方案》）	最高检等制定，中央深改小组审议通过
	2015	关于授权最高人民检察院在部分地区开展公益诉讼试点工作的决定（简称《全国人大常委会授权试点决定》）	全国人大常委会决定
	2015	人民检察院提起公益诉讼试点工作实施办法（简称《检察院提起诉讼试点办法》）	最高检制定
	2016	人民法院审理人民检察院提起公益诉讼案件试点工作实施办法（简称《法院审理案件试点办法》）	最高法制定
正式实施阶段	2017	中华人民共和国行政诉讼法（简称《行政诉讼法》）；中华人民共和国民事诉讼法（简称《民事诉讼法》）	全国人大常委会修改通过
	2018	关于检察公益诉讼案件适用法律若干问题的解释（简称《公益诉讼司法解释》）	最高法和最高检联合制定
	2018	检察机关行政公益诉讼案件办案指南（试行）（简称《行政公益诉讼办案指南》）	最高检制定
	2019	人民检察院检察建议工作规定（简称《检察建议 2019 规定》）	最高检制定
	2021	人民检察院公益诉讼办案规则（简称《公益诉讼办案规则》）	最高检制定

（二）由上至下推进的路径

检察机关之前提起公益诉讼的探索都是由地方检察机关启动的，试图通过"由下至上"的方式来推动探索的推广直至制度定型。与之不同的是，2014 年开始的检察公益诉讼制度试点采用的是"由上至下"的推进路径。此处所提出的"由上至下"的推进路径，一方面是对"从中央到地方"的描述，另一方面是对从执政党提出、部署到各国家机构分工实施的描述。这一推进路径从表 3-1 罗列的相关规范的制定过程中可以看出：检察公益诉讼制度试点源于执政党中央全会的《决定》，后经最高权力机关作出授权试点、最高法和最高检制定试点实施方案、最高权力机关修法固定等环节后最终形成正式法律制度。实践层面的过程也能反映这一推进路径："最高人民检察院……坚持每月向全国检察机关通报试点进展情况，定期发布诉前程序和提起诉讼典型案例。成立专门督导组，赴试点地区实地督查，共同梳理案件线索，共同分析案情、研究问题，加强指导。"[1]

（三）由部分试点到全局实施的路径

由于这是一项全新的制度，并且涉及诸多层面，因此检察公益诉讼制度经历了从试点到全面实施长达 2 年的过程。这主要是因为"检察机关提起公益诉讼涉及司法职权的配置，涉及国家利益和社会公共利益的保护，加之缺乏实践经验和相关法律制度还不完善，在改革试点阶段，应当以更为审慎的态度稳妥推进"。[2] 从试点到全面实施的实践也表明，一些规定的确发生了改变。比如，行政机关在诉前程序中的反馈期限从试点期间的 1 个月延长到了试点之后的 2 个月，并且增加了紧急情况下的特殊期限规定。这就是经过试点后作出的调整，体现了新制度设计与实践过程中的科学性。

---

① 曹建明.最高人民检察院关于检察机关提起公益诉讼试点工作情况的中期报告——2016 年 11 月 5 日在第十二届全国人民代表大会常务委员会第二十四次会议上［EB/OL］.（2016-11-05）［2024-06-24］. http://www.npc.gov.cn/npc/xinwen/2016-11/05/content_2001150.htm.

② 最高人民检察院民事行政检察厅.检察机关提起公益诉讼实践与探索［M］.北京：中国检察出版社，2017：46.

三、作为正式制度的诉前程序的确立成效

（一）解决了行政公益诉讼诉前程序"于法无据"的困境

此次检察公益诉讼制度采用了"规范制定先行"的路径，通过先规范、后实践的路径方法，解决之前检察机关探索公益诉讼保护中面临的根本性难题——"于法无据"。"于法有据"是此次检察机关提起公益诉讼制度探索的重要规范成效。而作为检察公益诉讼制度中组成部分的行政公益诉讼诉前程序，在这一过程中积累了一定的规范依据，避免了诸如"督促起诉""检察督促令"等在法律地位和适用上的尴尬和不稳定性。下文将分试点阶段和全面实施阶段对诉前程序的相关规范作具体描述。

1.试点阶段诉前程序的有关规范

一是《检察院试点方案》，这是试点探索的纲领性与指导性的文件。[①] 此方案勾勒了诉前程序的基本轮廓和规范框架，具体来说：一则，确立了诉前程序作为检察公益诉讼（行政公益诉讼和民事公益诉讼）的前置、必经程序。这表明了诉前程序在公益诉讼中的地位。二则，诉前程序的行使方式统一为检察建议。在检察公益诉讼制度试点之前，检察建议就已经是检察机关履职的方式了，但在功能上没有被明确可以用于公益监督领域和对行政机关的监督，需要通过解释规范的方式加以阐述。[②]《检察院试点方案》明确了检察建

---

① 该方案由最高人民检察院起草，并征求了中央政法委、原全国人大内务司法委员会、全国人大常委会法制工作委员会、最高人民法院、原国土资源部、原环境保护部、国务院国资委、原国务院法制办等单位的意见并由中央深改组审议通过。

② 《人民检察院检察建议工作规定（试行）》（2009，已废止）第 1 条规定："检察建议是人民检察院……在履行法律监督职能过程中……建议有关单位完善制度，加强内部制约、监督，正确实施法律法规，完善社会管理、服务，预防和减少违法犯罪的一种重要方式。"

议为诉前程序的唯一法定形式，拓展并丰富了检察建议的类型，还规定了其约束力。三则，设置了行政机关的整改反馈期限。行政机关的整改反馈期限是诉前程序与诉讼程序的衔接期限，体现了行政权保护公共利益优先地位的价值。

二是《全国人大常委会授权试点决定》，这是检察机关开展公益诉讼试点的合法性基础。因为检察公益诉讼制度涉及《立法法》绝对保留的司法制度事项，只有全国人大及其常委会有权通过法律的形式作出规范，但考虑到该制度的创新性，立法的条件尚不成熟，因此全国人大常委会采用作出授权试点决定的方式，既为后续的试点提供合法性基础，又为试点的实施提供空间。①

三是《检察院提起诉讼试点办法》，这为诉前程序的实施提供了具有可操作性的指引。该办法对诉前程序的具体运行作了更详细的规定：行政公益诉讼案件的具体承办部门、调查核实可以采取的方式、案件办理的期限、诉前程序中法律文书的样式等。②

四是《法院审理案件试点办法》，这一办法是由最高法制定的，用于规范进入诉讼程序的行政公益诉讼案件。因此，在整体上并不会对诉前程序具有太多适用价值。但是考虑到诉前程序与诉讼程序之间的衔接关系，其中有关诉讼程序启动的规定会对诉前程序具有效力。比如，明确了检察院提起行政公益诉讼时应当提交的材料中包含"人民检察院已经履行向相关行政机关提出检察建议、督促其纠正违法行政行为或者依法履行职责的诉

---

① 时任最高人民检察院检察长曹建明在 2015 年 6 月 24 日举行的十二届全国人大常委会第十五次会议上作的《关于授权最高人民检察院在部分地区开展公益诉讼改革试点工作的决定草案》的说明，其中解释了检察机关寻求全国人大常委会授权的原因："由于检察机关提起公益诉讼没有明确的法律依据，因此需要经过全国人大常委会法律授权，选择部分地区进行试点，为进一步完善相关法律积累实践经验。"

② 《人民检察院提起公益诉讼试点工作实施办法》第 30—39 条。

前程序的证明材料"。①

　　除了上述这些中央层面的主要规范以外，获得试点授权的 13 个省区市也制定了相应的规范文件。在内容上，这些试点地方的规范基本上沿袭了中央层面主要规范的相关规定，保证了试点过程与中央要求的一致。但是，试点的价值就是鼓励差异化的做法和尝试，因此也有部分地区在中央层面规范的基础上进行了进一步探索。比如，《江苏省人民检察院关于提起公益诉讼试点工作的实施方案》中要求"检察建议书同时抄送对被建议行政机关负有内部层级监督职责的机关或者部门，并报上一级检察机关备案"。

2.全面实施阶段诉前程序的有关规范

　　一是修正后的《行政诉讼法》。试点期两年之后，在 2017 年 6 月 29 日，全国人大常委会审议通过了《民事诉讼法》和《行政诉讼法》的修正案，使作检察公益诉讼制度的两个具体类型——民事公益诉讼和行政公益诉讼分别在实在法中确立了地位。行政公益诉讼诉前程序也随之"入法"。

　　二是《公益诉讼司法解释》。民事公益诉讼和行政公益诉讼的"入法"是较有原则的，即分别在上述两部法中增加了一款，以明确这两类公益诉讼的法律地位，但是没有作出更细致和具体的规定，也没有对与既有规定的关系予以明确。为此，在"修法说明"中，最高检向全国人大常委会"建议授权'两高'共同制定检察机关提起、人民法院审理公益诉讼案件的具体办法，报全国人大常委会备案"。由此，在 2018 年 2 月最高法和最高检共同制定的《公益诉讼司法解释》，先后获得通过并正式实施，为包括诉前程序在内的检察公益诉讼制度的具体实施提供了更具有操作性的指引。与试点阶段有关诉前程序的规范相比，全面实施阶段的相关规范呈现出以下两个主要的变化。一方面，拓展了"公益"的领域。《行政诉讼法》在原先生态环境和资源保护、国有资产保护和国有土地使用权出让三个领域的

---

① 《人民法院审理人民检察院提起公益诉讼案件试点工作实施办法》第 12 条。

基础上，增加了"食品药品安全"领域。另一方面，延长了反馈期限。试点阶段规范所规定的反馈期限是 1 个月，《公益诉讼司法解释》将其延长为 2 个月，还设置了紧急情况下的特别规定。这体现了与《行政诉讼法》中既有规定的衔接。①

三是《行政公益诉讼办案指南》。这是最高人民检察院于 2018 年 3 月 12 日公布并施行的，用于具体指导检察机关办理公益诉讼案件的规范。从内容上看，该指南面对的是检察机关内部，针对检察机关在既往办案实践中发现或者存在的问题给予详细的指导。从体例上看，共分为六部分，除了第一部分为办案的一般程序外，其余五部分是按照公益保护的法定领域分别罗列重点问题。与诉前程序相关的规范内容在上述六部分中都有涉及，在第一部分更为完整，在其他五部分主要涉及的是具体的公益领域。

四是《检察建议 2019 规定》。这是有关检察建议的专门规定，由最高人民检察院通过后公布施行。这一规定作为诉前程序的规范，主要是因为检察建议被确定用于诉前程序中，使得有关检察建议的规范可以在诉前程序中得到适用，而该规定也明确把"公益诉讼检察建议"作为检察建议的新类型。

五是《公益诉讼办案规则》。如果说前文提及的一些规定还具有检察系统内部性、规范内容部分性、法律效力不定性等特点的话，那么这一规则可看

① 行政公益诉讼的提起是因为"行政机关不依法履行职责"，可以视为是对行政不作为提起的诉讼，《行政诉讼法》第 47 条规定了不作为案件的起诉期限是 2 个月，因此反馈期限延长到 2 个月可以保持与第 47 条规定的协调。也有观点不赞同这样的认识："在行政公益诉讼中，行政机关对于检察机关检察建议的不予回复、迟延履行或拒绝履行，不宜直接等同于行政机关对行政相对人所作出的不予回复、迟延履行或拒绝履行，应当认定为司法不作为，而非行政不作为。在收到检察建议后，行政机关急于根据检察建议进行整改的行为，与原来的行政违法或者不作为是两个独立的法律行为，不宜认为检察建议具有将行政机关的违法作为转化为行政不作为的作用。"详见：张晋邦．论检察建议的监督属性——以行政公益诉讼中行政机关执行检察建议为视角［J］．四川师范大学学报（社会科学版），2018，45（6）：77.

作最高检在全面总结检察公益诉讼办案实践后，制定的较为全面的有关检察公益诉讼的具体规定。与行政公益诉讼诉前程序相关的规范主要体现在"一般规定"和"行政公益诉讼"这两部分内容之中。

（二）诉前程序集中体现了行政公益诉讼的实践成果

在试点开始之前，最高检通过调研，对诉前程序效果的实现持有较为乐观的预期。[①] 从试点到全面实施，诉前程序也的确发挥了预期的积极作用——结案，鲜有案件进入诉讼程序。笔者比较有关的公开数据，大致描绘出诉前程序发挥结案作用的现实情况（详见表 3-2 ）[②]。因此，从保护和救济公益这一效果来看，诉前程序是行政公益诉讼实践成果的集中体现载体。

---

① 时任最高人民检察院民事行政检察厅厅长郑新俭在 2015 年 7 月 2 日的新闻发布会上回答记者提问时指出："对于行政公益诉讼案件，通过诉前程序，可以使大量的违法行为得到纠正，真正进入诉讼程序的行政公益诉讼案件可能不会太多。"

② 检察机关公开提起公益诉讼的相关数据主要来源于以下文件：（1）2017 年 6 月 22 日，时任最高人民检察院检察长曹建明向全国人大常委会作《关于〈中华人民共和国行政诉讼法修正案（草案）〉和〈中华人民共和国民事诉讼法修正案（草案）〉的说明》；（2）2018 年 2 月 8 日，时任最高人民检察院民事行政检察厅厅长胡卫列在"2018 年最高检厅局长访谈"中介绍；（3）《2018 年最高人民检察院工作报告——2018 年 3 月 9 日在第十三届全国人民代表大会第一次会议上》；（4）《2019 年最高人民检察院工作报告——2019 年 3 月 12 日在第十三届全国人民代表大会第二次会议上》；（5）中华人民共和国最高人民检察院.2019 年全国检察机关主要办案数据［EB/OL］.（2020-06-02）［2024-06-24］.https://www.spp.gov.cn/spp/xwfbh/wsfbt/202006/t20200602_463796.shtml#1.；（6）中华人民共和国最高人民检察院.2020 年检察机关办理公益诉讼案件 151260 件［EB/OL］.（2021-03-08）［2024-06-24］.https://www.spp.gov.cn/spp/zdgz/202103/t20210308_511544.shtml.；（7）中华人民共和国最高人民检察院.2021 年全国检察机关主要办案数据［EB/OL］.（2022-03-08）［2024-06-24］.https://www.spp.gov.cn/spp/xwfbh/wsfbt/202203/t20220308_547904.shtml#1；（8）2023 年 2 月 20 日，时任最高人民检察院检委会委员、第八检察厅厅长胡卫列接受最高检厅长网络访谈时介绍；（9）《公益诉讼检察工作白皮书（2023）》。

表 3-2　检察机关提起公益诉讼诉前程序的数据比较

年份	公益诉讼立案数	行政公益诉讼案件数	行政公益诉讼诉前程序案件数	行政机关回复与整改率	提起行政公益诉讼案件数
2015 年 7 月—2017 年 6 月（试点阶段）	9053	19274	7903	75%	1150
2017 年 7 月—2017 年 11 月	10925		6206[①]		—
2018 年	113160	108767	101254[②]	97.2%	3228
2019 年	126912	119787	103076	—	
2020 年	151260	137000	118000[②]	99.4%	8010
2021 年	169000	149000	144000		11000
2022 年	195000	166000	152000		13000
2023 年	190000	168000	111600[②]	99.1%	—

注：①含民事公益诉前程序案件；②检察建议数量。

1.以诉前程序结案的数量较多

诉前程序在民事公益诉讼和行政公益诉讼中都是前置、必经程序，通过比较这两个诉前程序结案的数据可以发现：行政公益诉讼诉前程序结案的案件数量明显多于民事公益诉讼诉前程序结案的案件。应该说，这与两个诉前程序的作用不同有关：行政公益诉讼诉前程序具有终结案件的作用；民事诉讼的诉前程序，无论采用何种方式都不在于终结案件，而是督促其他主体积极履行起诉的职责。

2.行政机关接受整改的比例较高

实现诉前程序结案，是需要满足一定标准的，即公共利益得到保护和救济。那就意味着，行政机关接受了检察机关的检察建议并且作出了有效的整改，使公益保护的目标得以实现。从实践来看，绝大多数行政机关愿意接受建议并且作出整改的原因主要有以下三个：一是行政机关显然更愿意以接受检察建议作出整改的方式来纠正自己的违法行为或不作为，从而保护和救济公共利益，特别是与在行政诉讼中败诉相比；二是在保护和救济公共利益这一目标上，检察机关与行政机关是一致的，两者更容易达成共识，"检察机关与政府部门虽分工不同，但服务人民、追求法治的目标一致，公益诉讼并非'零和博弈'"[①]；三是检察建议本身的高质量也有助于行政机关的接受与整改。

3.其他主体支持配合的力度较大

检察公益诉讼制度取得成效，并不仅仅依赖于作为主要参与者主体的作用，也离不开其他相关主体的支持与配合，对诉前程序的效果也是如此。执政党的领导为诉前程序的探索提供了重要的保障与支撑：检察公益诉讼制度的探索是在党的中央全会通过的文件中提出的；中央深改组审议了最高检的试点方案等；试点地区的党委重视和支持当地的探索，对此最高检在试点期间也多次肯定了试点地区党委支持的积极作用，并将其作为试点成效。权力机关，无论是中央层面还是地方层面，都通过行使立法权和重大事项决定权的方式，为诉前程序的探索和建立提供了合法性依据，[②]这在前文中已经进行了详细的分析。监察机关则从以下两方面支持诉前程序：一是通过案件移送机制为检察机关提供案件线索和来源；二是通过对相关公职人员开展监察调查，并作出政务上的处理，来保证检察机关办案的公正性。

---

① 张军.最高人民检察院工作报告——2020年5月25日在第十三届全国人民代表大会第三次会议上［EB/OL］.(2020-06-01)［2024-06-24］.https://www.spp.gov.cn/spp/gzbg/202006/t20200601_463798.shtml.

② 根据对公开资料的检索和整理，黑龙江、重庆、陕西、云南、吉林、河北、内蒙古、辽宁、浙江、上海、河南、湖北、广西、青海、宁夏、新疆等省级人大常委会已经出台加强检察公益诉讼工作的决定。

四、作为正式制度的诉前程序的不足分析

（一）试点期间规范效力存疑

这次检察公益诉讼制度的建立遵循了"规范先行"的路径，《全国人大常委会授权试点决定》《检察院试点方案》《检察院提起诉讼试点办法》《法院审理案件试点办法》等规范，共同为试点工作提供了必要的支撑和依据。这相较于之前部分地方检察机关在"脱法"情况下的自行探索，在法治意义上着实向前迈出了一大步。但是，我们也必须承认，这样的规范方式和形式也不是完美的，存在以下两个可商榷之处。

1.规范的形式不符合法律保留事项的要求

我国《立法法》明确规定了只能由法律作出规定的事项，即法律保留事项，并且进一步区分为绝对保留事项和相对保留事项。^①绝对保留事项包括：犯罪和刑罚、对公民政治权利的剥夺和限制人身自由的强制措施和处罚、司法制度三类。这三类事项只能由全国人大及其常委会以制定法律的形式作出规范与调整。

检察公益诉讼制度应当属于司法制度的组成部分，从《立法法》的相关规定来看，系法律的绝对保留事项。但是在试点阶段，全国人大常委会并没有制定或者修改有关法律，而是通过作出授权决定的方式，将规范试点期间检察机关启动公益诉讼的权力赋予最高人民法院和最高人民检察院，在"两高"制定实施办法后再向全国人大常委会备案。一则，授权决定本身并不是狭义的法律；二则，从授权决定的内容来看，明显较为笼统，不具有可操作

---

① 《中华人民共和国立法法》（2023）第 11—12 条。

性，反而是"两高"制定的实施办法具有可操作性和指引性的依据。因此，有观点认为，试点期间的规范"位阶低、权威性不足，缺乏权威法律赋予检察机关提起公益诉讼的权力，存在立法不足的问题"。①

这在诉前程序中也得到了体现，《全国人大常委会授权试点决定》对诉前程序作出了这样的表述："提起公益诉讼前，人民检察院应当依法督促行政机关纠正违法行政行为、履行法定职责，或者督促、支持法律规定的机关和有关组织提起公益诉讼。"但是，仅有这样的表述无疑是单薄的。

2.制度内容所涉多主体与规范制定单一主体之间存在张力

试点期间检察机关提起检察公益诉讼和法院审理公益诉讼案件具有可操作性和指引性的依据是"两高"分别制定的"试点办法"。在内容上，两个"试点办法"保持了与《全国人大常委会授权试点决定》和《检察院试点方案》的协调性。在调整对象上，《检察院提起诉讼试点办法》调整的是检察院在公益诉讼中的诸行为；《法院审理案件试点办法》调整的是法院在审理公益诉讼中的诸行为。既然是由两个机关分别制定的，那么调整对象与规范内容应当具有明显的差异性。但是，通过仔细分析《检察院提起诉讼试点办法》可以发现，其中有些内容涉及其他主体的职权和行为。比如，"根据人民检察院建议，人民法院采取保全措施的，人民检察院无需提供担保""提起公益诉讼，人民检察院免缴诉讼费"。而《检察院提起诉讼试点办法》是在《法院审理案件试点办法》之前制定的，因此难免让人产生检察院"似有自我授权之感"。② 由于检察公益诉讼的内容涉及多个机关，因此在试点期间尝试由"两高"与其他相关机构一同制定并发布规范或许更为合适。

---

① 田凯.人民检察院提起公益诉讼立法研究［M］.北京：中国检察出版社，2017：13.

② 胡卫列，田凯.检察机关提起行政公益诉讼试点情况研究［J］.行政法学研究，2017（2）：28.

（二）试点推进过程呈现出"命令式"特点

此次检察公益诉讼采用了由上至下的推进路径，在具体的推进方式上，检察机关采用了"命令式"的方式，表现在以下三个方面。一是试点的推进采用了逐级分层的方式。最高检选择 13 个省级单位作为试点地区，13 个省级单位再从辖区内选择部分基层单位试点，从而形成了从最高检到试点基层检察机关纵向体制。二是试点阶段检察机关提起公益诉讼前需要履行层报责任，最初办案需要层报至最高人民检察院，后来调整为层报至省级检察机关。三是建立责任督促制度并设置了案件量化分配指标。在责任督促制度建立方面，"广东省人民检察院还以成立公益诉讼领导小组的方式，约谈未按时完成试点任务的市级人民检察院检察长"。[①] 在案件量化分配指标方面，"2016 年 9 月，最高人民检察院对各试点地区明确提出要求，年底前 60% 的基层检察院必须解决公益诉讼空白"。[②] 应该说，"命令式"的方式在取得推进制度实践成效的同时，会产生以下两方面的问题。

1. "命令式"推进与检察权运行特点之间的冲突

"上级检察院和检察官对下级检察院和检察官拥有在行政管理和业务管理上的全面领导权，事实上是对上下级之间等级性、统一性的强调。"[③] 以此观之，采用"命令式"的推进方式似乎并无不妥。但是，如果考虑我国《宪法》和《人民检察院组织法》在规定检察机关独立行使权力时，并没有区分检察机关的层级等因素，那么"命令式"推进会影响某个特定检察机关独立行使权力。

[①] 卢超. 从司法过程到组织激励：行政公益诉讼的中国试验［J］. 法商研究，2018，35（5）：27.

[②] 刘淑娟. 检察机关公益诉讼总动员之二：公益诉讼的突围轨迹［EB/OL］.（2018-02-07）［2024-06-24］. http://www.spp.gov.cn/spp/zdgz/201802/t20180207_365298.shtml.

[③] 李刚. 上级检察院领导与下级检察院依法独立办案关系研究［J］. 法学杂志，2016，37（9）：116.

因此，上级检察机关对下级检察机关的领导在推进检察公益诉讼上是有限的。

由此看来，检察机关在试点中对案件数量限期清零的命令与要求，实际上与检察权独立运行的要求是存在矛盾的。正如有论者指出："行政公益诉讼作为司法改革的一部分，必须尊重司法的基本规律……但部分试点地区司法机关没有认识到司法改革与行政改革的差别，习惯于以行政命令的方式推进司法改革，往往拔苗助长而适得其反。"①

2. "命令式"推进导致低层级检察机关自主动力不足

从试点实践情况来看，获得试点授权的基层检察机关可能处于尴尬的境地：一方面，他们是开展试点的实践者和参与者，清晰地了解试点的情况；另一方面，他们在试点期间似乎难以直接参与相关规范的制定，使得他们在实践的动力、投入等方面可能出现动力不足或懈怠的情况。对此，上级检察机关的相关材料中也没有回避这一问题，把"思想认识还不够到位，工作开展不平衡，部分试点检察院对试点工作重要性、紧迫性认识不足"作为试点工作的困难之一。

这一问题的出现，与检察机关的"命令式"推进方式有关。要解决基层检察机关动力、投入不足等问题，需要把基层检察机关纳入顶层制度设计与规范制定的过程之中，让在一线办案的基层检察院拥有发现和提出问题的直接发言权。

（三）正式"入法"条款单薄且不协调

2017年，《行政诉讼法》修改草案获得通过，其中第25条第4款增加了有关行政公益诉讼的规定，由此使得包括诉前程序在内的行政公益诉讼制度在实在法中获得了相应的地位。这对于行政公益诉讼制度的正式实施具有重要的支撑与保障作用。但是，这一"入法"方式存在着条款单薄和不协调的

---

① 秦前红. 检察机关参与行政公益诉讼理论与实践的若干问题探讨［J］.政治与法律，2016（11）：85.

问题。

1. "入法"条款的内容过于单薄

所谓条款单薄其实就是指在整个《行政诉讼法》中，有关行政公益诉讼的规定只有一个条款：第25条第4款。从整个制度来说，仅有这一条是明显不够的。《行政诉讼法》是一部关于行政诉讼的法律。行政公益诉讼作为行政诉讼的特殊类型，已经被明确纳入《行政诉讼法》中，并且据此确立了相应的法律地位，并遵循其一般规定，是合法且合理的。但是行政公益诉讼具有特殊性，比如诉前程序的设置与规定，就无法从《行政诉讼法》的其他规定中找到支撑依据，使得"行政公益诉讼检察建议制度的运作流程，需要更为具体化的规范文件予以指导，并提升其可操作性"。[①]

从《行政诉讼法》的修法说明中，似乎可以认为"入法"条款单薄是修法者有意为之的，是为后续司法解释的制定提供空间："鉴于《修正案（草案）》仅就检察机关提起公益诉讼制度的原则性问题作出规定，为了规范、有序推进此项工作，建议授权'两高'共同制定检察机关提起、人民法院审理公益诉讼案件的具体办法，报全国人大常委会备案。"[②]但这样的设计难免产生以下问题：检察公益诉讼制度已经试点了两年，取得了成效，也发现了问题，为成为正式制度并在法律中作出规定积累并提供了宝贵的经验，为什么不把从试点中获得的成效和取得的共识直接在《行政诉讼法》中作出规定进行固定呢？

2. "入法"条款的地位不协调

有关行政公益诉讼的条款在《行政诉讼法》第25条的第4款，该款属于"第四章　诉讼参加人"。这一章的所有条文都是关于行政诉讼参加人的规定。

① 卢超.从司法过程到组织激励：行政公益诉讼的中国试验［J］.法商研究，2018，35（5）：28.
② 详见：曹建明.关于《中华人民共和国行政诉讼法修正案（草案）》和《中华人民共和国民事诉讼法修正案（草案）》的说明——2017年6月22日在第十二届全国人民代表大会常务委员会第二十八次会议上［EB/OL］.(2017-06-29)［2024-06-24］.http://www.npc.gov.cn/zgrdw/npc/xinwen/2017-06/29/content_2024890.htm.

把行政公益诉讼制度放在这一位置的确有其恰当之处：检察机关成为行政公益诉讼的启动主体，由此成了行政诉讼法上的诉讼参加人之一。但是，这样的安排有两处明显的缺陷：一是这一章除了规定行政诉讼参加人的不同类型外，还对这些参加人在诉讼中的权利和义务作出了规定，然而检察机关在行政公益诉讼中的名义、权利和义务并没有在《行政诉讼法》中作出规定，而是在后续出台的《公益诉讼司法解释》中进行了规定。二是检察机关随着行政公益诉讼制度的建立成为行政诉讼的参加人，这只是行政公益诉讼"入法"的一个方面，这次修法的最重要的价值是从法律上确认行政公益诉讼的地位，是属于行政诉讼法中总论性或者说一般性的规定。[①]

由此，从现有的《行政诉讼法》的体例结构来看，行政公益诉讼首先应当在"第一章　总则"中作出界定，奠定其作为行政诉讼的一种类型的地位。其次在其他相应章节和条文中规定其受案范围、管辖、诉讼参加人和证据等内容。至于"诉前程序"的规范方式，考虑到它是行政公益诉讼的特有环节，无法在普通行政诉讼的章节中作出规定，因此，可以作为单独一章作出规定，或者基于其所处的地位和发挥的作用，在"起诉与受理"一章中作出规定。

（四）司法解释吸收试点成果不够

《行政诉讼法》的修法说明建议全国人大常委会授权"两高"针对检察公益诉讼的具体问题共同制定司法解释予以明确。2018年3月2日，"两高"共同制定的《公益诉讼司法解释》正式施行。

在形式上，与试点期间"两高"各自制定试点办法不同的是，此次《公

---

① 比如，"如果……从该款立法目的角度分析，该款维护的是'国家利益或者社会公共利益'。这就明显与行政诉讼法第2条……以及第29条……相冲突。这里的'合法权益''利害关系'直接指向的应是公民、法人或者其他组织的'私益'，而不是所谓的'国家利益或者社会公共利益'"。详见：练育强.行政公益诉讼第三人制度的实证反思与理论建构［J］.行政法学研究，2019（4）：80.

益诉讼司法解释》是由最高法和最高检共同制定的，解决了试点期间各自制定试点办法所产生的问题与不足。

在内容上，以诉前程序的相关规定为观察点，可以发现此次司法解释回应了试点期间的一些问题。比如，前文已经提及的公益领域的拓展和整改反馈期间的延长等。此外，还提高了诉前程序与诉讼程序衔接的要求，如由"公共利益受到侵害的初步证明材料"调整为"公共利益受到侵害的证明材料"。由此可以看出，该司法解释是对试点期间做法与经验的规范性总结，"但这只能称为检察公益诉讼的第一代规范体系，仍有层出不穷的新问题需要指引，规范的完备性仍显不足"。①

即使是在吸收试点的成果上，该司法解释也存在明显的不足。仍然以诉前程序为例，笔者发现，在整个司法解释中并没有规定诉前程序的步骤和环节的内容与条款，而在试点期间的其他规范文本中已经有了明确的规定，并且检察机关在试点期间也进行了深入的探索并获得了有益的经验。有关诉前程序步骤和环节规定的明确性还关系到程序正当原则，因为行政公益诉讼诉前程序具有结案的作用，换言之，诉前程序在很多时候就是最后真正解决问题的程序。在行政公益诉讼已经"入法"，《公益诉讼司法解释》也已经施行，但关于诉前程序的步骤和环节没有得到明确的情况下，检察机关只能继续以试点阶段有关诉前程序的规范作为依据，这显然是不合适的。②

---

① 刘艺.论国家治理体系下的检察公益诉讼［J］.中国法学，2020（2）：166.

② 张雪樵副检察长在 2018 年 11 月 25 日最高人民检察院的新闻发布会上亦承认"司法解释也还不充分"。

第四章　行政公益诉讼诉前程序之审视

第一节　诉前程序启动环节之审视

一、启动主体范围单一

试点以来，行政公益诉讼诉前程序和诉讼程序的启动主体都只有检察机关，相较于域外法的制度设计，我国目前所设定的启动主体范围是相对单一的，特别是类似诉前程序环节的启动主体。这种制度设计有助于发挥检察机关在公益诉讼中的诸多优势，但同时也会产生不利影响。

（一）检察机关作为唯一启动主体之原因

公益诉讼制度最早可以追溯到罗马时期，"罗马当时的政权机构，远没有近代这样健全和周密，仅依靠官吏的力量来维护公共利益是不够的，故授权市民代表社会集体直接起诉，以补救其不足"。[①] 由此可以看出，当时这类诉讼的启动主体范围相较于传统私益诉讼来说已经有所扩张了。尽管理论观点

---

① 周枏．罗马法原论［M］．北京：商务印书馆，2014：971．

支持客观诉讼的启动主体范围应当是较为宽泛的，^①但也不至于宽泛到"全民诉讼"。由此看来，公益诉讼的启动主体范围不能是无限制的，应当由法律作出专门的规定。考虑到行政公益诉讼由诉前程序和诉讼程序共同构成，且"最终提起诉讼……决定了行政公益诉讼的制度质的规定性"。^②因此，以检察机关这一诉讼程序的提起主体为诉前程序的启动主体，这一制度设计在逻辑上是自洽的。

1.两类程序的相同作用符合检察机关的职责定位

行政公益诉讼制度的功能是监督行政权履行维护公益的职责，作为该制度构成的诉前程序和诉讼程序都以此为功能。正如本书在第二章中所分析的，既然要发挥法律监督功能，检察机关作为宪法规定的法律监督机关，有权监督行政权，并且在现有的行政权受监督体系中需要检察机关的监督来填补监督空白。由此，由检察机关启动行政公益诉讼的两类程序是合适的。

2.两类程序的衔接关系有利于检察机关的职责履行

诉前程序与诉讼程序统一于行政公益诉讼之中，两者的关系并不是平行的，而是衔接的。由检察机关同时作为两类程序的启动主体，能够为两类程序的相互衔接提供便利。比如，检察机关在公益诉讼检察建议中的具体内容与诉讼请求的内容应当一致。又如，检察机关在诉前程序中调查核实获得的证据和事实，也可以用于诉讼程序中。

3.制度实施的效率考量符合维护公共利益的目的

相较于私人利益受损，公共利益一旦遭受损害，其受到影响的对象更广，恢复的难度和成本更大，所以在保护公共利益时要特别注重保护的效率问题，在制度设计上尽可能地缩短法律保护公共利益的实践，提高保护的效率。诉

---

① "由于它们本身具有客观性，所以它们所引起的诉讼也是客观性的。这种诉讼可以由任何受到影响的公民提出。"狄骥.公法的变迁［M］.郑戈，译.北京：商务印书馆，2013：156.

② 胡卫列.从试点情况看行政公益诉讼诉前程序［J］.国家检察官学院学报，2017（2）：46.

前程序与诉讼程序都由检察机关启动，减少了不同主体之间沟通交流、材料移送等环节，显然有助于实现上述考量。

（二）检察机关启动诉前程序之优势

公益诉讼启动主体的范围相较于私益诉讼来说应当更加宽泛，需要法律作出明确的规定。那么，法律在作出规定时，应当遵循一定的标准，不能任意地确定启动主体。本书认为，启动公益诉讼的主体应当符合目的公共性、职责匹配性与能力相当性三个方面的标准。

首先，关于目的公共性。它"至少具有如下基本特点：作为目的和价值取向的'公共性'指涉的是特定空间范围内的人们的共同利益和价值；从参与者角度看，'公共性'指涉的是人们从私人领域中走出来，针对公共性问题开展讨论和行动，在公开讨论和行动中实现自己由私人向公民的转化；从参与程序角度看，'公共性'指涉程序的公开、开放和公平，人们在平等对话中达成共识；从精神角度看，'公共性'指涉个体是一种基于理性与符合理性的法律而批判性地参与公共活动，维护公共利益和价值取向的公民精神"。[①] 应该说，包括检察机关在内的所有国家机构都是满足目的公共性的，即他们的设立都是以国家利益和社会公共利益为目的的。

其次，关于职责匹配性。如果从目的公共性的角度来看，所有国家机构都可以作为公益诉讼的启动主体。但是，我们应当清楚地认识到，不是所有的国家机构都适合作为启动主体。这与不同国家机构履职的特点与方式的不同有关。除此以外，还应当考虑国家机构在履行职责时可能发生异化，进而产生机构自身的利益，这在行政机关表现得尤为突出。因此，在选择合适的启动主体时，还要考虑履职的特点与方式，以及是否在履职中

---

① 李友梅. 新时期加强社会组织建设研究［M］. 北京：经济科学出版社，2016：29.

会发生异化。

最后，关于能力相当性。公益的保护需要较高的成本和条件，因此在确定诉前程序的启动主体时，要考虑该主体是否具备相应的能力。而且这一能力应当能够弥补个体在救济公共利益上相对弱势的地位，"在诉讼涉及的利益阶层较为广泛而社团作为特殊群体自治组织代表性有限，起诉主体力量薄弱而被诉主体具有强势性，起诉机制受阻以及国家自身利益受损、诉讼无特定原告等情形下，国家公权力适时介入，以自身力量与优势来维护社会公益成为必需"。[①]

对照上述三个标准，本书认为，以检察机关作为诉前程序的启动主体是合适的，具体表现在以下方面。

1.检察机关具有法律监督的职能优势

监督对象的特定性——公共利益，是检察机关在法律监督上的职能优势。[②] 检察机关在检察公益诉讼制度建立以前，已经在依法履行监督公共利益的职能了。比如，检察机关以抗诉方式提起民事诉讼和行政诉讼再审程序的情形是，发现调解书损害国家利益、社会公共利益。[③] 又如，检察机关可以在刑事诉讼中就国家财产、集体财产遭受损失提起附带民事诉讼。[④] 因此，检察机关在履行这一职能方面是有优势和经验的。

需要指出的是，检察机关监督行政机关仍然应当置于人民代表大会制度的框架之中，也就是说，"检察机关作为国家法律监督机关的宪法性质和检察权的独立性、一体性等属性应当得到审判机关、行政机关的尊重……行政机

[①] 颜运秋.公益诉讼理念与实践研究［M］.北京：法律出版社，2019：171.

[②] 《中共中央关于加强新时代检察机关法律监督工作的意见》（2021 年 6 月 15 日）中对人民检察院的职能定位作出了明确的界定："人民检察院是国家的法律监督机关，是保障国家法律统一正确实施的司法机关，是保护国家利益和社会公共利益的重要力量，是国家监督体系的重要组成部分，在推进全面依法治国、建设社会主义法治国家中发挥着重要作用。"从上述表述中可以看出，包括国家利益和社会公共利益在内的公共利益是人民检察院履行法律监督职责的应然领域。

[③] 《中华人民共和国民事诉讼法》（2017）第 208 条;《中华人民共和国行政诉讼法》（2017）第 93 条。

[④] 《中华人民共和国刑事诉讼法》（2018）第 101 条。

关的独占判断权、首次判断权、政策裁量权等权力和专业性、政策性、首创性、能动性等属性也应当受到检察机关和审判机关的尊重"。[①]

2.检察机关具有平衡双方力量的能力优势

在行政诉讼中，行政机关作为被告需要承担更多的诉讼义务，这在原理上是能够找到支撑的："如果我们把行政诉讼阶段和行政管理阶段联系起来看的话，原被告之间的地位仍应当是平等的。一方面，被告在行政管理中处于职权行使者的地位，它完全可以不通过行使诉权就能保护自己，它既享有行政管理阶段的处罚权，又享有对相对人人身和财产的强制权。无须借助第三者就可以使自己的意志予以实现。同时，原告即使提起了行政诉讼，被告的行政行为仍不停止执行，就是说，在一般情况下原告的诉权并不能终止被告对行政职权的行使，至于被告负举证责任则是因为被告在作出行政行为时已作了充分的事实方面和法律方面的准备。"[②]

检察机关在诉前程序和行政公益诉讼程序中基于其组织性的特点和属于国家机构之一的地位，从而具有比公民、法人或者其他组织更强的能力。此外，检察机关还因为都是由同级权力机关产生，并且履行法律监督职责，因此与行政机关的地位相当。这都是检察机关在能力上具有的优势。通过诉前程序实现并保证对受损公益的监督效果，作为监督者的检察机关和作为被监督者的行政机关之间应当具有相当的地位。检察机关在能力和地位上的优势表现在检察机关能够调动更多的资源，获得更多的支持。[③]

---

① 高家伟.检察行政公益诉讼的理论基础［J］.国家检察官学院学报，2017（2）：22.

② 关保英.行政法学（第二版）［M］.北京：法律出版社，2018：688.

③ 检察机关与行政机关在诉讼能力上的相当所引发的一个问题是，普通行政诉讼中"不利于"被告的制度设计，如举证责任的分配问题，是否应当在行政公益诉讼中作出调整。对此，在行政公益诉讼的试点阶段，的确有相关部门提出了让检察机关承担更多的举证责任的建议。但最终没有得到采纳，原因在于："作为被告的行政机关在作出该行政行为时，必须持有充分的事实根据和法律根据，如果行政机关在诉讼中不能举出上述事实及依据，说明它所作的该行政行为非法。"这一点与检察机关基于法律监督职责而启动行政公益诉讼是一致的。详见：最高人民检察院民事行政检察厅.检察机关提起公益诉讼实践与探索［M］.北京：中国检察出版社，2017：87-88.

3.检察机关具有不涉自身利益的地位优势

检察机关和行政机关都是公共利益的代表者和维护者，两者在这一地位上拥有各自的优势，其中检察机关的优势在于独立性，即相较于行政机关来说，更不易发生异化，这与检察机关履职具有谦抑性与被动性相关。"在现代法治社会，检察机关被称为'公共利益的代表'，即检察机关是以维护公共利益作为自己的立身之本的，因而维护公共利益应该成为检察机关活动的一项重要原则。"[1] 这样能确保监督行政机关履职的公正性，发挥监督实效。

4.检察机关具有全面履行职责的动力优势

在检察公益诉讼制度试点的同时，检察机关原先承担的反贪和职务犯罪侦查职责随着国家监察制度的建立而发生转变。这在一定程度上推动了检察业务的重塑。在此之前，检察机关给社会的普遍印象是侦查职务犯罪，是以办理刑事案件为主的国家机构。但是这并不是作为法律监督机关的检察机关的业务全貌，也反映了原先检察机关在业务布局上的倾向性。经过调整后，检察机关形成了刑事检察、民事检察、行政检察和公益诉讼检察这种更加平衡与全面的新业务局面。公益诉讼检察部门正是从原先民事行政检察部门拆分而来的。

检察机关上述业务布局的重新调整以及内设机构的联动调整为其启动诉前程序提供了动力优势：一方面，这样的业务布局调整与内设机构调整确定了公益诉讼检察的独立地位，而不是检察业务中的"边缘地带"，这对激发和调动办案人员的积极性，提升认同感和办案质量都是有好处的；另一方面，公益诉讼检察业务与机构的独立设置，充分体现了这一业务的专业性与专门性，有利于促进这一领域职责的高效和高质履行。此外，单独设置的公益诉讼检察部门还能够助力办案人员专业素养的提升：这一部门的工作人员是专

---

① 甄贞.法律监督原论［M］.北京：法律出版社，2007：80.

门办理有关公益诉讼检察的案件，通过案件办理数量的不断积累和质量的不断提高，逐渐形成公益诉讼检察的专门队伍。

（三）检察机关作为单一启动主体之不利 [①]

诚然，检察机关在履行法律保护公益诉讼的职责上具有上文所分析的四方面优势，也的确是适合的启动诉前程序的主体，但是在我国目前的制度设计中，检察机关是唯一可以启动的主体，这容易造成以下三个方面的不利，影响制度的效果。

1.案件来源限缩

在一项新的制度进入实施阶段后，需要大量的案件数量为检验制度的效果、发现制度中存在的问题等提供基础。如果没有充分、稳定的案件数量，至少在一定意义上影响了这一制度存在的必要性和价值。也正是因为这个考量，我们才看到最高人民检察院在试点阶段非常关注各试点地区的案件数量问题，并以指标的方式进行考核。

但是，检察机关启动行政公益诉讼诉前程序的行为从广义上来说，属于行使司法权的行为，受制于被动性的履职特点，这意味着检察机关在理论上不可能像行政机关那样"主动出击"去寻找案件。那么，一定数量案件的保证依赖案件线索与来源的多样化。关于行政公益诉讼的案件线索与来源，《行政诉讼法》沿用了试点期间相关规定的表述："人民检察院在履行职责中发现。"于是，案件线索与来源问题，就与检察机关所履行的具体职责密切相关。

---

① 章志远教授较早就撰文把"检察机关最适宜作为原告提起行政公益诉讼"作为行政公益诉讼的误区之一，原因可以概括为三方面：一是"中西检察体制殊异，域外的经验无法在中国简单复制"；二是"检察机关提起行政公益诉讼必然导致自身的角色冲突"；三是"检察机关提起行政公益诉讼逾越了行政诉讼检查监督的应有边界"。详见：章志远. 行政公益诉讼中的两大认识误区 [C] // 贺海仁. 公益诉讼的新发展. 北京：中国社会科学出版社，2008：99-102.

本书认为，"人民检察院在履行职责中"在规范上可以从以下三方面进行理解。一是《人民检察院组织法》所规定的检察机关的职权，这是有关检察院履行职责最基本的遵循和依据①。二是《检察院提起诉讼试点办法》对"履行职责"所作的解释，②尽管该办法是试点期间的规范，但可以在全面实施后延续适用。三是《行政公益诉讼办案指南》在总结办案实践的基础上所作的扩大解释：履行批准或者决定逮捕、审查起诉、控告检察、诉讼监督、公益监督等职责。此外，通过行政执法与刑事司法衔接平台、行政执法与行政检察衔接平台等发现案件线索的，也应当被纳入其中。

在检察机关的办案实践中，我们可以从行政公益诉讼典型案例的相关文书中看出，多数案例都采用了"检察机关在履行职责中发现"这样相对笼统的表述方式，也有部分案例披露了具体的职责，笔者将其归纳总结为以下四种。第一种是从刑事案件转化，这也是检察机关主要的案件来源，"公益诉讼性质决定了检察机关既是公共利益代表，也是'技术性当事人'……而且检察权也需要保持一定的谦抑性……这都导致检察机关距离公共利益受侵害的事实较远、案件的来源有限，并集中在刑事案件线索的'二次利用'上"。③如福建省清流县人民检察院诉县环保局行政公益诉讼案、湖北省十堰市郧阳区人民检察院诉区林业局行政公益诉讼案等。第二种是从专项监督检查中获得线索，如北京市通州区城市管理综合行政执法监察局等单位不依法履行职责案、吉林省伊通满族自治县住房和城乡建设局不依法履行职责案等。第三种是从群众举报中获得线索，如吉林省长春市国土资源局不依法履行职责案、福建省福州高新技术产业开发区环保局不依法履行职责案等。第四种则是来自新闻媒体提供的线索，如福建省闽侯县食用油虚假非转基因标识公益诉讼案、云南省昆明市空港经济区管理委员会不依法履行职责案等。与上文所分

---

① 详见：《中华人民共和国人民检察院组织法》（2018）第 20 条。

② 详见：《人民检察院提起公益诉讼试点工作实施办法》第 28 条。

③ 曹明德 . 检察院提起公益诉讼面临的困境和推进方向［J］. 法学评论，2020，38（1）：120.

析检察机关职责在规范上的表现相比，典型案例所披露的具体来源仍然是有限的。究其原因，可能与披露的案件数量较少相关，也可能与检察公益诉讼仍处于制度建设与实施初期有关。①

除检察机关自身的原因外，在制度层面，启动主体过于单一也是案件来源与线索不充分的原因之一。作为唯一的启动主体，检察机关能够发现的案件只局限于其法定职责范围内，与诉前程序所要维护的广泛的公共利益之间存在着张力，正如有学者提出的观点所说："从履行职责中发现""不仅是对检察机关履行公益诉讼职能的一种授权，同时也能够看作是对检察机关履行公益诉讼职能的一种限制，即限制检察机关毫无边界地找寻公益诉讼案件线索，从而造成公益诉讼职能的滥用，影响行政机关的正常履职"。②

事实上，从现实情况来看，社会公众能够直接感受公共利益的变化情况。但在我国现行的检察公益诉讼制度中，他们并不能作为程序的启动主体，只能通过向检察机关提供线索和来源的方式发挥保护公益的作用。而面对社会公众所提供的案件线索，相关规范尽管要求"检察机关'7日内程序回复、3个月内办理过程或结果答复'承诺，可以保障公益诉讼线索畅通地流动"，③不可否认的是，这样的制度设计还有可能将应当启动诉前程序的案件线索给

①　一些研究从实践中总结了公益诉讼的案件来源，比如，"目前检察院公益诉讼案件的线索搜集方式主要有以下几种：本院自侦、批捕、公诉、控申部门的线索移送；通过两法衔接平台收集；通过阅览报刊、杂志等新闻收集；走访行政机关了解收集等"。详见：曹明德.检察院提起公益诉讼面临的困境和推进方向［J］.法学评论，2020，38（1）：120. 又如，"具体方式囊括了：（1）检察机关在履行职务犯罪侦查、审查起诉、批捕或刑事审判监督职责中发现案件线索。（2）检察机关为配合政府某一时期亟需解决的问题，开展专项检察监督工作，在这一过程中发现了大量案件线索。（3）借助'两法衔接'等信息共享平台和案件管理平台，主动对重点领域行政执法信息进行集中排查、跟进而获取的案件线索。（4）结合检察机关日常的控告举报工作，对可能涉及公益诉讼领域的群众来信来访进行登记和排查，追踪相关线索。（5）结合新闻媒体的舆论监督功能，从新闻媒体报道中发现相关线索，进行跟进和排查"。详见：覃慧.检察机关提起行政公益诉讼的实证考察［J］.行政法学研究，2019（3）：90.

②　胡卫列.国家治理视野下的公益诉讼检察制度［J］.国家检察官学院学报，2020，28（2）：11.

③　刘艺.论国家治理体系下的检察公益诉讼［J］.中国法学，2020（2）：157.

"过滤"掉了，这也是目前检察机关作为单一启动主体所不可避免的现实。

2.外部监督角色缺位

诉前程序是检察机关履行职责监督行政机关的程序，作为公权力的行使者，自然是应当受到监督的。^①换言之，如果检察机关没有启动诉前程序监督行政机关以保护公共利益，那么应当由谁来对此进行监督呢？^②

分析检察机关消极行使自己职责的具体表现：一种情形是由于检察机关基于其权力行使的被动性特征而未能履职。因为正如前文所述，检察机关需要依赖其他履职行为才能发现案件线索和来源，进而决定是否启动诉前程序。如果没有检察机关的履职行为，也就难以发现公益检察案件，自然无法启动诉前程序。应当说，这种情形并非由于检察机关的主观故意，可以认为是无法避免且在一定程度上是可接受的。另一种情形则不同，在检察机关已经收到案件线索或来源的前提下，对于决定是否启动诉前程序在判断上存在不当所引起的消极履职："检察机关作为国家机关，本身也是可能滥用权力和懈怠职守的。"^③在这一情形中，出现了谁有权对检察机关的判断进行监督的问题。^④

---

① 实际上，检察机关自身意识到了其在诉前程序及公益诉讼中应当受到监督的问题，并且明确公益受保护是公益诉讼的核心，职权法定是公益诉讼的基础，"不能把公益诉讼作为谋取检察机关实际利益的手段……所有赋予检察机关在公益诉讼中的职权，包括调查取证权、诉讼权利的行使与处分等，都应当遵循职权法定原则"。详见：张雪樵.检察公益诉讼比较研究［J］.国家检察官学院学报，2019（1）：152-153.

② 实际上，已经有人意识到这一问题："检察机关独自承担此项重担，也必然会因为各方面条件的有限性而发生一定程度的'职权怠于行使'，到那时公众对于环保行政机关的不信任便会转嫁到检察机关，如此递推的制度设计必然倾向于人大、政协，直至没有退路。"详见：张祥伟.环境公益诉讼司法运行理论与实践研究［M］.北京：中国政法大学出版社，2018：245.

③ 林莉红.法社会学视野下的中国公益诉讼［C］//贺海仁.公益诉讼的新发展.北京：中国社会科学出版社，2008：19.

④ 已经有检察机关在实践中探索引入监督的制度。上海市宝山区人民检察院率先探索建立公益诉讼观察员制度，由为检察机关提供公益诉讼案件线索、参与公益诉讼案件办理的人大代表、政协委员、人民监督员、有专门知识的人、媒体记者等作为公益诉讼观察员。监督公益诉讼工作就是公益诉讼观察员的职责之一。详见：胡巧绒，苏建芳.公益诉讼观察员制度路径探索［C］//最高人民检察院法律政策研究室.公益诉讼指导性案例实务指引.北京：中国检察出版社，2019：67-72.

因为检察机关的判断直接关系到诉前程序这一专门保护公共利益的法律程序是否启动。加之在现有制度设计中，除了检察机关以外，没有另外的主体可以启动这一法律程序。

对此，权力机关作为产生检察机关的国家机构，自然是可以予以监督的。但是，正如上文所分析的，权力机关对其产生的国家权力及其行使者的监督更多的是一种宏观的、整体的监督，难以对某个具体的案件进行监督。除了权力机关以外，在法律没有作出规定的情况下，其他国家权力及其行使者以及社会公众都难以在诉前程序启动与否的这一问题上对检察机关进行有效的监督。

3.有违公共利益构成

"公共利益"是检察公益诉讼制度的基础与核心概念，但又是一个在法律上难以界定的概念。从检察公益诉讼制度探索建立开始，制度设计者在规范中采用"领域列举"与"类型划分"的方式来作出回应。在"类型划分"的方式中，公共利益被划分为"国家利益"和"社会公共利益"，这样的划分是有依据的，它反映了"国家—社会"的二元结构，以及分别蕴含着不同公益内容。当然，上述二元结构的形成并非一蹴而就。一般认为，"社会"是先存在的，国家是在私有制产生后才产生的，从而产生了国家权力。而且，随着国家权力的不断增强，"社会"逐渐与国家相互融合。之后在资本的作用下，国家权力和社会权力又发生了分化，形成了"国家—社会"的二元结构。具体来说，资本"作为支配劳动力即剥削劳动者，进而支配社会和影响、控制国家的权力。这样市民社会逐渐形成并与国家分离。国家与社会二元化，资本成为市民社会（资产阶级社会）的主要社会权力。原来由国家垄断的权力，至此二元化为国家权力与社会权力了"。[①] 而在我国，国家与社会分化的过程伴随着社会主义市场经济体制建立并且不断深化，掌握财富的大量社会主体

---

① 郭道晖.社会权力与公民社会［M］.南京：译林出版社，2009：34.

逐渐形成了特定的利益群体，并且对国家与社会产生较大的影响力，进而在国家权力之外产生了社会权力。

在社会权力产生后，随着经济社会的发展以及民主化程度的提升，社会权力与国家权力之间既保持了一定的独立性，也产生了相互影响。独立性的典型表现是国家利益和社会公共利益的区分。各国家机构作为国家权力的行使主体，以不同的方式行使国家权力，从而实现和保护国家利益。相应地，在国家利益受到侵害的时候，这些国家机构自然有资格启动救济程序。从这个意义上来说，检察机关启动公益诉讼保护国家利益的地位是毋庸置疑的。相互影响则表现在国家权力与社会权力之间的相互融合上。比如，行政机关通过"外包"等方式把部分职权转移给社会主体，使社会主体有机会成为治理主体。又如，立法机关在制定法律时听取行业协会的意见和建议，这些行业协会就是社会中特定群体利益的集中代表与表达平台和组织。由此可以看出，公共利益中国家利益应当是由国家机构来维护和提出救济的，而社会公共利益的保护主体中应当有社会组织的参与。这在一定程度上也可以减轻国家层面的负担与压力。

目前由检察机关作为启动诉前程序的唯一主体，同时代表国家利益和社会公共利益："检察院也不只是代表'国家'，而同时实质上是代表社会公众提起或支持、参与诉讼。检察权这一国家权力里，也渗入或融合了公民和公众的权利和社会权力。"① 但是，在社会公共利益的代表者中缺失了来自"社会"的参与者："将行政公益诉讼限定为检察机关主导的单一模式，脱离了传统行政诉讼'国家—社会'的二元框架，衍生出国家体系内部的竞争与割据格局，给司法裁判带来了不确定性的隐忧。"②

---

① 郭道晖. 社会权力与公民社会［M］. 南京：译林出版社，2009：352.

② 卢超. 从司法过程到组织激励：行政公益诉讼的中国试验［J］. 法商研究，2018，35（5）：34.

二、启动条件适用困难

（一）启动诉前程序应当满足三个条件

作为一个法律程序，诉前程序的启动需要满足一定的条件。准确把握和清晰判断这一条件不仅关系到诉前程序，还对行政公益诉讼程序具有基础性的作用。通过对行政公益诉讼相关规范的分析，我们可以从中得出启动诉前程序的三个条件："行为条件""后果条件""因果条件"。

1. "行为条件"

"行为条件"是指行政机关的行为形态，主要表现为"违法行使职权"或"不作为"两类。"违法行使职权"是对行政机关违法作为形态的描述，也就是通常所说的行政违法行为。不过需要指出的是，并不是所有的违法的行政行为都纳入了适用诉前程序的范围①。"不作为"则是对行政机关消极对待其法定职权形态的描述。值得注意的是，"行政不作为"的判断要比"行政作为"更复杂，也更有难度。对此，理论上有实质标准和形式标准两种不同的观点。实质标准观点认为，"不作为"不仅是指行政机关不履行法定的职责，还包括行为效果上呈现不履行的行为，有学者称之为"不正确作为责

---

① 诉前程序监督的行政行为范围受制于以下三个因素：一是监督行政权的体系。正如本书第二章所描述的，在监督行政权的体系中，不同监督主体监督行政权的不同侧面，各司其职，检察机关以诉前程序的方式实施监督的对象则主要是有关公共利益的行政行为。二是行政诉讼的受案范围。在目前我国行政公益诉讼在总体上仍然适用于现有《行政诉讼法》规定的情况下，行政诉讼的受案范围会对诉前程序的监督范围产生影响。尽管 2014 年修改后的《行政诉讼法》以"行政行为"取代"具体行政行为"的表述，加之相关司法解释，都在试图扩大行政诉讼的受案范围，但是这并不意味着所有的行政行为都能够成为司法审查的对象。三是监督力量与资源的配置。监督效果的好坏与监督力量和资源的配置息息相关，作为检察机关的一项新的职能，人手不够且专业性不足从公益诉讼制度试点开始就成为检察机关面临的困难之一。

任"①。但是形式标准观点则认为，"不作为"仅指不履行法定职责②。上述理论上不同的观点可以从对《行政诉讼法》中"拒绝履行"的认识得到印证："如果基于程序的视角，拒绝履行不属于'不履行'；反之，如果基于实体法的要求，那么拒绝履行之法效果对于行政相对人而言，等同于'不履行'。"③此外，按照实质标准的观点，行政不作为可能是合法的，也可能是违法的；而按照形式标准的观点，行政不作为这一概念已经内含了违法的效力评价。

基于上述分析，我们可以发现，立法者在规范中表述诉前程序的行为条件采用的是"违法行使职权"或"不作为"的表述。按照语义分析的方法来看，"违法"这一价值判断的形容词放在了"行使职权"的表述之前，在"不作为"之前并没有这样的形容词。由此可见，立法者通过这样的立法语言确立了对形式标准观点的采纳。

2. "后果条件"

"后果条件"是指行政机关违法行使职权或不作为所产生的法律后果，即公共利益受到损害。对于公共利益受到损害的判断，本书认为，在《行政诉讼法》等法律规范已经采用"领域＋类型"的方式④来确定公益范围的前提

———————————

① "所谓'不作为'……一是行政机关及其工作人员明确拒绝履行或者部分拒绝履行法律、法规赋予其应当履行的责任……是一种'积极'的性质，属于不正确作为责任的范畴。"详见：蔡小雪. 行政行为的合法性审查［M］. 北京：中国民主法制出版社，2020：210.

② 2020年，最高人民法院印发了《关于行政案件案由的暂行规定》的通知，确定了"不履行法定职责案件"系特殊行政案件的案由，并对"不履行法定职责"作出了如下解释："负有法定职责的行政机关在依法应当履职的情况下消极不作为，从而使得行政相对人权益得不到保护或者无法实现的违法状态。未依法履责、不完全履责、履责不当和迟延履责等以作为方式实施的违法履责行为，均不属于不履行法定职责。"可见，上述对"不履行法定职责"的界定，体现的正是形式标准。

③ 章剑生. 现代行政法基本理论（第二版）［M］. 北京：法律出版社，2014：873.

④ 《行政诉讼法》第25条第4款确定的公益"领域"是食品药品安全、国有财产保护、国有土地使用权出让、生态环境资源保护。而其他法律规定可以适用行政公益诉讼的公益领域主要有：军人地位和权益保障（《中华人民共和国军人地位和权益保障法》第62条）、安全生产（《中华人民共和国安全生产法》第74条第2款）、农产品质量安全（《中华人民共和国农产品质量安全法》第79条第2款）、无障碍环境建设（《中华人民共和国无障碍环境建设法》第63条）等。

下，需要根据不同领域和不同类型的公共利益作出不同的判断，同时还要考虑预防性保护的要求。比如，同样是对损害后果的判断，食品药品安全领域和生态环境资源保护领域的具体标准和程度不可能是相同的。这样的判断思路也隐含前文所说的专业技术已经成为"法言法语"的特征和趋势。此外，尽管行政公益诉讼所保护的公益领域正在逐渐拓展，但是在"领域"确定的方式没有发生改变的情况下，"后果条件"中的"后果"一定是在法律所确定的公益领域之中。

3."因果条件"

"因果条件"是"行为条件"和"效果条件"的连接点，"行为条件"是"因"，"效果条件"是"果"，有了"因果条件"这一连接点，使得三个条件形成了整体。诉前程序中"因果条件"是指双重的因果关系。第一重是相对人的行为与特定公益受到损害之间存在因果关系，可以称之为"直接因果关系"。比如，企业向河道排放污水，造成河水发黑发臭。第二重是行政机关的违法行为与特定公益受到损害之间存在因果关系，可以称之为"间接因果关系"。比如，被企业违法排放的污水污染的河道对周围居民造成了影响，因此居民向当地政府的生态环境局投诉，生态环境局接到投诉后，既未回复居民，也没有进行调查处理，使得河水散发出的臭味越来越浓。在这两重因果关系中，相对人的违法行为是造成公共利益受到损害的直接原因，行政机关并没有直接实施损害公益的行为。这样因果关系的双重结构决定了以诉前程序的方式对行政机关的监督效果是督促其履行监管职责，并不是要求行政机关亲自"下场"去恢复受损的公益。

从上述分析来看，启动诉前程序的三个条件在实在法规定的层面是较为清晰的，逻辑也是合理的。但是，从诉前程序丰富的实践来看，上述条件中的行为条件和效果条件在具体判断中面临着不同的困难。

（二）行为条件实践中面临的困难

1.规定行政职责的非正式法依据的效力与地位待明确

根据依法行政的要求，行政机关的履职行为应当具有法律依据。行为条件的两种形态的判断都需要以法律的规范为依据，而法律规范则是通过规定行政机关职责的方式提供具体依据的。这里所说的规定行政机关的法律规范，可以分为正式法依据和非正式法依据。前者是指《立法法》所确立的可以作为行政权运行依据的规范性文件，包括法律法规和规章；后者则是指不属于《立法法》确定的"法"范围，但在实践中作为行政权运行依据的规范形式，常见的有"三定"规定、权力清单和行政协议等。^① 在这三类非正式法依据中，行政协议确定的行政机关应当履行的职责源自行政机关和相对人之间的约定，是以合约性而非合法性作为确定行政机关职责的标准。"三定"规定与权力清单，则可以看作是正式法依据的"变体"，但是两者在效力和地位上都尚不明确。

"三定"规定中的"三定"是行政机关定机构、定职责和定编制的简称。"三定"规定则是指确定行政机关的机构、职责和编制的规范。从"三定"的内容就可以看出，它涉及行政机关职责的确定，^② 自然"三定"规定可以作为确定行政机关职责的规范依据。比如，贵阳市乌当区检察院诉东风镇人民政府案件中，除适用《环境保护法》《贵州省环境保护条例》《村庄和集镇规划建设管理条例》等规范来确定东风镇人民政府的职责外，还调取了东风镇人

---

① 《行政公益诉讼办案指南》规定："除法律、法规、规章确定的法定职责外，还应当参考地方政府制定发布的权力清单和涉及行政机关职权、机构设置的文件等。"《人民检察院公益诉讼办案规则》第 72 条规定："人民检察院认定行政机关监督管理职责的依据为法律法规规章，可以参考行政机关的'三定'方案、权力清单和责任清单等。"

② 《"三定"规定制定和实施办法》（2020）第 11 条列举了"三定"规定草案初稿一般包括的内容，"部门（单位）的主要职责"是内容之一。

民政府的"三定"方案和机构改革方案，以明确其应当履行的生态环境保护职责。① 显然，东风镇政府"三定"方案中有关职责的描述更为具体，对于办案主体来说更具有操作性。可见，"三定"规定具有确定行政机关职责的补充作用。

"三定"规定实际发挥上述作用的同时，作为确定行政机关职责的依据，"三定"规定的法规范性仍然不够，具体表现在制定依据、制定主体和制定程序三个方面。关于制定依据，"三定"规定是对行政机关职责、机构和编制的规定，属于广义的行政组织法的范畴，应当有上位法作为依据，从而保障其合法性。以国务院机构改革为例，最近几次的实践都是由全国人大通过国务院机构改革方案，再以机构改革方案为依据制定"三定"规定。由此，"机构改革方案"成了"三定"规定的依据。但是，"机构改革方案"尽管是由全国人大通过的，但并不属于《立法法》中"法律"的范围。而作为"三定"规定直接依据的《"三定"规定制定和实施办法》（以下简称《"三定"规定办法》）是由中共中央政治局常委会会议审议批准，由中共中央办公厅发布的，属于党内法规范畴。关于制定主体，"三定"规定通常是以编制机构委员会办公室（简称"编办"）的名义发布的，可以从中推出"编办"至少是参与制定的主体的结论。"编办"是编制机构委员会（简称"编委"）的日常工作机构，根据 2018 年的《中共中央关于深化党和国家机构改革的决定》，"编委"和"编办"都在党的机构序列之中。如果按照由制定主体判断规范性质与地位的规则来看，"三定"方案在性质上更宜被认定为党的规范性文件。关于制定程

---

① 检察机关在该案中确定的东风镇人民政府的生态环境保护职责是："负责抓好本辖区基础设施建设和新型农村服务体系建设、生态环境的各项公益事业建设。加强环境保护，努力改善人居环境，促进人与人、人与自然、人与社会的和谐发展……负责集镇管理、村庄环卫、环境保护和市场监管工作；负责村镇环境综合治理工作。开展环境保护宣传和村寨生态治理。"详见：最高人民检察院第八检察厅 . 行政公益诉讼典型案例实务指引（生态环境·资源保护领域）［M］. 北京：中国检察出版社，2019：444.

序，我们可以作这样的比较：同样作为非正式法规范，行政规范性文件的制定程序参照适用《规章制定程序条例》，而《"三定"规定办法》则是"三定"规定制定程序的依据。

权力清单是在政府"简政放权"的背景下，对行政职责的解构与重构。与法律规范规定行政职责的方式不同的是，权力清单采用要素构造的方式，即以"行政职权及其依据""行使主体""运行流程""对应的责任"等作为清单的要素，以清单的形式重新罗列行政机关的职责，并设置运行流程图，从而实现权力清单所具有的引导和约束功能。① 因此，相较于法律规范中所规定的行政机关职责，权力清单对政府职责的规定不仅更具体，而且更细致、更动态，能够为检察机关在诉前程序中确定行政机关的职责提供更加便利的指引。② 但是，权力清单毕竟是再造后的产物，并不是规定行政机关职责的原始文件，是经过行政机关自己"加工"后的规范文件，其内容与上位法的规范是否保持一致、行政机关有没有在制定权力清单的过程中发生偏离或者走样等问题，都直接关系到权力清单的质量，进而影响到检察机关在诉前程序中的适用。

2.行政违法的判断标准不一

行政违法是启动诉前程序的行为条件，有违法作为和不作为两种形态。对诉前程序启动的行为条件的判断可以分别转化为对行政机关的作为是否违

---

① "权力清单应当是政府行使职权的边界清单，即为政府行使职权的内容、方式、程序等划定了界限，因此具有约束功能，能够规范行政权力的依法有序运行。而对相对人来说，经过清理后形成的权力清单具有引导功能，能够为行政相对人提供清晰的指引。需要指出的是，权力清单制度的引导功能和约束功能在本质上是统一的，并不是相互独立的。"详见：汪骏良.论权力清单的构造及完善——基于省级政府权力清单的实践 [J].河南财经政法大学学报，2019，34（1）：4.

② 《最高人民检察院关于深入开展公益诉讼试点工作有关问题的意见》提出："可以参考地方政府制定发布的权力清单。"最高人民检察院在"陕西省宝鸡市环境保护局凤翔分局不全面履职案（检例第49 号）"的"指导意义"中亦指出："对行政机关不依法履行法定职责的判断和认定，应以法律规定的行政机关法定职责为依据，对照行政机关的执法权力清单和责任清单。"

法以及行政机关是否构成不作为的判断。

　　然而，从办案实践来看，在上述行为条件的判断中还有一个前提性的问题需要明确，即如何认识行政机关所实施的行为，特别是对违法作为的判断。我们知道，行政行为是行政法中的核心概念，关于这一概念的界定形成了许多不同的观点。但有一点是确定的，即不是行政机关所实施的所有行为都是行政行为。也正是由于行政行为概念认识上的差异，导致检察机关和行政机关产生了不同的认识，进而影响后续违法性的判断以及诉前程序的启动与否。比如，福建省建宁县检察院诉县人民防空办公室不作为案件中，在检察机关发出检察建议之前，县人防办已经向相对人发出了催缴通知书、律师函等文件，由此认为自己已经履行了法定职责。但检察机关并不认同："公益诉讼人发现，建宁县人防办在检察机关发出检察建议前后，建宁县人防部门对欠缴情形没有按照行政行为程序完成一个行政行为步骤……正是由于建宁县人防办怠于履行以上行政职责，导致……国家利益仍处于受侵害状态中。"[①] 又如，嘉峪关市检察院认为："嘉峪关市人民防空办……在对项目进行现场执法检查后，仅对佳苑壹号项目建设单位作出《责令改正通知书》，但到期后项目单位未按照通知要求履行法定义务，嘉峪关市人防办也未依法予以行政处罚，作出缴纳易地建设费的决定；对天空之城项目从项目立项到主体工程完工长达四、五年的时间内，一直未依法对其进行过行政处罚，或责令限期修建，亦未作出缴纳易地建设费的决定。"[②] 由此可见，检察机关采用的是狭义上的行政行为来判断行政机关是否履职，这里所说的狭义上的行政行为，可以理解为："行政机关只能实施法律法规规定其处理某类行政事务可以采取某种种类的行政行为，法律法规未规定可以采取某种种类行政行为而采取，亦属超越法定

① 最高人民检察院第八检察厅.行政公益诉讼典型案例实务指引（食品药品安全·国有财产保护·国有土地使用权出让等领域）[M].北京：中国检察出版社，2019：145.

② 最高人民检察院第八检察厅.行政公益诉讼典型案例实务指引（食品药品安全·国有财产保护·国有土地使用权出让等领域）[M].北京：中国检察出版社，2019：250.

事务职权。"① 对于检察机关的这一立场，法院也持支持的态度："只是用'报告''请示'代替行政行为，没有采取切实有效措施确保国家利益不受侵害，其怠于收取土地出让价款的行为和事实客观存在。"②

检察机关在判断行政不作为时，则是受到了前文所说的对行政不作为认识的两种不同观点的影响，在判断行政机关是否履行职责时也产生了两种不同的标准：一种可以称之为行为标准（也就是形式标准），即行政机关没有依法对损害公益的相对人作出履职的行政行为就是不作为。从相关规范的表述来看，行为标准更符合其语义。比如，海淀区检察院在督促区食品药品监督管理局履职案件的检察建议书中写道："你局存在未履行法定监管职责的情形。"③ 深圳市检察院在督促坪山新区管委会履职案的检察建议书中写道："对于涉案所造成的国有资产流失未积极履行法定职责、追缴被骗取的房屋拆迁补偿款，存在行政不作为。"④ 另一种可以称之为结果标准（也就是实质标准），即使行政机关作出了履职的行政行为，只要公共利益没有得到实质性的恢复，那就属于不作为。比如，德宏傣族景颇族自治州检察院在督促德宏州芒市人民政府履职案的检察建议书中认为："芒市人民政府工业和信息化局……对于德宏奥环水泥有限公司重新调整选址地点提出了建议。时间已经过去了四个多月，仍然没有确定选址地点。"⑤

基于上述分析，我们可以发现检察机关在办案实践中对行政不作为的判断，既有遵循规范表述做法——采用行为标准，也有拓展结果标准，从而产生了判断上的不一致。而在采用结果标准的典型案例中，笔者进一步把检察

---

① 蔡小雪.行政行为的合法性审查［M］.北京：中国民主法制出版社，2020：70.

② 最高人民检察院第八检察厅.行政公益诉讼典型案例实务指引（食品药品安全·国有财产保护·国有土地使用权出让等领域）［M］.北京：中国检察出版社，2019：364.

③ 《北京市海淀区人民检察院检察建议书》（京海检行建〔2018〕1号）；《北京市海淀区人民检察院检察建议书》（京海检行建〔2018〕2号）。

④ 《深圳市人民检察院检察建议书》（深检行建〔2016〕6号）。

⑤ 《云南省德宏傣族景颇族自治州人民检察院检察建议书》（德检民监〔2015〕第01号）。

机关认为的行政不作为情形总结为以下三种：第一种是"公共利益未得到恢复的不作为"。比如，聊城市莘县检察院诉莘县卫计局不作为案中，行政机关对违法排放污水的医院作出了行政处罚，并申请法院强制执行，医院在缴纳罚款后继续直排污水。检察机关仍然认定行政机关构成不作为，并启动了诉前程序并制发了检察建议书。有学者以"行政无能"来形容此类不作为。① 第二种是"推诿式不作为"，这在"两法衔接"案件中明显存在。② 有些行政机关认为，依法移送案件相当于履行了法定职责，在移送后也就不必作行政法上的处理。对此，检察机关的态度是相对一致的：认定构成不作为并启动诉前程序。比如，在广州市白云区检察院诉区农林局不依法履职案中，区农林局认为，公安机关已经对涉案公司非法占用林地的行为进行了刑事立案，就不应同时作出行政处罚决定。检察机关却认为："这些行政处罚类型与刑事处罚类型完全不同，亦无法相互替代。"③ 又如，山东省莱西市检察院诉市水利局不作为案中，检察机关认为："并没有规定一个违法事实一旦经刑事处理不得再由行政机关进行处理和处罚。"④ 法院的态度则是：既不能"以罚代刑"，也

---

① "在行政无能的行为方式下，行政主体对职权的行使表现出了极大的不得力，不是使职权的客体错位，就是使职权的对象错位……例如……一些城市中环境噪音扰民后，行政主体常常下发一个整治通知书，而行政相对人对其置之不理，行政主体采用滞纳金或者其他方式予以处理。其仅看行政主体的处理方式似乎是合理的，也是非常得力的，但从实质上讲当事人违法行为的本质依然存在，社会公众需要解决的问题并没有得到解决。"详见：关保英.论行政不作为的诉权范畴［J］.法律适用，2010（4）：52.

② "两法衔接"是指行政机关在行政执法过程中如果认为其中有涉嫌犯罪的情形，应当向有权机关移送从而启动刑事诉讼程序。《行政处罚法》（2021）第8条第2款、第27条和第35条，以及《行政执法机关移送涉嫌犯罪案件的规定》（2020）是规范"两法衔接"的主要法律渊源。

③ 最高人民检察院第八检察厅.行政公益诉讼典型案例实务指引（生态环境·资源保护领域）［M］.北京：中国检察出版社，2019：740.

④ 最高人民检察院第八检察厅.行政公益诉讼典型案例实务指引（生态环境·资源保护领域）［M］.北京：中国检察出版社，2019：814.

不能"一移了之"。^①第三种是"消极行政"。"消极行政的前提条件是行政机关对所行使的行政职权的蔑视，这种行为状态的成立并不以行政相对人的请求为前提。"^②由此可知，消极行政只能发生在依职权启动的行政行为之中，特指行政机关应当依法主动履行职责而没有主动履行职责的情形。这一情形在公共利益保护领域会造成请求权主体难以确定，甚至法定请求权缺失、损害发生隐蔽性、危害后果蔓延等更严重的后果。以私益保护为目标的普通行政诉讼，由于原告可能在利害关系条件上的不满足等原因无法提起救济程序，从而无法实现对受损公益的救济，为此需要将消极行政作为不作为的一种表现形式，纳入检察公益诉讼制度之中。

---

① 比如，法院在广东省始兴县检察院诉县林业局怠于履职案的判决书中指出："根据《行政处罚法》（2009）第 7 条第 2 款（违法行为构成犯罪，应当依法追究刑事责任，不得以行政处罚代替刑事处罚）、第 22 条（违法行为构成犯罪的，行政机关必须将案件移送司法机关，依法追究刑事责任）的规定，违法行为构成刑事犯罪的，行政机关必须将案件移送司法机关追究刑事责任，而不能'以罚代刑'。但此规定并不意味着负有行政管理职责的行政机关可对违法行为不予理会、一移了之。本案中，被告广东省始兴县林业局虽然将阿公岩旅游公司的毁林违法行为移送给公安机关，公安机关亦对该公司的违法行为以涉嫌非法占用农用地案立案侦查，但此时，阿公岩旅游公司毁坏林木、硬化林地的行为已经完成，损害后果已经客观存在，即便司法机关追究违法行为人的刑事责任，其承担刑事责任的方式亦只能是法律所规定的刑罚，而无法直接恢复受损的林地和森林资源。即便违法行为人被追究了刑事责任，消除了违法犯罪带来的后果，恢复林地的原有状貌，依旧需要被告广东省始兴县林业局的积极履职。"详见：竺效.环境公益诉讼案例精编 [M].北京：中国人民大学出版社，2019：374. 又如，在陕西省西安市周至县人民检察院诉县国土资源局不作为案中，行政机关在 2016 年 5 月 16 日收到检察建议后，与公安机关确认该案是否属于刑事案件范围，待公安机关确认不属于刑事案件处理后才作出行政处罚，并且将相关情况告知了检察机关。公安机关直到 11 月 1 日方退回案件。检察机关以涉案的土地复垦工作及罚款收缴工作均未进行为由提起诉讼。法院在判决中认可了检察机关的判断，认为："被告周至县国土资源局虽因该案涉嫌土地犯罪将案件移送公安机关，但在近两年的时间内未向公安机关询问该案件查处情况，也未督促李成凯进行土地复垦，致使基本农田遭受破坏的状态长期存在。"详见：《西安铁路运输法院行政判决书》（〔2016〕陕 7102 行初 1288 号）。

② 关保英.论行政不作为的诉权范畴 [J].法律适用，2010（4）：52.

（三）效果条件在实践中面临困难

效果条件在实践中面临困难与判断公共利益的方式有关。正如前文所述的，界定公共利益并非易事。目前无论是《行政诉讼法》还是其他规定可以提起行政公益诉讼的法律规范，都没有对公共利益作出概念的界定，而是采用"领域"和"类型"的方式来规定纳入保护范围的公共利益。"领域"主要是指《行政诉讼法》确定的食品药品安全、国有财产保护、国有土地使用权出让和生态环境资源保护四个领域，[①] 而其他法律规范则确定了军人地位和权益保障、安全生产、农产品质量安全、无障碍环境建设等领域[②]，由此随着行政公益诉讼制度的不断探索，逐渐形成了"四 +N 领域"的格局。"类型"主要是指从试点阶段的规范文件一直延续到《行政诉讼法》条款中所规定的"国家利益"和"社会公共利益"两种类型。而且通过比较《民事诉讼法》和《行政诉讼法》中关于公益诉讼的条款，可以发现"领域"和"类型"之间可

[①] 之所以在制度探索初期确定上述四个领域，可以从规范与实践两个层面予以考虑：在规范层面，主要是试点时的《民事诉讼法》第 55 条和党的十八届四中全会的决定；在实践层面，则是考虑到当时这四个领域时有侵害公益的实践发生，社会各界的呼吁日益强烈。而在此之后其他法律规范拓展公益保护范围时，也在一定程度上遵循着之前的实践导向逻辑。对于这样的实践导向逻辑，在积极层面，它充分体现了"新时代人民群众对美好生活新需要"这一时代背景；但不可否认的是，在消极层面，完全实践导向的确定方式模糊了"公共利益"作为一个法律概念的边界。正如有学者所评论的："目前我国《行政诉讼法》对公益的列举规定则是从问题导向出发的，其规定的四种公益类型就是四类公众所关注的敏感问题，它们绝对没有与公共利益的概念保持契合，在它们之外还存在着大量的公共利益，而这些公共利益在被侵害或引起纠纷之后，则会被排除在行政公益诉讼之外。由此可见，行政公益诉讼的问题导向是非常严重的缺陷。"详见：关保英.行政公益诉讼中的公益拓展研究［J］.政治与法律，2019（8）：129.

[②] 军人地位和权益保障领域源自《中华人民共和国军人地位和权益保障法》第 62 条；安全生产领域源自《中华人民共和国安全生产法》第 74 条第 2 款；农产品质量安全领域源自《中华人民共和国农产品质量安全法》第 79 条第 2 款；无障碍环境建设领域源自《中华人民共和国无障碍环境建设法》第 63 条。

能存在这样的关系：社会公共利益类型包括生态环境和资源保护、食品药品安全这两个领域；国家利益类型包括国有财产保护、国有土地使用权出让这两个领域。[①] 尽管"领域"和"类型"的方式为检察机关的办案提供了指引，保护公益的拓展也采用了上述方式，但是我们应当充分认识到，这样的方式实际上会给行政公益诉讼这一制度带来以下四个方面的问题。

1.救济范围限缩

公益的判断对于行政公益诉讼（诉前程序）来说是一个基础性和前提性的问题，而且作为行政诉讼的特殊类型，行政公益诉讼同样受到审判权制约行政权存在边界的原则的约束，即受案范围。而且，与普通行政诉讼相比，行政公益诉讼在受案范围上更加特殊：双重维度的受案范围。一重维度是普通行政诉讼的受案范围，也就是由《行政诉讼法》（2017）第12条和第13条，以及《行政诉讼法司法解释》（2017）第1条和第2条构成的范围；另一重维度是纳入"类型"与"领域"的公共利益范围。显然，以"领域"和"类型"的方式确定的公共利益是有限的，由此，在一定程度上限制了行政公益诉讼在保护公益上的成效。而在检察公益诉讼制度的推进过程中，公益范围有限也成为人们希望改变的重要问题。对此，党的十九届四中全会通过的决定提出了"拓展公益诉讼案件范围"的要求。[②] 检察机关也在实践中把拓展公益范围的态度由"稳妥、积极"转为"积极、稳妥"。目前拓展公益范围的路径仍然采用的是增加新领域的方式，而在类型上并没有发生改变，因为与领域相比类型的兜底性和涵盖面更广，但是目前国家利益和社会公共利益这

[①] 《民事诉讼法》第55条有关公益诉讼的表述为："对污染环境、侵害众多消费者合法权益等损害社会公共利益的行为……"；《行政诉讼法》第25条有关公益诉讼的表述为："人民检察院在履行职责中发现生态环境和资源保护、食品药品安全、国有财产保护、国有土地使用权出让等领域负有监督管理职责的行政机关违法行使职权或者不作为，致使国家利益或者社会公共利益受到侵害的……"可见，制度设计者在领域与类型的对应关系上作出了区分。

[②] 中共中央关于坚持和完善中国特色社会主义制度 推进国家治理体系和治理能力现代化若干重大问题的决定［M］.北京：人民出版社，2019：15.

两种类型是否共同组成了公共利益的全部？答案可能是否定的："在我国目前的社会格局中，国家利益和社会利益还不能够体现公共利益的所有维度。"①

2.实践依据不牢

从行政公益诉讼试点历经的过程来看，规范中规定的公益范围是有限的。检察机关在办案实践中尝试拓展保护公益的范围，主要有两种方式：一种方式是在规范规定的领域外寻找新的领域，如电信骚扰、校园周边向未成年人出售香烟、侵犯消费者个人信息、公共安全等。②另一种方式则是对规范中规定的公益领域作一定的扩大解释。比如，检察机关通过对规范中"环境"一词的扩大解释，将文物、优秀历史建筑、文化遗址等公共利益领域纳入制度保护的领域之中，从而启动诉前程序。③又如，湖南省湘阴县检察院把食品药品安全领域扩大到家用医疗器械、功能产品，原因是："保健品包含保健食品、家用医疗器械和功能产品三大类。家用医疗器械、功能产品不属于公益诉讼领域，但家用医疗器械、功能产品的使用同样会对老年人的身体健康产生潜在的威胁，其危害性不亚于保健食品，且家用医疗器械、功能产品单次销售获取的利润更高……湘阴县人民检察院通过向人大常委会主任会议专题

---

① 关保英.行政公益诉讼中的公益拓展研究［J］.政治与法律，2019（8）：133.

② 宁波市海曙区检察院办理了电信骚扰领域的案件；北京市海淀区检察院办理了校园周边向未成年人出售香烟的案件；诸暨市检察院办理了房地产、装修行业侵犯消费者个人信息的案件；上海市虹口区检察院办理了树枝与架空线缠绕造成公共安全问题的案件等。

③ "人文遗迹是前人创造的可以用来表明特定历史时期文化特征的旧迹，故宫、天坛、长城等文物就是人文遗迹的典型代表。因此，文物作为人文遗迹，符合《环境保护法》对环境范围的规定。"蓝向东、杨彦军.以公益诉讼方式开展文物保护的可行性研究［M］//最高人民检察院法律政策研究室.公益诉讼指导性案例实务指引.北京：中国检察出版社，2019：38.相关案件有江苏省无锡市滨湖区检察机关对文物保护范围的划定启动诉前程序、上海市虹口区检察机关就优秀历史建筑被破坏向区房管局发出检察建议、上海市金山区检察机关就古文化遗址的历史风貌遭到破坏向亭林镇政府发出检察建议、上海市杨浦区检察机关就优秀历史建筑遭到损害向区房管局发出检察建议、上海市杨浦区检察机关就历史文化遗产受到损害向区文化局发出检察建议、上海市宝山区检察机关就履行文物保护监管职责向区文旅局发出检察建议、北京市通州区检察机关就区文化委员会对"通惠河故道及3座石桥"存在未依法全面履行文物保护监管职责启动诉前程序等。

汇报，形成会议纪要……将家用医疗器械、功能产品纳入专项整治范围，并取得了较明显的效果。"①

检察机关拓展公益范围的实践也在一定程度上得到了认可：最高检将这些拓展公益范围的案件作为典型案例予以公布；各地方权力机关也结合本地实际制定了有关加强公益诉讼的决定，② 以支持检察机关的实践。尽管如此，典型案例和地方权力机关的决定在规范效力上明显难以与《行政诉讼法》《公益诉讼司法解释》等正式法依据相提并论。

那么，正式法依据中的规定是否能够并给予检察机关的实践以规范上的支撑呢？我们再回到《行政诉讼法》第 25 条第 4 款表述之中，它"对检察机关可以提起的公益诉讼范围都以'等领域'作为结束语"。③ 而法律规范中

---

① 最高人民检察院第八检察厅.行政公益诉讼典型案例实务指引（食品药品安全·国有财产保护·国有土地使用权出让等领域）［M］.北京：中国检察出版社，2019：57.

② 上海市拓展到城市公共安全、金融秩序、知识产权、个人信息安全、历史风貌区和优秀历史建筑保护等领域；陕西省拓展到防灾减灾和应急救援、公共卫生安全、历史文化古迹和文物保护、危化品管理、个人信息安全、英烈纪念设施、野生动物保护等领域；云南省拓展到安全生产、旅游消费、文物和文化遗产保护、公民个人信息保护、未成年人保护、老年人权益保护、互联网、农业农村等领域；河北省拓展到安全生产、防灾减灾、应急救援、文物和文化遗产保护、个人信息保护、大数据安全、互联网侵害公益、弘扬社会主义核心价值观、涉军等领域；内蒙古自治区拓展到安全生产、进出口商品质量安全、铁路交通安全、互联网侵害公益、文物保护、违反《国旗法》《国徽法》《国歌法》等领域；辽宁省拓展到安全生产、互联网、妇女儿童权益保护、扶贫、涉众型侵害公民隐私、文化遗产保护等领域；浙江省拓展到安全生产、个人信息保护、公共卫生安全等领域；河南省拓展到生产安全、产品质量安全、公共交通安全、文物和文化遗产保护、不特定公民个人信息保护等领域；湖北省拓展到安全生产、文物和文化遗产保护、电信互联网涉及众多公民个人信息保护等领域；广西壮族自治区拓展到安全生产、历史文化古迹和文物保护、互联网侵害公益、众多公民信息保护、大数据安全、损害国家尊严或者民族情感等领域；青海省拓展到公共卫生、应急管理、野生动物保护等领域；宁夏回族自治区拓展到违反《国旗法》《国徽法》《国歌法》、安全生产、公共卫生、生物安全、残疾人老年人未成年人及妇女权益保护、文物和文化遗产保护、扶贫、个人信息安全、互联网等领域；新疆维吾尔自治区拓展到安全生产、卫生健康、公共安全、产品质量、农产品质量、互联网公益、文物和文化遗产、未成年人保护、妇女儿童和老年人权益保护、扶贫开发等领域。

③ 最高人民检察院法律政策研究室.公益诉讼指导性案例实务指引［M］.北京：中国检察出版社，2019：206-207.

"等"字通常有"等内"和"等外"两种理解。《关于审理行政案件适用法律规范问题的座谈会纪要》（法〔2004〕96号）规定："法律规范在列举其适用的典型事项后，又以'等''其他'等词语进行表述的，属于不完全列举的例示性规定。以'等''其他'等概括性用语表示的事项，均为明文列举的事项以外的事项，且其所概括的情形应为与列举事项类似的事项。"可见，我们可以将《行政诉讼法》表述中的"等"字作"等外"理解，但"等外"理解需要有一个标准或者概念来明确"类似的事项"的范围，然而公共利益的标准或者概念还没有在法规范上确立，因此仅靠一个"等"字及其解释并不足以支撑规范。①

3.预期目标落空

《检察院试点方案》是这样表述检察公益诉讼制度的预期目标的："充分发挥检察机关法律监督职能作用，促进依法行政、严格执法，维护宪法法律权威，维护社会公平正义，维护国家和社会公共利益。"这是一个多维度的预期目标②：一是充分发挥检察机关法律监督职能作用的目标。有关检察机关的法律监督职能，本书前文已经有详细的分析，在这里作如下总结：检察公益诉讼制度的建立不仅拓展了检察机关的监督范围，使得检察机关的法律监督

① "单从文义解释还不能完全得出行政公益诉讼范围必然是'等外等'解释的结论，因为在许多法律中，都有'等'字的表述，并不都是可以作为'等外等'来解释的，要弄清行政公益诉讼范围中的'等'字，还必须结合行政公益诉讼设置的目的来解释……"详见：王春业，王娟.行政公益诉讼范围的"等外"解读［J］.浙江学刊，2019（6）：100.

② 由于行政公益诉讼制度是由诉前程序和诉讼程序两部分构成的，因此在认识上出现了上述不同维度目标在两类制度构成中是否能够全部实现的不同观点，以监督行政与公益保护这两个目标为例，产生了四种不同的观点：第一种观点认为，诉前程序的目标在于监督公益保护领域的行政行为，诉讼程序的目标则在于保护特定公益；第二种观点认为，诉前程序兼有监督公益保护的行政行为和保护特定领域公益的目标，诉讼程序则是实现保护特定公益；第三种观点认为，诉前程序的目标在于监督行政，诉讼程序在实现公益保护目标的同时，也要发挥检察监督在诉讼中的作用；第四种观点认为，诉前程序和诉讼程序的目的都在于监督行政机关依法行政。详见：潘剑锋，郑含博.行政公益诉讼制度目的检视［J］.国家检察官学院学报，2020，28（2）：25-26.

职能更加全面与平衡。二是监督行政权依法运行的目标。如前文所述，诉前程序在本质上就是督促、纠正行政机关在履行保护公共利益职责上的违法作为或不作为的监督程序。三是维护宪法法律权威的目标。包括诉前程序在内的检察公益诉讼制度作为一项新的法律制度，其应当在宪法和法律框架下实施，符合"依宪治国"的精神和要求。四是维护社会公平正义、国家和社会公共利益的目标。维护国家和社会公共利益是维护公平正义在检察公益诉讼制度中的具体表现，维护国家和社会公共利益是检察公益诉讼制度最直接、最现实的目标。

目前受限的公益范围会影响预期目标的实现，这是因为：首先，公益范围受限会阻碍检察机关法律监督职能的发挥。纳入制度保护范围的公益越多，检察机关的监督范围也就越广，自然更能够发挥其法律监督职能；而且，公益范围拓展得越广，相对人对制度效果和优势的感受也就越直观。其次，公益范围受限会造成行政机关"挑重点式"地履行保护公共利益职责。"从应然角度来讲，公益诉讼的范围应当包括全部公共领域。"①但是，在规定了公益的领域和类型后，检察机关的监督关注的是被罗列的领域和类型，行政机关的履职重点自然也就转移到了上述领域和类型之中。如此"挑重点式"地履职势必使得行政机关没有严格依法履职，不利于依法行政与严格执法目标的实现。最后，受限的公益范围还会使那些应当属于公益的利益没有得到应有的保护。

4.公益领域重叠

既然采用领域列举的方式确定公共利益，那么所列举的领域之间应当是界限相对分明的，避免领域的重叠给适用带来困难。《行政诉讼法》确立的生态环境和资源保护、食品药品安全、国有财产保护和国有土地使用权出让四个领域在实践中发生了领域重叠的现象。比如，《宪法》第9条和第10条的

---

① 潘剑锋，郑含博．行政公益诉讼制度目的检视［J］．国家检察官学院学报，2020，28（2）：21.

规定：矿藏、水流、森林、山岭、草原、荒地、滩涂等自然资源以及土地都是国有财产。那么，一旦这些国有财产受到损害，自然属于侵犯公共利益。但是进一步的问题是，这些国有财产属于《行政诉讼法》规定的哪一公益领域呢？从这些财产的所有权来看，它们都归国家所有，纳入"国有财产保护领域"应当是顺理成章的；而从这些财产的内容来看，它们本质上都属于自然资源，因此也可以纳入"资源保护"领域。又如，国有土地使用权出让公益领域受到损害，通常在实践中表现为受让人拖欠土地出让金，出让金自然属于国有财产的范围，那么拖欠土地出让金的行为应当被纳入"国有财产保护领域"还是"国有土地使用权出让领域"呢？[①] 此外，国有财产保护和药品安全这两个领域也可能发生重叠。在四川省绵阳市涪城区追缴被骗医保金公益诉讼案中，对于医保金所属的公益领域，最高检的态度是："基本医疗保险基金既是国有财产，也事关人民群众用药安全。"应该说，公益领域之所以会发生重叠，是因为相关规范在列举领域时还不够科学，相互之间的边界不够清晰。当然，更重要的是，领域列举这种方式用于公益的确定是可以再思考和斟酌的。

三、启动竞合面临选择

我国检察公益诉讼制度由民事公益诉讼和行政公益诉讼共同构成，并分别规定于《民事诉讼法》和《行政诉讼法》之中。这两类公益诉讼在公益范围、启动主体、程序构造等方面具有一致性或相似性，但是在规则的具体适用上存在差异。因此，从理论上来说，当某个公益领域内发生损害案件时，

[①] 《黑龙江省人大常委会关于加强检察机关公益诉讼工作的决定》以类型举例的方式划分了国有财产保护和国有土地使用权出让两个领域之间的界限："（三）经营性、行政事业性、税收类、费用类、财政补贴类、社会保障类国有财产保护领域的公益诉讼案件；（四）国有土地使用权出让收入流失、违法使用土地、违法许可等国有土地使用权出让领域的公益诉讼案件。"

可能出现同时满足民事公益诉讼和行政公益诉讼的启动条件，本书把这种情况称之为"程序竞合"。由于两类公益诉讼都采用的是"诉前程序＋诉讼程序"的构造，因此诉前程序的竞合就是"程序竞合"的首要表现。这对于启动主体——检察机关来说，就具有了选择权："选择哪一种诉前程序类型，不仅涉及运作上的较大差异，还将影响后续可能提起的诉讼类型，因为不同的诉讼类型也将出现被告、管辖、诉讼程序、适用法律、判决形式等方面的差异。"① 因此，应当对检察机关这一选择和裁量权从规范上予以约束。

（一）诉前程序竞合的发生条件

诉前程序要发生竞合，需要满足特定的条件，主要有以下三个。

1.公益领域特定

"领域"和"类型"是确定纳入检察公益诉讼保护公益的方式，如果仅从《民事诉讼法》和《行政诉讼法》的规定来看，生态环境和资源保护、食品药品安全这两个领域都规定在上述两部法律之中，这也成为诉前程序发生竞合的条件之一。

环境利益作为具有共识性的公共利益，很多时候是公益诉讼实践和尝试的重要切入口。前文提及的地方检察机关自主探索阶段就有关于环境问题的案件。2012 年修改的《民事诉讼法》将其作为民事公益诉讼的领域。2014 年，最高法出台了《环境民事公益诉讼司法解释》，其中第 10 条的内容颇有"诉前程序"雏形的感觉。② 根据该条的规定，人民法院在环境民事公益诉讼案件立案后，应当公告 30 天，给予符合法定条件的组织申请参加诉讼的机会。从

---

① 王春业. 行政公益诉讼"诉前程序"检视［J］. 社会科学，2018（6）：95.
② 《最高人民法院关于审理环境民事公益诉讼案件适用法律若干问题的解释》（2014）第 10 条规定："人民法院受理环境民事公益诉讼后，应当在立案之日起五日内将起诉状副本发送被告，并公告案件受理情况。有权提起诉讼的其他机关和社会组织在公告之日起三十日内申请参加诉讼，经审查符合法定条件的，人民法院应当将其列为共同原告；逾期申请的，不予准许。"

"立案"的标准来看，可以说这是诉前程序的"雏形"，《环境民事公益诉讼司法解释》第 10 条中规定的公告程序发生在"立案"后，并非"诉前"。相似的是，消费公益诉讼中也有这样的设计，且更接近于本书所讨论的"诉前程序"。根据《消费民事公益诉讼司法解释》的规定，消费者组织在提起民事公益诉讼时，要提交"消费者组织就涉诉事项已按照消费者权益保护法第三十七条第四项或者第五项的规定履行公益性职责的证明材料"。[①]《消费者权益保护法》（2013）第 37 条规定了消费者协会履行的公益性职责，其中第 4、5 项分别是"就有关消费者合法权益的问题，向有关部门反映、查询，提出建议""受理消费者的投诉，并对投诉事项进行调查、调解"。从上述两个规定可以看出，消费者协会应当先向行政机关等进行反映，然后提起民事公益诉讼。

食品药品安全是可能发生程序竞合的另一个领域。该领域并不是在制度试点初期就同时出现在两类公益诉讼的保护范围之中的。先在民事公益诉讼中作为保护的领域，后在正式实施阶段才被纳入行政公益诉讼的保护领域。作出这样调整的原因是："首先，食品药品安全领域的问题比较突出，社会各界高度关注，人民群众反映强烈。其次，试点方案将食品药品安全纳入民事公益诉讼的范围，在试点过程中检察机关共办理这类公益诉讼案件 62 件，其中诉前程序案件 49 件，起诉案件 13 件……从这些案件看，检察机关办理的虽是民事公益诉讼，但是在办理过程中发现，其中负有食品药品安全监管职责的行政机关不作为、乱作为仍然是导致食品药品安全问题的重要原因……不光是对应承担民事责任的相关企业提起诉讼，对承担监督职责的行政机关进行监督也十分必要……将食品药品安全纳入行政公益诉讼的范围是中央深改组明确提出的要求。"[②]

---

① 详见：《最高人民法院关于审理消费民事公益诉讼案件适用法律若干问题的解释》第 4、6 条。

② 邢丙银 . 释新闻 | 食药品安全为何纳入检察机关提起行政公益诉讼的范围［EB/OL］.（2017-06-27）［2024-06-24］.https://www.thepaper.cn/newsDetail_forward_1719174.

以上是以《民事诉讼法》和《行政诉讼法》的规定作为观察视角的分析，随着其他的法律规范中作检察公益诉讼的规定以拓展公益的领域，相信会有更多的领域符合程序竞合的条件。

2.公益类型相同

有关公益的确定方式，除了"领域"这一维度外，还有"类型"的维度。从这一维度来看，"如果侵害的是国家利益，必然是行政诉讼的范围……其诉前程序也采取行政公益诉讼的诉前程序；如果损害的是社会公共利益，则要再进一步结合其他方面作出选择"。① 因此，"社会公共利益"可能会造成诉前程序上的竞合。

关于"社会公共利益"的解释，从概念上来看，"公共利益"这一概念具有不确定性，"社会公共利益"也具有不确定性。结合对公共利益特征以及"国家—社会"二元结构的分析与阐释，公共利益的社会属性，即"非国家性"是"社会公共利益"这一概念的核心。在"国家—社会"二元结构中，"社会"相对于"国家"而存在，但两者并不是对立与冲突的，特别是在我国："建构中国市民社会，不能在'反对国家'的路子中达成。"② 本书认为，"国家"与"社会"之间应当是一种协作与互补的关系，这从目前有关由"管理"到"治理"的表述变化、"国家治理体系和治理能力现代化"作为全面深化改革的总目标等具体内容中就可以看出。从"社会性"的属性来看，可以从以下三个方面来确定和判断社会公共利益。

一是利益来源的社会性。社会是先于国家而形成并存在的。在这个意义上，作为国家利益的公共利益也形成于社会之中。当然，在"国家—社会"二元结构形成后，国家利益和社会公共利益已经是两种不同类型的公共利益了。

---

① 王春业.行政公益诉讼"诉前程序"检视［J］.社会科学，2018（6）：96.

② 郁建兴.社会主义市民社会的当代可能性［M］//文史哲编辑部.国家与社会：构建怎样的公域秩序？.北京：商务印书馆，2010：114.

二是利益代表主体的社会性。利益来源的社会性，意味着这些利益的主体是社会中特定的组织或群体。伴随着我国社会主义市场经济体制的建立和不断深化，社会中的利益格局发生了深刻变化，国家与公共的权力通过各种方式转移给了社会，这些社会主体在资本与资源的支持下产生了共同利益以及相应的代表主体，比如行业协会、公益组织等。①

三是利益内容的非政治性。"在与政治国家相对立意义上使用的社会概念，涵指的是与政治国家相对分离的非政治领域，即市民社会……市民社会是近代西方工业资本主义社会里，国家控制之外的社会、经济和伦理秩序，也就是当代社会秩序中的非政治领域。"② 社会公共利益在内容上的非政治性也成为区别社会公共利益与国家利益的标准之一。

3.损害原因牵连

启动行政公益诉讼诉前程序的因果条件是双重因果关系：直接因果关系是相对人的违法行为造成公共利益受到损害；间接因果关系则是行政机关的违法履职或者不作为造成公共利益受到损害。因此，相对人的违法行为和行政机关的违法履职或者不作为是最终造成公共利益受到损害的两个原因。这两个原因之间要形成牵连关系，具体有以下两种表现形式。

一种是"行政不作为＋民事侵权行为"。行政不作为案件在行政公益

---

① "'国家与社会'的视角仍然有助于说明中国改革开放……的变化……中国社会的确发生了类似西方工业革命以后的变化。第一，社会资源的占有与控制已逐渐呈现多元化态势，社会很大程度上可以利用这些自由流动资源和自由活动空间发展出独立于国家的物质生产和社会交往形式。第二，伴随着社会资源占有与控制的多元化，个人独立性相对扩大，表现为个人受组织、身份的限制趋于减弱，寻求自身发展的选择余地不断增加，个人财产权利、言论、发表、隐私权及其他权利的状况较以前有所改善。第三，随着从旧体制摆脱出来的新的社会力量和角色群体的发展壮大，在政府行政组织之外开始了民间社会的组织化过程，经济、社会、文化领域的非营利团体和非行政化的营利性经济组织日益成为国家不能忽视的社会主体。"详见：郁建兴.社会主义市民社会的当代可能性［M］// 文史哲编辑部.国家与社会：构建怎样的公域秩序？.北京：商务印书馆，2010：111.

② 刘安希.国家与社会关系的政治生态理论诉求［M］// 文史哲编辑部.国家与社会：构建怎样的公域秩序？.北京：商务印书馆，2010：20.

诉讼案件中占比较大。这里的行政不作为是指行政机关对相对人的民事侵权行为应当依法履职作为，但行政机关没有作为，进而扩大了公益受损的后果。

另一种是"行政违法作为 + 民事侵权行为"。与行政不作为这种表现形式不同的是，行政机关对待相对人侵害公共利益的行为的另一种态度是积极作为，为相对人的侵权行为披上了合法的"外衣"，这也会造成公共利益受损更加严重。比如，行政机关给予没有达到环保标准和环评要求的企业作出达标和符合要求的认定或许可，这导致企业能够表面上以合法形式进行生产经营活动，然而实际上却对环境造成了严重的损害。

（二）选择诉前程序的考虑因素

既然检察机关面对诉前程序竞合时拥有选择权和裁量权，并且是一种应当受到规范约束的公权力，那么在行使这一权力时，检察机关应当考虑相关因素，不应当考虑不相关因素，有以下三个具体因素。

1.公益保护目的的实现

"行政公益诉讼的主要功能在于监督依法行政，民事公益诉讼的价值主要是尽快修复公益侵害状态、获得相关经济赔偿。两者……具有互补性，且根本目的皆为保护公共利益。"① 从制度的目的上考虑选择不同的诉前程序，这是具有根本性与本质性的，要在考虑这个因素的基础上，结合两类诉前程序的差别作出恰当的选择。一是两类诉前程序的作用对象不同。民事公益诉讼诉前程序的作用对象是侵害公共利益的行为；而行政公益诉讼诉前程序的作用对象则是行政机关的违法履行职权或者不作为。二是两类诉前程序保护公益的时间不同。民事公益诉讼诉前程序的运行方式是公告，以"等待"符合条

---

① 翁晓斌，周翔.公益诉讼试点中的"行主民辅"现象研究——兼论检察机关在两种案件类型中的不同担当［J］.社会科学战线，2017（11）：225.

件的社会组织去起诉，由此在保护公益的时间上并不及时；而行政公益诉讼诉前程序则是以检察建议的方式督促行政机关履职，在保护公益的时间上更加及时。三是两类诉前程序的属性不同。民事公益诉讼诉前程序不具有监督属性，是检察机关提醒相关社会组织提起诉讼的程序；而行政公益诉讼诉前程序则具有监督属性，是检察权监督行政权的方式。

2.损害发生根源的探究

行政公益诉讼诉前程序启动的因果条件中存在着两重因果关系：行政机关的违法作为或者不作为与相对人的侵权行为都是公共利益损害后果的原因。比如，在环境保护领域，它"表面上是普通的民事方面的环境污染问题，但通常又与政府及相关国家机关未依法履职相关联，而此类环境问题引发诉讼的情形又往往是最多的"。[①] 因此，在决定启动何种诉前程序时，检察机关需要去甄别上述两种原因中导致损害发生的根本原因是什么。相比较而言，相对人的侵权行为在甄别时更容易被观察到，行政机关是否存在违法的情形则相对隐蔽。从典型案例来看，行政机关的违法情形主要有以下三种：一是行政机关已经采取了相关行政措施，但未继续跟进监督措施的效果，使公共利益持续受到损害。比如，南安市人民检察院诉市环保局不作为案中，南安市泰田建材有限公司配套建设的污染防治设施未经环保主管部门验收合格，仍然继续在生产经营，市环保局未依法督促该公司履行处罚决定，并且违反法定程序减轻对其的处罚。二是行政机关"配合"相对人的侵权行为而实施违法行政行为。同样是已经作出行政处罚，但相对人未有效履行的情况，宝鸡市环保局凤翔分局未经严格的法律审批程序，故意虚构该公司缴纳罚款的事实，向法院虚假申请撤销强制执行。很显然，这样的行为更恶劣。三是行政机关懈怠履行法定职责。"懈怠履行法定职责"，即行政机关对相对人损害公益的行为不作为，从而增

---

① 张祥伟.环境公益诉讼司法运行理论与实践研究［M］.北京：中国政法大学出版社，2018：133.

加了公益受损或者持续扩大的可能性。比如，某居民在未取得任何规划审批手续的情况下，在已被国家依法征收并给付全部补偿的土地上擅自搭建六间平房，用于经营烧烤、畜禽养殖等，并在该被征收的鱼池里继续进行渔业养殖，该行为已经严重破坏了当地风景管理区的整体风景规划，黄石市国土资源局等机关对此违法行为未能履行相关职责，致使上述损害行为持续。

3.启动主体能力的匹配

实现公益保护的目标是需要一定能力的，因此，在程序竞合的情况下，检察机关在选择启动何种诉前程序时，要考虑不同主体在特定公益保护中的能力匹配问题。

由于民事公益诉讼诉前程序并不需要直接采取相应的措施，而是检察机关"等待"法定主体起诉，并且为检察机关后续可能亲自起诉做好准备。因此，检察机关在"等待"的过程中，要从民事侵权责任的构成条件、因果关系的证明、公益受损的后果等方面做好准备，其中涉及诸多公共利益中所具有的专业性和技术性特点，对检察机关来说是新的挑战。而在行政公益诉讼诉前程序中，检察机关的重点在于督促行政机关履职，因此，其关注的重点不能仅是民事侵权的相关内容，而更要关注行政机关的履职依据、行政行为的合法性判断等方面。对检察机关来说，"严格依据法律条文对照执法实践，发现执法纰漏并不困难"。[①]

---

① 翁晓斌，周翔.公益诉讼试点中的"行主民辅"现象研究——兼论检察机关在两种案件类型中的不同担当［J］.社会科学战线，2017（11）：220.

第二节　诉前程序调查核实环节之审视

一、调查核实之于诉前程序的价值

（一）调查核实是诉前程序的必经环节

法律程序实际上是由一个一个的步骤与环节衔接而成的，无论是什么样的法律程序都无法回避有关事实的环节，而事实在法律程序中体现在各类证据之中，"证据是法律程序的灵魂；离开证据的证明作用，任何精巧的法律程序都将会变得毫无意义"。[①] 证据在诉前程序中是由检察机关通过调查核实而获得的，调查核实也由此成为了诉前程序中的一个重要的环节。[②] 调查核实环节是检察机关履行公益检察职能环节，查阅、收集、委托评估、检测等行为都是调查核实的具体表现形式。经过调查核实，检察机关方可以决定是否启动诉前程序，调查核实获得的事实也是检察建议中的重要组成，在后续行政公益诉讼程序中也是检察机关举证的重要来源。

（二）调查核实是制发检察建议的基础

调查核实环节为检察建议书提供坚实的事实基础，"检察建议是建立在强大的案件事实和证据材料的基础之上的"。[③] 结合检察机关的职责定位以及诉

---

① 章剑生 . 现代行政法基本理论（第二版）[M]. 北京：法律出版社，2014：668.

② 《中华人民共和国人民检察院组织法》（2018）第 21 条。

③ 关保英 . 检察机关在行政公益诉讼中应享有取证权 [J]. 法学，2020（1）：110.

前程序的功能，"行政机关的法定职责、权限和法律依据；行政机关不依法履职的事实；国家利益或者社会公共利益受到侵害的事实及状态"[1] 等应当是检察机关在诉前程序中调查核实的主要内容。此外，在诉前程序中，检察机关和行政机关更多的是理性的监督关系，"检察建议是检察机关对行政机关所采取的、比较包容的法律行为，它是让行政机关在履行职责中有下台阶的机会"。[2] 这种理性的监督关系需要以充分的事实作为支撑，而充分的事实的获取依赖于检察机关的调查核实。

（三）保障调查核实有助于提升监督能力

检察机关的公益检察职权是一项新的职权，在实际履行过程中仍然面临一些困难。比如，公共利益的技术性和专业性色彩突出，这对检察机关来说具有一定的挑战和难度。加之，行政机关在实践中还存在故意给检察机关的调查核实制造障碍的情形："由于没有合法权益受损的直接利害关系人就行政行为提起诉讼，行政机关为逃避处罚，极有可能证明不存在违法行为。"[3] 而检察机关在调查核实上的薄弱，或者说遇到的困难会对其监督能力的发挥造成不小的影响。因此，从人力、财力和制度等方面充分保障检察机关在诉前程序中的调查核实，对于提升检察机关的监督能力和水平具有重要的价值，在一定程度上矫正检察机关与行政机关在公益专业与技术能力上的不平衡。

---

① 最高人民检察院法律政策研究室.公益诉讼指导性案例实务指引［M］.北京：中国检察出版社，2019：18.

② 关保英.检察机关在行政公益诉讼中应享有取证权［J］.法学，2020（1）：113.

③ 刘飞，徐泳和.检察机关在行政公益诉讼中的公诉人地位及其制度构建［J］.浙江社会科学，2020（1）：63.

二、调查核实的规范依据

调查核实对于检察机关来说是履行公益检察职责的权力，属于公权力的一种。从权力的正当性来看，检察机关的调查核实权应当在法律规范上具有依据。[①] 而且，这一权力具有主动性和能动性，更需要规范上的依据作为支撑："检察机关在对公益诉讼案件线索进行初步调查后，若决定立案，紧接着要进行的工作就是收集固定相关证据，对国家利益和社会公共利益受损的事实，行政机关作为或者不作为行为，以及因果关系进行证明……其应当是一种为查明事实而享有的调查职权，围绕诉前程序、提起诉讼、诉讼请求收集证据，而不是消极地核实权力。"[②] 下文分别从试点和全面实施两个阶段对调查核实权的规范依据予以梳理和分析。[③]

[①] 比如，《环境民事公益诉讼解释》（2015）第 11 条列举了检察机关在对环保组织支持起诉过程中可以提供的法律帮助行为："检察机关……可以通过提供法律咨询、提交书面意见、协助调查取证等方式支持社会组织依法提起环境民事公益诉讼。"其中的"协助调查取证"就是指，在环保组织单凭自身力量无法调取相应证据时，由检察机关参与帮助，因为检察机关具有国家机关的属性，在调动社会资源、消除地方保护等方面能够发挥积极的作用。但是，检察机关在行政公益诉讼中并不是上述司法解释所说的支持起诉的辅助角色，而是独立的启动者。因此，调查取证也应当是独立进行的，而不是协助的角色。

[②] 熊文钊，赵莹莹. 检察机关公益诉讼调查核实制度的优化 [J]. 人民检察，2019（8）：6.

[③] 不同的规范中关于检察机关调查核实权力的表述略有不同，采用"调查核实"的有之，如《人民检察院组织法》（2018）第 21 条；采用"调查收集"的有之，如《人民检察院公益诉讼办案规则》（2021）第 45 条；采用"调查"的亦有之，如《检察机关行政（民事）公益诉讼案件办案指南（试行）》。这些不同规范中的不同表述在一定程度上也反映了检察机关调查核实权力的相关认识还未完全统一，本书采用"调查核实"这一表述。

（一）试点阶段的规范依据

试点阶段有关检察机关调查核实的基本规范依据是《检察院提起诉讼试点办法》。① 规范的内容分为三个层次：第一个层次明确了检察机关在行政公益诉讼中可以采取的调查核实的具体措施；第二个层次明确了调查核实权行使的边界，即不得采取强制性措施；第三个层次明确了被调查的单位和人员负有配合的责任。

除了《检察院提起诉讼试点办法》，各试点地区的省级检察机关还对调查核实作了一些拓展的规定。比如，江苏省检察院的试点方案要求除了具体办理案件的原民行部门外，其他部门也应当积极配合协助；在办理其他类型案件过程中发现公益受损的，应当通知民行部门，要引导调查取证、保全固定相关证据，并且要将相关鉴定、评估、审计意见书、报告书复制移送给民行部门。又如，福建、云南等省检察院试点方案引入《人民检察院民事诉讼监督规则（试行）》作为具体行使调查核实权的规范依据。

（二）全面实施阶段的规范依据

在全面实施阶段，由于作为正式"入法"依据的《行政诉讼法》第25条第4款中并没有"调查核实"的表述和规定。而真正为"调查核实"提供规范依据的主要有《公益诉讼司法解释》《行政公益诉讼办案指南》《检察建议2019规定》《公益诉讼办案规则》等。具体来说:《公益诉讼司法解释》对检察机关调查收集案件材料、要求调查机关配合等方面作出了规

---

① 《人民检察院提起公益诉讼试点工作实施办法》第33条。

定。①《行政公益诉讼办案指南》对调查方式、调查前期准备、调查内容、证据收集的具体要求等作了详细的规定。②《检察建议2019规定》确立了作为一种检察建议的新类型的公益诉讼检察建议；规定了提出检察建议前可以采取的调查核实措施、调查核实行为边界、调查核实的期限等。③《公益诉讼办案规则》作为检察机关办理公益诉讼案件的专门规则，针对调查环节作了较为详细的规定，包括调查的原则、调查的程序、调查的方式、调查的文书等。④

此外，在部分省级人大常委会作出的有关加强检察公益诉讼工作的决定中，也对检察机关调查核实权的运行作出了规定，尤其是在如何增强调查核实保障力度方面，本书后文将对此作详细的分析。

三、调查核实权行使中存在的问题

（一）规范依据的体系不完整

随着检察公益诉讼制度不断推进和深入，检察机关调查核实权的规范依据已经初步具备，为检察机关依法行使调查核实权提供了基本支撑。但是，从规范依据成体系的角度和要求来看，目前规范依据还不够完整，对调查核实权的运行实践产生了不利的影响。规范依据体系上的不完整具体表现在以下两个方面。

一是专门的法律（狭义）层面中欠缺调查核实权的规定。这一问题实际上是本书在第三章中提出的"'入法'条款内容单薄且不协调"的延续。我们

---

① 《最高人民法院　最高人民检察院关于检察公益诉讼案件适用法律若干问题的解释》（2018）第6条。
② 详见《检察机关行政公益诉讼案件办案指南（试行）》（高检民〔2018〕9号）一、（三）1.(1)—(5)。
③ 《人民检察院检察建议工作规定》（2019）第13—15条。
④ 《人民检察院公益诉讼办案规则》（2021）第32—45条。

知道，2017 年修订后的《行政诉讼法》第 25 条第 4 款是专门为行政公益诉讼提供依据的法律（狭义）。但是这一款没有对行政公益诉讼的诸多细致的问题作出规定，其中就包括调查核实权的行使。而从法理上来说，试点阶段的所有规范在试点结束之后不应该再具有法效力，也就无法作为正式入法后检察机关行使调查核实权的规范依据。由此，从公权力的运行应当于法有据的要求来看，检察机关在诉前程序的调查核实权的规范依据出现了"无法可依"的尴尬局面。[①]

二是弥补专门的法律（狭义）层面缺失的规范效力层级不够。尽管《行政诉讼法》中没有对检察机关调查核实权进行具体规定，但《行政公益诉讼办案指南》和《检察建议 2019 规定》的相关规定在一定程度上弥补了《行政诉讼法》中的缺失，为检察机关在诉前程序中进行调查核实提供了规范支撑。但是，从这两个规范的效力层级来看，一方面，都"还不具有立法文件的地位"[②]；另一方面，具有明显的检察系统内部规范的特点，不能纳入正式的法规范体系之中。对此，有学者总结："调查核实权在法源方面并未形成完整的体系供给。"[③]

---

① 尽管《人民检察院民事诉讼监督规则（试行）》第 65—73 条对检察机关因履行法律监督职责提出检察建议需要进行调查核实作出了规定，也被一些地方检察机关引入公益诉讼诉前程序之中作为行使调查核实权的参照依据。但是，本书认为，这样的做法只能说是在正式法规范依据缺失情况下的"权宜之计"。因为该试行规则的调整对象是检察机关对民事诉讼活动的法律监督，并且被《人民检察院行政诉讼监督规则（试行）》所援引在行政诉讼监督中适用。因此，在有关检察建议的统一适用规则出台之前，检察建议在其他场景适用的规则也只能作为在诉前程序适用的规则参照，并不能当然地作为直接的和可靠的规范依据。

② 关保英.检察机关在行政公益诉讼中应享有取证权［J］.法学，2020（1）：121.

③ 樊华中.检察公益诉讼的调查核实权研究——基于目的主义视角［J］.中国政法大学学报，2019（3）：6.

（二）调查核实权的法规范保障不力①

"诉前程序调查核实权运行的规定最能表现其谦抑性特征"②，如不得采取强制措施、不设置不配合的责任条款等。这从检察机关调查核实权在其他场景的应用中也可得到印证。③

但是，从公共利益保护的专业性与技术性、检察机关与行政机关的关系④、诉前程序与诉讼程序之间的衔接与转化等行政公益诉讼的特殊因素的角度来看，有必要专门对保障检察机关的调查核实权作出规定："调查权没有保障，缺乏强制力，是当前行政公益诉讼实践中检察人员诟病最多的问题。在利益博弈较为尖锐的公益诉讼中，检察机关调查取证缺乏刚性，难以有效破解行政机关不予配合、受损公益难以恢复的难题。"⑤

目前，法规范层面不足以支持调查核实权的表现有以下几点。一是有

---

① 检察机关在公益诉讼中面临的"调查难"，不仅有调查核实权保障不够的原因，也有其他原因："检察机关'调查难'问题的产生既有被调查主体拒绝配合的外在原因，也有检察机关自我制定严格的证明责任和证明标准的内在原因。前者是检察证明理论应予重视的主要方面……后者是检察机关应当自我克服的临时障碍，调查工作的'自我加压'反映出检察机关推行橱窗制度的政策性偏好与追求胜诉业绩的实践性倾向。"详见：曹建军.论检察公益调查核实权的强制性［J］.国家检察官学院学报，2020，28（2）：55-56.

② 熊文钊，赵莹莹.检察机关公益诉讼调查核实制度的优化［J］.人民检察，2019（8）：6.

③《人民检察院民事诉讼监督规则（试行）》（2013）第66条规定："人民检察院调查核实，不得采取限制人身自由和查封、扣押、冻结财产等强制性措施。"《人民检察院行政诉讼监督规则（试行）》（2016）第36条规定："人民检察院办理行政诉讼监督案件，本规则没有规定的，适用《人民检察院民事诉讼监督规则（试行）》的相关规定。"《人民检察院检察建议工作规定》（2019）第14条规定："进行调查核实，不得采取限制人身自由和查封、扣押、冻结财产等强制性措施。"

④ "不少基层检察机关由于担心证据不充分、有偏差、在公益诉讼当中败诉而束手束脚，对于行政机关不配合、不愿提供执法卷宗和鉴定报告的，便不敢开展监督工作，给人造成'柿子挑软的捏'的印象。"详见：林仪明.我国行政公益诉讼立法难题与司法应对［J］.东方法学，2018（2）：154.

⑤ 林仪明.我国行政公益诉讼立法难题与司法应对［J］.东方法学，2018（2）：154.

关检察机关行使调查核实权的表述是"可以"。^①"可以"意味着"选择"，但显然从上文的分析来看，检察机关的调查核实权应该是必须依法行使的权力。二是调查对象在面对检察机关的调查核实时有配合的义务，但不配合的法定责任缺失："《实施办法》仅对相关人应当配合检察机关调查核实作出了一个概括的义务性规定，并没有明确阻碍调查取证或违反该义务的主体应承担何种法律责任。也就是说，这是一项没有强制力的义务约束。"^②在这个问题上，《行政公益诉讼办案指南》通过设置警告和从严惩处干扰阻碍调查活动的责任等方式试图作出弥补。^③对此，有观点提出："检察人员在调查过程的警告类似于法院对违反法庭规则的人予以训诫，并无实质上的强制力与足够的威慑力……刑事制裁和行政处罚一般是针对积极阻碍行为而非消极拒绝行为，无法成为检察机关保障调查核实活动的通常手段。"^④部分地方人大常委会则在有关检察公益诉讼的决定中赋予检察机关可以建议问责、约谈或通报的权力。^⑤三是禁止检察机关在调查核实中采取强制性措施。对此，有观点反问道："我国在《行政强制法》中赋予了行政机关在行政执法中对相对人人身的强制权和对财产的强制权，既然行政机关能够享有这样的权力，那么监督它的检察机关为何不可以享有强

---

① 《人民检察院提起公益诉讼试点工作实施办法》（2015）第33条；《最高人民法院 最高人民检察院关于检察公益诉讼案件适用法律若干问题的解释》（2018）第6条。

② 曹明德．检察院提起公益诉讼面临的困境和推进方向［J］．法学评论，2020，38（1）：121．

③ 《检察机关行政公益诉讼案件办案指南（试行）》（高检民〔2018〕9号）一、（三）1.（5）规定："对于拒绝配合调查的，检察人员应当警告其可能妨碍公务的法律后果。对于干扰阻碍调查活动，威胁、报复陷害、侮辱诽谤、暴力伤害检察人员的，应当根据中共中央办公厅、国务院办公厅《保护司法人员依法履行法定职责规定》第十七条的规定，依法从严惩处。"

④ 曹建军．论检察公益调查核实权的强制性［J］．国家检察官学院学报，2020，28（2）：57．

⑤ 黑龙江、重庆、陕西、云南、河北、内蒙古、辽宁、浙江、广西、宁夏、新疆、上海等省级人大常委会在关于加强检察公益诉讼工作的决定中，明确规定检察机关可以建议问责、约谈或通报地方权力机关。

制权呢？"① 四是调查核实的保障措施不力。《行政公益诉讼办案指南》以及部分地方人大常委会的决定中还引入了司法警察协助调查的措施，② 依据《人民检察院司法警察条例》中关于司法警察协助调查条款的相关内容，人民检察院司法警察的职责是承担协助办案的职责，具有附属性。③ 履职的附属性就意味着"司法警察协助调查的权力限度根本上仍取决于检察机关和检察人员在调查核实活动中的权力强度"。④ 因此，对是否可以保障检察机关调查核实权的措施不无疑问。

（三）调查核实权的专业性存在短板

公共利益的保护有专业性和技术性的要求和特点，并且投射到诉前程序之中。检察机关在诉前程序中行使调查核实权就是为了查清事实、固定证据，是公益保护的专业性和技术性在诉前程序中的集中体现。因此，调查核实权的专业性越强，保障越充分，诉前程序的质量就越高，公益保护的效果就越好。而调查核实权的专业性主要表现在"人"和"方式"两个方面。

"人"自然是指检察机关内的办案人员，他们最初来源于原来的民事行政检察部门。从职责上来看，原先的民事行政检察部门主要履行对民事/行政诉讼程序的监督，而诉前程序则是对行政机关履行公益保护职责的监督，两者之间具有明显的差异。从其他部门转到公益检察部门的办案人员"多熟悉刑事法律与民事法律，对土地管理、生态环境、食药安全领域的行政法知识

---

① 关保英.检察机关在行政公益诉讼中应享有取证权［J］.法学，2020（1）：122.

② 《检察机关行政公益诉讼案件办案指南（试行）》（高检民〔2018〕9号）一、（三）1.（5）规定："检察机关在调查过程中，经风险评估或现场观察可能发生妨碍调查行为的，应当由司法警察协助调查。调查过程中应当使用执法记录仪等录音录像工具。"黑龙江、内蒙古、浙江、上海等地方权力机关在关于加强检察公益诉讼工作的决定中都引入了"检察机关司法警察在被调查单位或者个人以暴力、威胁或其他方法干扰、阻碍调查核实权时享有采取措施依法处置的权力"的规定。

③ 《人民检察院司法警察条例》（2013）第7条。

④ 曹建军.论检察公益调查核实权的强制性［J］.国家检察官学院学报，2020，28（2）：56-57.

并不熟悉"。①

"方式"则是指调查核实可以采取的方式，其中尤其需要强调的是鉴定这一方式，因为鉴定是指鉴定机构及其工作人员运用科学技术或专门的知识，对案件中的专门性问题作出鉴别和判断，并且出具鉴定意见的行为。可见，鉴定是解决专门性问题的方式，也是最能体现专业性的方式，与公益案件的专业性判断密切相关。比如，"污染环境、危害食品药品安全等损害后果往往需要通过专业司法鉴定来确定"。②鉴定的专业性体现在鉴定机构及其工作人员上，检察机关通过委托的方式来确定鉴定机构及其工作人员。可供检察机关选择的鉴定机构在实践中主要有行政机关主管的鉴定机构③或者社会化的鉴定机构。但这也会产生一定的问题：一是行政机关通常是鉴定机构的主管机构，而行政机关在诉前程序中又是被监督的角色，由被监督者主管的鉴定机构向监督者出具鉴定意见，容易在鉴定的公正性与独立性上受到质疑；二是如果检察机关委托的是社会化的鉴定机构，那么这些机构可能"出于其他原因，诸如涉及环境损害事件的社会舆论压力过大等"④，不愿意接受委托。

那么，检察机关是否可以自己设立或者管理鉴定机构呢？这在理论上是可行的，也是能够找到规范依据的，即《人民检察院鉴定机构登记管理办法》

---

① 刘艺.论国家治理体系下的检察公益诉讼［J］.中国法学，2020（2）：166.比如，"在水环境治理和保护过程中，检察机关工作人员往往缺乏环境保护专业知识和专业工具，对被监督行政机关依赖程度较高……另外，检察机关缺少专业的检测工具，对是否可能存在水流污染问题也只能完全依靠行政机关的结论"。详见：北京市延庆区人民检察院课题组：《检察机关落实河长制工作的职能定位与实现路径》；最高人民检察院法律政策研究室.公益诉讼指导性案例实务指引［M］.北京：中国检察出版社，2019：80-81.

② 2018年12月25日，最高检召开新闻发布会，发布以公益诉讼为主题的第十三批指导性案例，相关负责人在回答检察机关在办理公益诉讼案件时还存在哪些问题时提到了损害鉴定方面存在的困难。

③ "适当吸纳相关行政执法机关的鉴定检测机构"已经被作为解决问题的对策之一。2018年12月25日，最高检召开新闻发布会，发布以公益诉讼为主题的第十三批指导性案例，相关负责人在回答检察机关如何解决办理公益诉讼案件存在的问题时作出了如上表述。

④ 乔刚，胡环宇.泰州1.6亿元天价环境公益案诉讼手记［M］.北京：法律出版社，2018：93.

和《人民检察院鉴定规则（试行）》。但上述两个规范用于诉前程序的鉴定存在的问题是：《人民检察院鉴定规则（试行）》的制定依据是《刑事诉讼法》[①]，该规范是针对检察院在刑事案件中的鉴定活动，那么检察机关依据该规范设立的鉴定机构主要从事的应当是刑事案件中的专门问题的鉴定业务，是否能够拓展到诉前程序中的专门问题需要进一步予以明确。[②]

第三节 诉前程序检察建议制发环节之审视

一、检察建议的法律属性与效力

（一）检察建议的法律监督属性

1.检察建议的法律监督功能源于检察权

无论是在检察公益诉讼的试点阶段，还是全面实施阶段，行政公益诉讼诉前程序的法定行使都是检察建议。从概念上来看，首先，"检察建议"的主体确定为检察机关，这与"司法建议"等由其他主体作出的建议进行区分。[③] 其次，"检察建议"的内容与检察机关履行的职责相关。最后，"检察

---

① 《人民检察院鉴定规则（试行）》第1条。

② "我国目前法定司法鉴定机构包括两大类：一类是经省级以上司法行政部门登记注册并取得司法鉴定许可证的社会司法鉴定机构。另一类是公安机关、人民检察院设立的职权鉴定机构。显然环境损害鉴定评估机构并不属于第二类职能司法鉴定机构，目前我国符合第一类社会司法鉴定机构条件的环境损害鉴定评估机构也屈指可数。"详见：乔刚，胡环宇.泰州1.6亿元天价环境公益案诉讼手记［M］.北京：法律出版社，2018：90.

③ 司法建议特指"人民法院在审判工作中，以预防纠纷与犯罪的发生为目的，针对案件中有关单位和管理部门在制度上、工作上所存在的问题，建议他们健全规章制度，堵塞漏洞，进行科学管理，提出改进和完善管理工作的建议"。详见：万毅，李小东.权力的边界：检察建议的实证分析［J］.东方法学，2008（1）：134.

建议"一方面意味着提出的是完善现状或弥补不足的见解或看法,另一方面意味着相对较弱的约束力:"检察建议……如果法院必须遵行,又何来'建议'?"①"检察建议"这一形式最早是基于履行检察权的需要在检察实务中形成的,它实际上是检察机关履行法律监督职能的一种方式,检察权的法律监督功能成为检察建议监督功能的来源。

2.检察建议的监督领域逐步拓展

检察建议的监督功能源自检察机关履行的法律监督职能。检察机关的法定职能的内涵经过了一定的变迁。1954 年,《人民检察院组织法》确定了检察机关行使的是"一般监督权"。②检察建议的产生源于"20 世纪 50 年代检察机关的一般监督工作,根据《人民检察院组织法》的规定,参照苏联的经验而提出和实行的"。③检察建议在"一般监督"中主要用于以下两个领域:"地方各级人民检察院发现本级国家机关的决议、命令和措施违法的时候,有权要求纠正"④,以及"最高人民检察院对于情节尚不严重的违法行为"⑤。

1979 年修改后的《人民检察院组织法》把检察权的监督功能从一般监督权限缩到了刑事犯罪领域。⑥在这一背景下,检察建议的适用场景也从"一般监督"调整为"打击刑事犯罪以及对社会治安综合治理"。⑦1982 年,我国《宪法》明确了检察机关的法律监督机关的地位和职能。而检察建议则被适用

---

① 余凌云.行政法讲义(第三版)[M].北京:清华大学出版社,2019:480.

② 《中华人民共和国人民检察院组织法》(1954)第 3 条。

③ 王桂五.中华人民共和国检察制度研究[M].北京:法律出版社,1991:574.转引自:廖丹,倪瑞兰.《行政诉讼法》修改中检察建议的适用[J].广东行政学院学报,2014,26(5):53.

④ 姜伟,杨隽.检察建议法制化的历史、现实和比较[J].政治与法律,2010(10):99.

⑤ 姜伟,杨隽.检察建议法制化的历史、现实和比较[J].政治与法律,2010(10):99.

⑥ 《中华人民共和国人民检察院组织法》(1979)第 5 条。

⑦ 1981 年,中央政法委召开了京、津、沪、穗、汉五大城市治安座谈会,中共中央批转了座谈会的纪要并提出了社会治安综合治理的方针,由此,"作为打击刑事犯罪及对社会治安综合治理的现实需要,检察建议这种有效的工作手段又被检察机关重新在司法实践中使用"。详见:廖丹,倪瑞兰.《行政诉讼法》修改中检察建议的适用[J].广东行政学院学报,2014,26(5):53.

于诉讼领域与非诉讼领域：在诉讼领域，最高检先后出台了三大诉讼中抗诉案件的办案规则，明确了检察建议在特定情况下可以作为抗诉的替代方式对诉讼活动予以监督，这使得检察建议的监督领域从之前限定的刑事犯罪领域拓展到了民事与行政案件的诉讼活动。此外，检察建议还在民事、行政诉讼中发挥着完善制度的作用。^① 在非诉讼领域，检察建议除发挥社会治理与预防犯罪的功能外，还发挥着发现犯罪案件和社会治安问题背后的深层次原因与问题的功能。2009 年，最高检颁布的《人民检察院检察建议工作规定（试行）》（下文称《检察建议 2009 规定》）还将行政监管、调解疏导、个人奖惩以及刑罚执行不规范等纳入了检察建议的适用范围。而随着检察公益诉讼制度的全面实施，检察建议拓展到公益保护领域，并且成为新的检察建议类型——公益诉讼检察建议。

3.检察建议的监督效力渐趋法制

伴随着检察建议在检察实务中产生，以及监督领域的不断拓展，从规范与依据上予以支撑的要求也日益明确。有关检察建议的规范经历了从无到有、从零散到统一的过程。

最初关于检察建议的规范形式是政策。比如，1981 年中央政法委召开五大城市治安座谈会形成的会议纪要；1991 年最高检发布关于贯彻落实中共中央、国务院和全国人大常委会《关于加强社会治安综合治理的决定》的通知；1992 年最高检就关于加强贪污贿赂犯罪预防工作发出通知；1999 年最高检出台关于加强预防职务犯罪工作的意见等。

而检察建议的规范形式由政策转向法规范，可以追溯到 2001 年的《最高人民检察院关于刑事抗诉工作的若干意见》和《人民检察院民事行政抗诉案件办案规则》。在此之后，检察建议规范形式的法规范化程度逐渐提速：2009

---

① 检察机关可以在"有关国家机关或者企业事业单位存在制度隐患的"或"有关国家机关工作人员、企业事业单位工作人员严重违背职责，应当追究其纪律责任的"等情形中，发出检察建议。

年最高检颁布了《检察建议 2009 规定》；2012 年修订后的《民事诉讼法》和 2014 年修订后的《行政诉讼法》均增加了对检察建议的适用规定；2015 年《检察院提起诉讼试点办法》把检察建议作为诉前程序的法定形式，并在 2017 年修改后的《行政诉讼法》中获得正式法地位；2018 年修订后的《人民检察院组织法》首次明确了检察建议作为检察机关履职方式的定位，并成为检察建议进一步规范的重要依据。同年，最高检重新制定了关于规范检察建议的规定：以《检察建议 2019 规定》取代《检察建议 2009 规定》。由此可以看到，检察建议是在检察实践中不断探索并逐步定型的，而其法规范化程度也是在回应实践中出现的问题的过程中逐步完善的。

（二）检察建议的柔性效力分析

1.检察建议具有权力性

关于检察建议法律属性的讨论，主要涉及两个问题：一是检察建议有没有强制力；二是检察机关作出检察建议的行为是否属于履行职责的行为。

关于检察建议的强制力问题有否认说和承认说两种观。"否认说"自然是不认可检察建议具有强制力。比如，有观点从程序性行为的角度来否定检察建议的刚性约束力："检察建议本质上是一种程序性的行为，并不要求行政机关必须按照检察机关的意见作为，其实质是提醒行政机关对行政决定重新进行审慎的考量。"[1]"'检察建议权'……其实质上也仅仅是程序意义上的'请求权'，检察建议的内容对被建议对象来说，并不具有必然的服从或接受的强制性。"[2] 又如，有观点从检察机关履职的角度认为："检察建议是检察机关诉讼

---

[1] 应松年，胡卫列，张步洪，等.行政诉讼检察监督制度的改革与完善［J］.国家检察官学院学报，2015, 23（3）: 68.

[2] 吕涛.检察建议的法理分析［J］.法学论坛，2010, 25（2）: 110.

监督职能的延伸和辐射，不具有法律的约束力和强制力。"①"承认说"则承认检察建议具有强制力。比如，针对否认说观点中程序性行为的观点，有学者提出："检察建议固然对行政机关无约束力，但这仅是就其效力而言，就其内容而言，既有对行政机关构成行政违法的认定，也有对行政机关应当如何履职的具体建议，这些内容均体现为对案件实体问题作出结论性判断，只是其内容的实现不以强制力为保障，而以行政机关自愿遵循为实现条件。故而检察建议实质上已经突破了检察权力为程序权的属性限制，检察机关在诉前程序中具有了附条件的实体处理权限。"②还有观点从国家权力的角度提出："检察建议即检察机关提出的建议，作为行使国家权力的一种方式，需要通过立法赋予检察机关，因而应当具有国家强制力，不能等同于一般意义上的建议。"③

本书认为，检察机关作出检察建议的行为是一种履行权力的行为。一方面，制作检察建议是检察机关履行职责的方式，并不是一些观点所说的事实行为。④检察权作为公权力要遵循"法无授权不可为"的要求，《宪法》和《人民检察院组织法》构成了检察权运行的依据。所以，只要检察机关实施的是履行法定职责的行为，那么就属于职权行为。从这个角度来看，检察事实行为本质上还是一种履职行为。检察建议作为检察机关履职的方式，自然是一种履行权力的行为。另一方面，履行权力行为或者说履行职责行为与强制力

① 韩成军. 检察建议的本质属性与法律规制［J］. 河南大学学报（社会科学版），2014，54（5）：48.
② 王万华. 完善检察机关提起行政公益诉讼制度的若干问题［J］. 法学杂志，2018，39（1）：106-107.
③ 罗倩. 检察建议谦抑性的回归［J］. 福建法学，2014（1）：74.
④ 有观点认为，检察建议是一种检察事实行为："检察行为可以从总体上分为检察职权行为和检察事实行为两大类。前者是指已由有关法律明确规范和调整的检察行为，如侦查行为、公诉行为、法律监督行为、司法解释行为等；后者则是指尚未由有关法律明确规范和调整，但与行使检察职权或履行检察职责相关，不具有法定程序和形式，能够产生一定法律效果的检察行为，如检察建议行为、检察统计行为、检察预防行为、检察技术鉴定行为等。"详见：吕涛. 检察建议的法理分析［J］. 法学论坛，2010，25（2）：109.

之间不是一定划等号的。"强制内涵于权力之中"这一认识并不是一成不变的："我们确定出的影响力形式共有七类：诱导（inducement）和权力，可以被看成同一枚硬币的正反面；暴力（force）和强制，这两种紧密关联的权力形式常常被人混为一谈；说服（persuasion）和操纵（manipulation），也可以被看成同一枚硬币的两面；权威，这大概是政治学家出于好心最为关注的一种影响力形式了。"[①] 而实践中，公权力不具有强制力已然存在，比如行政指导的出现与广泛运用。由此可见，对于检察权来说，强制力也不应该成为判断的绝对标准。

2.检察建议具有协商性

作出检察建议是检察机关的履职行为，具有权力性，但是与其他履职行为不同的是，检察建议"在本质上是柔性的，具有协商的功能，建议内容的实现取决于各机关之间的自觉配合"。[②] 这就表明，以检察建议的方式实施的监督，并不会在检察机关和建议对象之间产生较为紧张的关系，而是形成了一种可协商的空间。这从上文所梳理的检察建议的应用场景可以看出。

检察建议适用打击犯罪和社会综合治理领域时，其主要作用是发挥扩大办案效果、健全发现犯罪的制度、挖掘深层原因等。这些作用对于建议对象来说也是有利的，可以看作检察机关通过检察建议帮助建议对象发现问题并提出改进方法，建议对象可以接受，也可以不接受，这是一种沟通的机制，并没有在两者之间形成剑拔弩张的关系。

在诉讼活动中适用检察建议时，其主要作用是作为抗诉的"平替"，即在特定条件下替代抗诉作为监督诉讼活动的方式。此时，检察建议的对象也明确为法院。很显然，相较于抗诉，检察建议无论从外在还是内在来看都更加

---

① 罗伯特·A.达尔，布鲁斯·斯泰恩布里克纳.现代政治分析（第六版）[M].吴勇，译.北京：中国人民大学出版社，2012：48.

② 覃慧.检察机关提起公益诉讼的实证考察[J].行政法学研究，2019（3）：88.

缓和，契合了我国法院和检察院在规范与实践中的关系。①而在《检察建议2019 规定》中有更多体现检察机关和建议对象之间协商性的规定，本书第二章中已有详细阐述。

3.检察建议具有预防性

检察建议的预防性也是其柔性法律效力的体现。这从检察建议在不同适用领域中的相关政策或规范表述中可以看出。在政策层面，比如，1991 年最高检发出的关于贯彻落实《关于加强社会治安综合治理的决定》的通知中，明确了检察建议的提出情形："犯罪隐患和管理不善、制度不健全、麻痹轻敌等问题。"又如，1992 年最高检在《关于加强贪污贿赂犯罪预防工作的通知》中，也要求通过提出检察建议"堵漏建制，改善管理，加强防范"。在规范层面，《检察建议 2009 规定》规定了检察建议提出的情形包括："存在犯罪隐患""存在苗头性、倾向性的不规范问题"等。《检察建议 2019 规定》规定的情形则包括："重大隐患""普遍性、倾向性违法问题""暴露出明显的管理监督漏洞""存在损害危险"等情形。

检察建议的预防性与其在社会治理中所发挥的作用是有关联的。社会治理的目标之一是预防危害社会的事件的发生。通过检察建议，可以及时发现并处理已经存在的漏洞或者隐患，防止损害的发生或者扩大。从检察建议的作用来看，它具有一种提示和警示的作用，留给建议对象一定的自我判断和处理的空间。

---

① "从检察建议的司法实践来看，通常情况下，检察机关在与人民法院协商后才提出检察建议。"详见：叶韫平.论检察建议在民事诉讼监督机制中的位阶［J］.湖南警官学院学报，2015，28（1）：118.

二、检察建议用于诉前程序之成效

（一）检察建议适用于诉前程序的证成

1.检察建议制发主体与诉前程序启动主体匹配

检察建议应用于诉前程序，作为检察机关监督行政机关的方式与载体，①与检察机关作为诉前程序的唯一启动主体是相互契合的。正如前文所述，检察机关在宪法上的定位、业务范畴、职责履行等方面都是启动诉前程序的核实主体。而检察建议不仅在实践中得到了广泛的适用，而且在规范层面也有了一定的支撑，这为它用于诉前程序提供了必要的依据。

2.检察建议法律监督功能与诉前程序的功能契合

检察建议作为检察机关履行法律监督职责的形式已经在《人民检察院组织法》（2018）等法律规范中得到了确认，其法律监督职责与诉前程序的监督功能是契合的。"检察机关在履行职责中发现行政机关违法行使职权或者不行使职权的行为，应该督促其纠正。作出这项规定，目的就是要使检察机关对在执法办案中发现的行政机关及其工作人员的违法行为及时提出建议并督促其纠正。这项改革可以从建立督促起诉制度、完善检察建议工作机制等入手。"②

---

① 随着行政公益诉讼的不断深入实践，除了制发检察建议，磋商、公开听证等监督行政机关等的其他形式也被一些检察机关采用，并且得到了有权机关的认可，比如，浙江省地方权力机关在加强检察公益诉讼工作的决定中提到："检察机关应当通过磋商、公开听证、诉前检察建议等方式，支持和监督行政机关依法履职，自我纠错……"可见，磋商、公开听证已经和检察建议处于相同的适用地位。当然，如何认定除检察建议以外其他形式的法律效力与地位仍然需要作进一步的讨论。

② 习近平. 关于《中共中央关于全面推进依法治国若干重大问题的决定》的说明［C］∥中国共产党第十八届中央委员会第四次全体会议文件汇编. 北京：人民出版社，2014：92.

3.检察建议柔性效力与诉前程序参与者的关系适合

检察建议所具有的柔性效力，表现在权力性、协商性和预防性上。其中的协商性表明，检察机关通过检察建议的形式与建议对象之间形成沟通，以体现检察建议监督的非强制力。这与诉前程序中检察机关和行政机关的关系是吻合的。我国的检察机关和行政机关都由权力机关产生，并且没有直接的隶属关系，诉前程序中所形成的监督与被监督关系，隐含了检察机关和行政机关在公共利益保护上的目标一致性。因此，诉前程序采用的是检察机关"与行政机关协同解决为主的制度设计"①，体现了"司法命令（judicial order）和合同（contract）交融的性质"②。而行政机关在公益保护上的主导地位和专业优势，在一定程度上也促使检察机关更倾向于选择更具协商性的检察建议作为处理方式。

4.检察建议"类效果"的发挥与公益预防保护适应

从上文对检察建议适用过程的梳理可以看出，检察建议不仅针对已经发生的问题，更具有发掘问题背后原因和不足的作用，它不只是"就事论事"，而是具有"举一反三"的效果，这符合了公共利益的预防保护要求。通过诉前程序制发检察建议，检察机关提醒行政机关不仅要对已经发生的公益受损情况予以整改和保护，更要提前关注背后存在的制度上的漏洞等其他潜在风险，防止公共利益受损的情况再次出现或者损害扩大。

（二）诉前程序赋予检察建议之"新意"

1.创设了公益诉讼检察建议新类型

从检察建议适用领域的变化过程来看，通常采用的是先实践、再规范的路径，这在它用于诉前程序的过程中也得到了体现。在试点阶段就已经明确

---

① 胡卫列.国家治理视野下的公益诉讼检察制度［J］.国家检察官学院学报，2020，28（2）：14.

② 刘艺.论国家治理体系下的检察公益诉讼［J］.中国法学，2020（2）：166.

了检察建议适用于诉前程序，《检察院试点方案》和《检察院提起诉讼试点办法》等试点规范都对此作出了规定。但是，作为当时以检察建议为调整对象的专门规范——《检察建议 2009 规定》并没有如此规定。《检察建议 2019 规定》确立了"公益诉讼检察建议"作为检察建议的一种新类型。显然，该规范的确立实际上是对之前检察建议在诉前程序中适用情况的梳理和总结，并以该规范予以固定。

作为一种新的检察建议类型，公益诉讼检察建议在功能与效力上具有以下三方面的特点。

一是公益诉讼检察建议对行政机关不具有强制性的效力。由于前文已经对检察建议的非强制性进行了详细的阐述，这里不再赘述。但针对公益诉讼检察建议，需要特别说明的一个问题是，后续提起行政公益诉讼对于行政机关而言是否给诉前程序检察建议带来了强约束力。本书认为，检察机关提起行政公益诉讼并不是行政机关不履行检察建议的法律责任承担方式。主要是因为：一方面，被诉讼不是法律责任的承担方式，反而诉讼活动的进行是为了确定当事人是否需要承担法律责任、如何承担法律责任等问题，可以说，在诉讼活动开始前，法律责任的承担存在争议。另一方面，从诉前程序和诉讼程序的关系来看，诉讼程序的启动是以诉前程序没有实现公益保护的目的为前提和条件的，不能看作是承担诉前程序不利的责任或者后果。所以，检察建议不具有强制性效力这个特点在公益诉讼这个应用场景中并没有发生变化。但是，不具有强制性效力并不代表检察建议对行政机关而言是毫无用处的，根据现行规范，行政机关在收到公益诉讼检察建议后应当限期作出书面回复，体现了检察建议的"刚性"。[①] 行政机关未按期回复，则会成为后续诉讼程序启动的条件之一。

---

① "公益监督领域的检察起诉之诉前督促程序中的检察建议应当具有特定正当的刚性，而这种'刚性'必当体现在要求被检察建议的对象就建议事项作出必要强制'回应'的效力上。"详见：蒋玮，李震. 检察公益监督的诉前建议适用及效力论 [J]. 西部法学评论，2019（2）：28.

二是公益诉讼检察建议基于检察机关和行政机关的协商而形成。公益诉讼检察建议虽然名为"检察"，但其制发过程并不是完全由检察机关决定的，实际上它蕴含的是检察机关和行政机关的互动与沟通过程。正如前文所述，这一互动与沟通的过程既符合检察机关与行政机关的宪法地位和相互关系，又体现了监察机关尊重行政机关在公益保护上的优先性和专业性。

三是公益诉讼检察建议的建议内容不宜表述得过于具体。检察机关尊重行政机关在公益保护上的优先性和专业性的另一个表现是，公益诉讼检察建议的内容不能过于具体，不然会产生"干涉行政权的嫌疑"。[①]检察权和行政权虽然都是由权力机关产生的国家权力，但是两者在范围、行使等方面都有明显的差别。检察机关在诉前程序中监督行政机关时要把握两者的区别和界限。而检察建议的内容作为监督的具体表现，也就不能过于具体，要给予行政机关足够的判断和决定的空间与余地，不然就会让人产生检察权僭越行政权的感觉。这不仅是行政权在公益保护上优先地位的体现，也是检察权履职被动性和谦抑性的要求。

2.拓展了检察建议监督行政的功能

公益诉讼检察建议这一类型的确立实际上体现了检察机关的法律监督权力在作用对象和领域上的拓展："检察建议的适用向公益、行政监督领域拓展，目的在于督促依法履职、纠正违法行为，以最小的监督成本换取最大的社会效益。具有公益性的行政公益监督以检察建议手段为有力支点，拓展了法律监督领域，增强了法律监督实效，为弥补检察监督漏洞，补足民事、行政检察短板，强化检察权能，完善检察监督制度结构创造了契机。"[②]目前为止，检察机关已经形成了刑事、民事、行政和公益诉讼"四大检察"的业务布局，并各自由专门的办案部门独立进行办案，这表明公益诉讼检察在检察

---

① 最高人民检察院第八检察厅.行政公益诉讼典型案例实务指引（食品药品安全·国有财产保护·国有土地使用权出让等领域）［M］.北京：中国检察出版社，2019：196.

② 蒋玮，李震.检察公益监督的诉前建议适用及效力论［J］.西部法学评论，2019（2）：25.

业务中的独立性地位。本书认为，检察机关在公益诉讼检察中的监督功能较之于其他监督领域有以下三方面的特点。

一是监督领域明确——公益领域。检察机关是我国宪法确定的专门履行法律监督职能的国家机构。因此，"检察机关的具体职权应在法律监督理论的指导下进行局部的宪法性重塑……监督的普遍性并非普遍有权，而在于以一种体系化的差序监督格局回应法律监督的普遍需求，实现监督的普遍有效"。① 以检察建议的方式对行政机关在公益领域的履职情况进行监督正是"体系化的差序监督格局"中的组成部分。

二是监督对象具体——个案问题。公益诉讼检察建议可以发挥类案的作用，具有解决深层次问题的功能。但是，公益诉讼检察建议发现问题是从个案开始的，也就是说它不是一开始就聚焦制度等深层次问题的，而是从个案切入，在解决个案中公益受损问题的同时，对背后在制度、管理和隐患等深层次方面存在的问题提出建议内容，以实现推广的效果。所以，从这个意义上来说，公益诉讼检察建议的监督对象仍然是具体的个案问题。

三是监督方式谦抑——重在提醒。检察机关在公益领域对行政机关履职情况的监督，并不是为了替行政机关履职。在公益诉讼监督中，检察机关仍然应当保持一定的界限和力度，体现履职的谦抑性特征。"检察建议……对行政机关并不具有直接的强制力，检察机关不能直接变更或撤销其认为违法的行政行为，也不能要求行政机关直接作出某种行政行为，它只能对行政机关重新考量并对其行为起到警示作用。"② 因此，检察机关向行政机关制发公益诉讼检察建议，其目的在于提醒和警示行政机关对自己的履职情况进行审视和纠正。

---

① 张晋邦.检察机关一般法律监督权：规范内涵、宪制机理与调整方向——兼论检察院组织法原第5条的修改［J］.甘肃政法学院学报，2019（4）：24.

② 黄学贤.行政公益诉讼回顾与展望——"一决定三解释"及试点期间相关案例和《行政诉讼法》修正案的分析［J］.苏州大学学报（哲学社会科学版），2018，39（2）：49-50.

3.初步构建了检察建议制发的规范程序

通过对检察建议适用的发展过程进行梳理，笔者发现检察建议在早期的适用与应用过程中，并没有关于制发检察建议程序的规范，即使是当时专门规范检察建议的《检察建议 2009 规定》中也没有对制发程序作出规定。而对于公权力的运行来说，程序上的约束和规范是非常必要的，甚至是公权力运行正当性与否的重要判断标准。但是从检察公益诉讼制度试点开始，相关规范开始对用于诉前程序的检察建议制发程序作出初步的规定，比如，设置了立案、调查核实、审查、提出检察建议并送达等步骤。整个试点过程也是检验上述有关检察建议制发程序规范的机会，随着检察公益诉讼制度正式"入法"，《检察建议 2019 规定》等规范也将试点期间的规范规定和实践做法吸收进去，成为了正式的规范内容，填补了检察建议制发程序规范上的空白。①

4.融合了检察建议的不同功能

前文已经从不同角度对检察建议的类案功能进行了阐述和分析，对于检察公益诉讼检察建议来说，它的类案与延伸效果是通过监督个案而实现的。因此，我们可以说公益诉讼检察建议融合了个案监督与类案监督两种不同的功能。比如，北京市密云区人民检察院检察建议书（京密检行建〔2016〕2号）提出的检察建议有："一、你局应依法履行水利工程监管职责，对在密云水库工程管理范围内擅自建设涉案房屋的违法行为依法进行查处。二、你局应加强对密云水库的日常巡查和监管工作，及时发现问题并处理，将水库保护和管理职责落到实处。"又如，在湖南省常德市金泽置业有限公司等欠缴土地出让金公益诉讼案中，常德市检察机关发现市住建局的规范存在效力上的

---

① 《检察建议 2019 规定》将检察建议的制发程序规定为调查核实、起草、审核、征求意见和送达等环节，并且这一制发程序的规定适用于所有类型的检察建议。有观点认为，检察建议的标准化体系应当包括"立项—调查核实证据—形成综合报告—起草—审核与审批—送达—备案—异议处理—督促落实—回复—效果评估—监督—总结归档—质量评查—管理"等环节。详见：张宁，张贵才.使用检察建议应有标准化体系［J］.人民检察，2018（22）：77-78.

问题，向市法制办发出社会治理检察建议，建议对市住建局的规范进行审查和处理，"市政府法制办采纳了检察建议，向市住建局发出关于对该规范性文件的处理建议函，要求该局立即停止执行该文件，自行纠正……市住建局向各建设单位下达通知，废止了该规范性文件"。由此可见，公益诉讼检察建议的推广效果，既有以已经发生的案件为基础，建议行政机关推广到同类或领域，也有对可能发生的问题提出预防、宣传与教育的建议。

公益诉讼检察建议功能融合性特征与公共利益兼具个体性与普遍性的特点是相符合的。公共利益的普遍性表现在利益主体多元性、利益内容广泛性等方面，而公共利益的个体性表现在无论是获益还是利益受损最终都是由一个个生动的个体承受的。也正是因为兼具个体性与普遍性的特点，才使得个体在启动受损公益救济和保护的时候会出现"搭便车"的效果。因此，检察机关通过诉前程序向行政机关制发检察建议时，除了针对表现出来的受到损害的公益提出建议之外，还要建议行政机关关注该公益之外或者背后的原因，督促行政机关针对可能发生的公益受损提前采取介入措施或者完善相关制度，防止新的损害的再次发生。

三、检察建议用于诉前程序之不足

（一）检察建议的规范地位不明导致监督失位

有关检察建议的规范依据，目前主要集中表现在《人民检察院组织法》（2018）和《检察建议2019规定》中：前者确立了检察建议的法律监督功能，但没有为检察建议的适用提供具体指引；后者则是规范检察建议的专门规定，为检察建议的适用提供了具体的指引，但在规范地位上存在明显的不足。① 因此，有必要完善和调整检察建议规范的法律地位，以确保对检察建议监督到位，进一步地说，有以下两方面的原因。

一是检察建议的适用对象与效力已经明显发生了外部性转变。此处的外部性转变具体是指检察建议已经不再仅限于检察系统内部，而是拓展到检察系统之外。这一转变具体表现在检察建议的适用范围拓展、作用增强、约束力提升等方面。随着检察建议效力的外部性转变，它对建议对象的影响力也在加强。那么，检察建议的外部性转变程度越深，对建议对象的影响力越强，从规范上对检察建议予以约束，确保其合法性和正当性就显得尤为重要了。《检察建议2019规定》正是约束检察建议确保其合法性和正当性的直接规范依据，该规定由最高检制定，主要针对检察系统内部实施的，这与检察建议适用与效力的外部性转变的现实之间存在明显的张力。

二是检察建议的法律地位已经在法律上得到了确定。确定检察建议法律地位的法律规范主要是指《人民检察院组织法》（2018），由此标志着检察建议不再是检察机关基于检察实务，需要自己创立、相对自由行使的权力运行方式，而是成为检察权运行的法定方式，包括检察建议制发的原则、主体、范围、程序等内容，都应当在正式的法律规范体系中予以明确。显然，直接且具体规范检察建议的《检察建议2019规定》并不在正式的法规范体系之中。

---

① "这些规定一方面原则概括，缺乏上位法的明确规定，配套机制和具体操作细则欠缺，制度供给不足，不仅导致规范的效力层次较低，而且在有关检察建议的提出程序、监督方式以及保障救济措施等方面均为空白。另一方面，从法律逻辑上看，这些规定的'法化'程度较低，没有完全以法治思维构建整体运行机制，在功能上过多体现为检察系统主导的国家权力内部的制约拘束。"详见：张晓飞，潘怀平.行政公益诉讼检察建议：价值意蕴、存在问题和优化路径［J］.理论探索，2018（6）：126.

（二）检察建议制发后整改监督被动

既然是一种监督方式，那么监督效果就是评价监督方式的标准之一。对于公益诉讼检察建议来说，它的监督效果体现在行政机关是否听取了检察机关提出的检察建议，是否按照检察建议的内容进行了整改。《检察建议2009规定》曾对此作出了一些规定，以加强检察机关对检察建议落实整改的监督。①

这些规定至少明确了检察建议不能简单地"一发了之"。但仔细推敲《检察建议2009规定》中的相关规定，仍可以发现一些不足。一是仅规定检察机关"了解和掌握建议的采纳落实情况，必要时回访"是不够的。因为关于"了解和掌握"的方式、"必要时"的判断等，检察机关都是可以自由裁量的，因此这一规定对检察机关的约束并不够。二是检察机关有权向上级主管机关反映这一救济方式，实际上是把更有效、公正性和独立性更强的外部监督转化为内部监督，即上级主管机关对其主管的建议单位进行监督，这样的内部监督在独立性和公正性上比外部监督都要略逊一筹。

《检察建议2019规定》在《检察建议2009规定》的基础上作出了完善。一是规定了行政机关整改处理的期限一般为2个月并负有书面回复的法定义务，强化对行政机关落实检察建议的监督。② 二是增加了检察机关监督检察建议是否落实的若干具体方式：询问、走访、不定期会商等，为检察机关提供了规范上的选择。③ 三是进一步完善了检察机关对于检察建议没有得到落实时可以采取的措施：把没有得到落实的情形在表述上由"不予采纳"调整为"不

---

① 详见：《人民检察院检察建议工作规定（试行）》（2009，已失效）第8—9条。

② 《人民检察院检察建议工作规定》（2019）第19条。

③ 《人民检察院检察建议工作规定》（2019）第24条。

予整改或者整改不到位"，这表明规范要求检察机关应该更加注重建议内容是否被实质性地采纳，整改措施是否产生应有的保护效果。增加了"向上级检察机关报告"的程序的原因是"检察一体"的组织体制，这一报告程序并没有否定检察机关办案的独立性，反而有助于增强检察机关监督的力量。增加了与同级党委、人大、政府和纪检监察机关沟通信息的程序，这对形成对行政机关的监督合力具有积极作用。①

以上是从规范角度所做的分析。在实践中，检察机关对于行政机关的整改监督仍处于相对被动的状态，具体表现在检察机关等待行政机关书面回复期间是积极主动地采取监督措施，还是被动等待行政机关书面回复后再评估公益保护的效果？对此，本书认为，检察机关可以在等待期内采取一定的措施，以监督行政机关的公益保护履职行为，并在规范上予以明确。一方面是因为"通过诉前程序推动侵害公益问题的解决，是公益诉讼制度价值的重要体现。特别是在行政公益诉讼中，提起诉讼并不是制度设计的最终目的，根本目标还是通过督促行政机关依法履职，保护国家和社会公共利益"。② 也就是说，检察机关应当对行政机关落实检察建议的过程进行监督，这有助于诉前程序保护或救济公益功能的发挥。另一方面是因为检察机关在公益保护领域，不仅要遵从检察权谦抑性的特点，还要履行其在公益保护职责上的主动性特点。③

---

① 《人民检察院检察建议工作规定》（2019）第 25 条。

② "两高"发布关于检察公益诉讼案件适用法律若干问题的解释［EB/OL］.(2018-03-02)［2024-06-24］. https://www.spp.gov.cn/spp/c108047/xwfblist.shtml.

③ "2018 年 7 月张军检察长在大检察官研讨班上强调，公益诉讼是新时代检察工作发展的着力点，是我们各项检察监督工作中更带有'主动性'的诉讼职能……无论是从线索收集、调查取证、诉前建议、提起诉讼、出席庭审、诉讼监督、督促执行等，还是从个案到类案、督促进行面上整治等……在几个核心程序环节上，无论是程序的启动还是推进，检察机关都需要主动作为，工作的成效也与检察官的主动性密切相关，体现为主动性的特点。"详见：胡卫列.国家治理视野下的公益诉讼检察制度［J］.国家检察官学院学报，2020，28（2）：10.

（三）检察建议的内容详略失当损害谦抑性

检察建议的内容涉及检察权与行政权的界限问题，它不仅仅是一个文书撰写的技术或者文笔问题。在实践中，检察机关在处理检察建议的内容时出现了不同的方式：非常具体的表达建议内容的有之；较为笼统的表达建议内容的亦有之。有研究把公益诉讼检察建议的内容详略安排总结为三种情况："一是概括式……即表述相对宽泛，'监督管理职责'有很多选择项……留下很多可做文章的空间……其优点不言而喻，但也由于伸缩弹性空间大，各方理解有偏差，存在缺陷……二是具体表达式……其优点在于表述明确具体可操作，很具有针对性，但也由于非专业化，隔行如隔山的认识偏差问题，极大地降低了成案的可能性，而案件本身并未达到预期的监督效果。三是具体加概括的表述。比如，依法采取恢复土地原状等土地监督管理职责……当然，具体问题还要具体分析，具体案件还要具体而言，没有统一现成的标准。"① 支持具体表述建议内容的观点认为："要完善诉前程序与提起诉讼程序的衔接机制。其中，应当明确检察建议的具体内容、送达程序以及行政机关在检察建议规定的时间内不履行检察建议后检察机关提起诉讼的时间。"② "检察建议越翔实，说明对行政机关的行政职责了解越深入、专业化能力越强，行政机关越容易接受，但也意味着检察人员为此付出的努力越多……"③ 而支持笼统表

---

① 最高人民检察院第八检察厅.行政公益诉讼典型案例实务指引（生态环境·资源保护领域）［M］.北京：中国检察出版社，2019：837.

② 黄学贤.行政公益诉讼回顾与展望——"一决定三解释"及试点期间相关案例和《行政诉讼法》修正案的分析［J］.苏州大学学报（哲学社会科学版），2018，39（2）：50.

③ 桂萍，贾飞林.检察机关提起行政公益诉讼制度刍议［J］.行政与法，2019（6）：94.

述建议内容的观点则认为："检察建议太具体，有干涉行政权的嫌疑，太过宽泛则达不到监督效果。"①

本书认为，公益诉讼检察建议内容的详略安排应当考虑以下三个因素。

第一，与诉讼请求内容的衔接。②诉前程序和诉讼程序是先后衔接的关系，这对检察建议书的内容提出了兼顾后续诉讼的要求："检察建议书……必须要充分考虑可能提起公益诉讼时检察机关的起诉理由，针对性地建议，确保检察建议发出后和诉讼程序顺利衔接。"③同时，"检察机关起诉时提出的撤销或者部分撤销行政违法行为、在一定期限内履行法定职责的诉讼请求，应当与向行政机关发出的检察建议内容相匹配"。④而根据《行政诉讼法》及其司法解释的相关规定，提起行政诉讼时"具体的诉讼请求"包括：请求判决撤销或者变更行政行为；请求判决行政机关履行特定法定职责或者给付义务；请求判决确认行政行为违法；请求判决确认行政行为无效；请求判决行政机关予以赔偿或者补偿；请求解决行政协议争议；请求一并审查规章以下规范性文件；请求一并解决相关民事争议；其他诉讼请求。以上内容应当成为检察机关在安排检察建议内容详略时考虑的因素。

第二，为行政机关履行职责提供明确指引。诉前程序的功能是提醒和警示行政机关及时、正确履行保护公益的职责。由此，检察建议的内容要起到为行政机关及时、正确履职提供指引的作用，而且这里的指引应当是一种明确的指引。所谓"明确"包括三层意思：第一层是要多以数据、图表等可视

---

① 最高人民检察院第八检察厅.行政公益诉讼典型案例实务指引（食品药品安全·国有财产保护·国有土地使用权出让等领域）［M］.北京：中国检察出版社，2019：196.

② 《人民检察院公益诉讼办案规则》第75条第3款规定："《检察建议书》的建议内容应当与可能提起的行政公益诉讼请求相衔接。"

③ 最高人民检察院第八检察厅.行政公益诉讼典型案例实务指引（生态环境·资源保护领域）［M］.北京：中国检察出版社，2019：589.

④ 《最高人民检察院关于深入开展公益诉讼试点工作有关问题的意见》。

化的形式予以表达，这与公益受损或者恢复程度都涉及专业的技术标准有着密切的关系。但这并不意味着，所有案件都要采用这样直观的方式，要根据案件的实际情况来选择合适的方式。① 第二层是要以行为类型的方式表达行政机关的履职方式，具体而言，这里的行为类型是指诸如行政处罚、行政强制、行政征收等已经类型化，甚至法定类型化的行为，在此基础上，要对行为类型作出更具体的表述，不能仅表述行为类型。② 第三层是要明确检察建议内容的法律依据："建议内容以法律法规为出发点和落脚点。"③

第三，体现检察机关行使权力的谦抑性特点。尽管检察机关通过公益诉讼检察建议为行政机关履行整改职责提供明确的指引，但这并不意味着检察机关可以替代行政机关履行职责。④ 在公益保护职责的履行上，检察机关相较于行政机关仍然应当处于后置的地位。因此，检察机关在检察建议书的内容撰写上不宜过于具体地描述行政机关应该如何履职，"尽量参照法律规定，要求被建议机关履行法律规定的职责……以免过多干涉行政机关

---

① 比如，北京市密云区人民检察院在保障首都水源安全系列案中，针对违法建设给密云水库造成的污染无法进行量化鉴定的实际情况，"在制作检察建议的过程中，密云区人民检察院经过反复论证，最终直接引用了法律法规中的禁止性条款，强调法律法规对此违法行为零容忍的立法精神，同时强调应落实对水库管理范围的保护职责，从而达到督促其依法履职的目的"。详见：最高人民检察院第八检察厅. 行政公益诉讼典型案例实务指引（生态环境·资源保护领域）[M].北京：中国检察出版社，2019：507.

② 比如，以下表述就过于简化，无法实现检察建议的监督效果和目的："根据《全国人民代表大会常务委员会关于授权最高人民检察院在部分地区开展公益诉讼试点工作的决定》'提起公益诉讼前，人民检察院应当依法督促行政机关履行法定职责'的规定，特向你单位提出检察建议，建议正确履行法定职责。"详见：最高人民检察院第八检察厅. 行政公益诉讼典型案例实务指引（食品药品安全·国有财产保护·国有土地使用权出让等领域）[M].北京：中国检察出版社，2019：285.

③ 最高人民检察院第八检察厅. 行政公益诉讼典型案例实务指引（生态环境·资源保护领域）[M].北京：中国检察出版社，2019：347.

④ "公共利益的直接维护者和最大保障者是行政机关，检察机关只是以'国家法律统一实施的监督者'角色对行政违法行为进行程序性监督。对于如何采取执法措施、如何实施执法行为、如何实现执法收益最大化等事项，行政机关的判断要比检察机关的判断更为专业、更占优势。"详见：杨雅妮. 行政公益诉讼诉前检察建议与诉讼请求关系研究[J].河北法学，2024，42（7）：42.

的行政监管责任"①。比如，铜仁市德江县检察院向县国土资源局发出的检察建议内容就太过具体了。②

第四节　与诉讼程序衔接之审视

一、诉前程序与诉讼程序的关系分析

关于行政公益诉讼中诉前程序与诉讼程序的关系，有学者曾经这么形容："将行政公益诉讼作为一条长河来看的话，诉前程序和庭审程序是这条河流中的两个段位，而不是两条河流。"③ 因此，对诉前程序的研究需要延伸到诉前程序与诉讼程序的关系与衔接上。本书认为，诉前程序与诉讼程序的关系可以总结为两个方面：一方面是两类程序所具有的共同性，这源于它们共同构成完整的行政公益诉讼；另一方面则是两类程序所具有的差异性，这源于它们作为行政公益诉讼中组成部分的独立性。

---

① 最高人民检察院第八检察厅. 行政公益诉讼典型案例实务指引（生态环境·资源保护领域）[M]. 北京：中国检察出版社，2019：894.

② "现根据《人民检察院提起公益诉讼试点工作实施办法》第三十七条、第四十条的规定，提出如下检察建议：一、自行纠正将钦正公司所交 2000 万元定金转作云海公司土地出让金的行为，重新核算云海公司尚欠土地出让金的具体数额，依照合同计算确定云海公司应付利息、违约金数额。二、在二十个工作日内足额收取云海公司尚欠土地出让价款余额、利息和违约金，并将票据复印送交本院；不能在要求时限内足额收取上述款项或者数额有争议的，立即申请人民法院采取财产保全措施，及时向人民法院提起诉讼，将财产保全裁定书和诉讼案件立案决定书送交本院。三、自行依法纠正本案所涉的违法办理国有土地使用权登记的行为。四、对照我国《土地管理法》第五十五条和国土资源部《土地登记办法》第十八条、第二十七条的规定，对已经交付使用但至今尚未足额缴纳土地出让金的出让宗地以及已经办理国有建设用地使用权初始登记但至今尚未足额缴纳土地出让金的出让宗地分别进行清理造册，并送交本院。"详见：最高人民检察院第八检察厅. 行政公益诉讼典型案例实务指引（食品药品安全·国有财产保护·国有土地使用权出让等领域）[M]. 北京：中国检察出版社，2019：347.

③ 关保英. 检察机关在行政公益诉讼中应享有取证权 [J]. 法学，2020（1）：114.

（一）诉前程序与诉讼程序的共同性

1.两类程序聚焦同一个核心

既然两类程序共同构成了行政公益诉讼，而行政公益诉讼又是检察公益诉讼制度的类型之一，那么保护公共利益就是所有检察公益诉讼制度中组成部分共同聚焦的核心议题。由此，诉前程序和诉讼程序在保护公益这个核心议题上是无差别的。以《行政诉讼法》确定的公益领域为例，生态环境与资源保护、国有资产保护、国有土地使用权出让、食品药品安全这四个领域是诉前程序和诉讼程序公共保护的公益范围，并没有去区分由诉前程序保护的公益领域和由诉讼程序保护的公益领域。

2.两类程序发挥相同的作用

如果说保护公共利益是行政公益诉讼的核心议题，那么与另一类检察公益诉讼——民事公益诉讼相比，行政公益诉讼有一个特定的作用，即监督行政权在公益保护领域的履职。而且，本书第二章通过全面描述监督行政权的体系，揭示了行政公益诉讼的设立和实施，填补了监督行政权上的空白。既然行政公益诉讼具有监督行政这一特定作用，那么诉前程序和诉讼程序都要发挥这一特定作用：检察机关无论在诉前程序还是诉讼程序中都是监督者的角色，行政机关则在两类程序中都是被监督者的角色，检察机关在两类程序中监督的对象都是行政机关是否存在违法行为或者不作为，以及与公益受损的关系等。

3.两类程序内容设置上承继

诉前程序与诉讼程序的内容设置基于前文所述的核心议题与特定作用发挥上的共同性而具有承继性。这里所说的内容设置上的承继，主要表现在诉前程序中的相关内容在后续诉讼程序中可以得到继续适用。比如，前文所述检察机关的调查核实权不仅对于诉前程序是重要的，而且对于诉讼程序来说也是有相当价值的，因为诉前程序中调查核实获得的证据材料既可以用于诉前程序中，也可以用于诉讼程序中。这样的承继性，使得作为一个整体的行政公益诉讼运行效率明显提升。当然，这样的承继性对诉前程序提出了在内容设置上要兼顾诉讼程序、与诉讼程序相衔接的要求。前文所述的检察建议内容的表述需要考虑行政公益诉讼起诉书中诉讼请求的表达要求即典型例证。

4.两类程序具体适用上依赖

"诉前程序"已经不再是一个学理上的概念，而是成了规范上的概念。由此，这一概念的内涵在法律上是特定的，它在适用上的在先性和优先性也得到了法律的保障。在现有制度设计与框架下，检察机关必须先启动诉前程序，制发检察建议后，根据检察建议的执行情况决定是否启动后续诉讼程序。因此，检察机关是没有选择权的，"诉前程序"这一概念中的"前"具有绝对性，这可以看作是诉讼程序对诉前程序的依赖。而诉前程序对诉讼程序的依赖则表现在，诉讼程序在一定程度上为诉前程序的监督提供了程序上的刚性效力。具体来说，一方面，行政机关不愿意在诉讼中作为被告的心理，可以促使行政机关积极履行公益诉讼检察建议的内容，通过诉前程序实现公益保护的目标；另一方面，如果案件进入诉讼程序，那就意味着公益诉讼检察建议的内容没有得到有效的落实和整改，一旦法院通过诉讼程序作出了支持检察机关诉讼请求的裁判，这就相当于加持了诉前程序的效果，是对检察机关在诉前程序中权力行使的肯定。

（二）诉前程序与诉讼程序的相对独立性

1.两类程序都能够结束案件

诉前程序和诉讼程序都能够结束案件，这是两类程序具有独立性的典型表现。对于诉讼程序的结案功能，我们已经有了清晰的认知。此外，司法最终要求在诉讼程序对纠纷作出裁判后，当事人就不能再启动别的途径予以救济了。因此，从这个意义上考虑，诉讼程序结案是终极的。诉前程序的结案功能则源自制度设计者的安排，体现了诉前程序特有的价值。① 诉前程序的结案功能具体表现在程序的两个阶段。一个阶段是在检察机关发现案件线索并经过调查核实后，认为不符合诉前程序的启动条件，从而结案。当然，这里的结案并不是真正意义上的案件结束，它只是意味着行政公益诉讼这一救济方式无法启动，但不代表其他救济方式不可适用。另一个阶段则是在诉前程序结束之后，行政机关按照公益诉讼检察建议书的内容进行了整改，并经过评估达到了公益保护的效果，从而结案。可以说，发生在后一阶段的结案是制度设计者非常希望看到的局面。

2.两类程序的构造是存在差异的

尽管诉前程序和诉讼程序共同组成行政公益诉讼，但是我们应当看到，这两种程序在构造上存在着明显的差异。诉讼程序的构造和普通的行政诉讼没有太大区别，依然是两造的当事人结构：检察机关是公益起诉人，行政机关是被告；依然是法院组成合议庭居中裁判；也依然是按照"法庭调查—法庭辩论—作出裁判"的环节来推进程序。而诉前程序则是一个直线结构，即在检察机关和行政机关两者之间建立联系，并且在这一结构中，检察机关作为监督者启动并推进这一程序，明显居于主导的位置。这样结构上的差异，使得诉前程序具有更明显的效率与经济的优势，并且与诉讼程序形成鲜明的错位，从而形成了自己在公益保护中的独立的地位和价值。所以，在有关诉前程序的讨论中，有一种观点认为，诉前程序可以从诉讼化改造的角度予以完善。对此，本书认为，即使要进行诉讼化改造，也不能与诉讼程序趋同。限于篇幅与主题，本书中不对该问题作展开阐述。

---

① "《行政诉讼法》将检察机关对行政机关提出检察建议……框定在行政诉讼的机制之中，这样的框定是具有司法属性的……这是一方面；另一方面，诉前程序有着独立的法治价值。"详见：关保英．检察机关在行政公益诉讼中应享有取证权［J］．法学，2020（1）：114．

二、诉前程序与诉讼程序衔接的应然标准：基于规范文本的规定

诉前程序与诉讼程序衔接的应然标准，是指行政公益案件经过诉前程序后转换为诉讼程序应当满足的条件。需要指出的是，由于后续诉讼程序属于行政诉讼的范畴，这里所说的"条件"是专门指由诉前程序转换的"条件"。《行政诉讼法》规定的，只要是行政诉讼案件就应当满足的起诉条件，因此没有必要在这里作专门的论述。"应当满足的条件"源于相关规范文本的规定。[①]从相关规范文本的规定来看，一个案件从诉前程序转换到诉讼程序应该满足的条件或者说前提：行政机关没有履行检察建议的内容，系行政不作为。由此，两类程序衔接的应然标准就转换为对诉前程序后行政机关是否构成行政不作为的判断。而基于本书前文的描述，行政不作为的判断有形式标准和实质标准之分。

（一）形式标准：行政机关是否限期履职并书面回复

行政不作为判断的形式标准，是依据行政机关是否采取了公益诉讼检察建议的行为或措施并是否作出书面回复，作为判断是否提起后续诉讼程序的标准。如果行政机关实施了行为或者采取了措施并且作出了书面回复，那么检察机关就不提起诉讼；如果行政机关没有实施行为或者采取措施或者没有

---

① 涉及的规范条款有：《人民检察院提起公益诉讼试点工作实施办法》（2015）第 41 条；《人民法院审理人民检察院提起公益诉讼案件试点工作实施办法》（2015）第 12 条；《中华人民共和国行政诉讼法》（2017）第 25 条第 4 款；《最高人民法院 最高人民检察院关于检察公益诉讼案件适用法律若干问题的解释》（2018）第 21 条；《检察机关行政公益诉讼案件办案指南（试行）》（高检民〔2018〕9 号）等。

作出书面回复，那么就提起诉讼程序。由此可见，形式标准关注的是行政机关在诉前程序后的行为，具体来说主要是两个行为：一个是行政机关按照公益诉讼检察建议实施的行为；另一个是行政机关按照规范的要求向检察机关书面回复履职情况的行为。[①] 对于前者的判断，按照形式标准，检察机关主要从行政机关制发的文书（比如行政处罚决定书、行政许可决定书）等行为的载体来作出判断。对于后者的判断，一方面需要符合法定的时间要求，另一方面则需要满足形式——书面的要求。这两方面对于检察机关来说，都可以直观作出判断的。

（二）实质标准：公共利益是否得到恢复

行政不作为判断的实质标准，是依据行政机关按照公益诉讼检察建议书的要求采取的整改措施是否达到了公益保护或者恢复的效果作为是否提起后续诉讼程序的标准。如果公益得到了保护或者恢复，那么检察机关就不再提起后续诉讼；如果公益没有得到保护或者恢复，那么检察机关仍提

---

① 对于"不按期回复"是否能够作为"不履行职责"的独立形式，有法院在司法实践中持否定观点，比如，延边朝鲜族自治州中级人民法院在行政判决书（〔2018〕吉24行终104号）中认为："本案中，珲春市国土局在收到检察建议前，已着手实施行政执法行为；在收到检察建议后，及时与包括珲春市检察院在内的相关部门沟通协调，勘察现场。以自身的实际行动对检察建议作出了回应，珲春市检察院也应当知晓上述事实。故珲春市国土局迟延作出书面回复，不能构成实质性的违法。"对此有论者认为："法院之所以否定不及时回复检察建议的独立违法性，主要是因为忽视了行政机关回复检察建议的程序功能及其独立性规制要求。法院认为回复检察建议不具有实质性内容，是对这一程序独立价值的否认，违背了现代行政程序法治的基本要求……这个'回复'直接影响甚至决定检察机关后续的跟进监督与诉讼，具有十分重要的程序意义。如果行政机关不及时回复检察建议，检察机关就无法准确判断行政机关是否已经全面充分履行监管职责，进而无法决定是否应当提起行政公益诉讼，大大弱化了检察监督质效和公共利益保护力度。"详见：张旭勇.行政公益诉讼中"不依法履行职责"的认定［J］.浙江社会科学，2020（1）：70.

起后续诉讼。①

之所以会采用实质标准主要是基于以下两方面的考虑。一方面是从行政公益诉讼的目标——保护公益来看，作为行政诉讼组成部分的诉前程序应当以目标是否实现作为程序是否结束的标准。如果目标达成了，程序自然应该结束；如果目标没有达成，即使行政机关采取了措施，也不应该继续启动后续的环节。而且，"行政公益诉讼属于客观诉讼应无异议。客观诉讼的目的和出发点是为了维护国家和社会公共利益，保证行政行为的合法性"。② 另一方面是从法律效果作为行政行为的构成要素来看，要构成一个完整的行政行为，应当将该行为所产生的法律效果纳入考量要素之中，因为"行政主体作出这种意思表示时，是期望得到某种法律后果的，尽管最终是否能够得到预期法律后果则需要另外的法律评判"。③ 既然如此，对于行政机关是否按照公益诉讼检察建议的要求实施行为的判断，应当考虑效果要素，如果没有产生法律效果，说明行政机关实施的行为不够完整，也就可以归入行政不作为的范畴之中。

（三）形式标准是程序衔接判断的第一步

基于上述分析，在规范中寻找上述两种标准，我国现行制度所采用的是衔接诉前程序和诉讼程序的标准。

按照《公益诉讼司法解释》的规定："行政机关不依法履行职责的，人民

---

① 《人民检察院公益诉讼办案规则》第 82 条罗列的由诉前程序向诉讼程序转换的条件都属于实质标准的范畴："有下列情形之一的，人民检察院可以认定行政机关未依法履行职责：（一）逾期不回复检察建议，也没有采取有效整改措施的；（二）已经制定整改措施，但没有实质性执行的；（三）虽按期回复，但未采取整改措施或者仅采取部分整改措施的；（四）违法行为人已经被追究刑事责任或者案件已经移送刑事司法机关处理，但行政机关仍应当继续依法履行职责的；（五）因客观障碍导致整改方案难以按期执行，但客观障碍消除后未及时恢复整改的；（六）整改措施违反法律法规规定的；（七）其他没有依法履行职责的情形。"

② 练育强．行政公益诉讼第三人制度的实证反思与理论建构［J］．行政法学研究，2019（4）：77.

③ 应松年．当代中国行政法［M］．北京：人民出版社，2018：765.

检察院依法向人民法院提起诉讼。"从这一规定来看，其中只有关于行为的表述——"行政机关不依法履行职责"，没有效果标准的表述，因此可以说采用的是形式标准。但是，《检察院提起诉讼试点办法》中曾是这么规定的："经过诉前程序，行政机关拒不纠正违法行为或者不履行法定职责，国家和社会公共利益仍处于受侵害状态的，人民检察院可以提起行政公益诉讼。"从这一规定来看，其中既有形式标准——"拒不纠正违法行为或者不履行法定职责"，又有实质标准——"国家和社会公共利益仍处于受侵害状态"。由此可见，从试点阶段到全面实施阶段的过程中，相关规范的制定者在这个问题上作出了改变。而在《行政公益诉讼办案指南》中，可以发现与《检察院提起诉讼试点办法》同样的规定，即既有形式标准又有实质标准。[1]《行政公益诉讼办案指南》还总结了行政机关不依法履职的具体情形："行政机关收到检察建议后，明确表示不进行整改的；行政机关虽回复采纳检察建议并采取整改措施，但实际上行动迟缓、敷衍应付、没有作为的；行政机关仅部分纠正行政违法行为的；行政机关虽采取了履职措施，但履职仍不完全、不充分，无法达到监管目的，且没有进一步行使其他监管职权等情形。"[2] 从这些总结的内容可以看出，其中也存在两类标准：纯粹不作为"明确表示不进行整改的""实际上行动迟缓、敷衍应付、没有作为"；不完全作为"行政机关仅部分纠正行政违法行为"；效果未实现"虽采取了履职措施，但履职仍不完全、不充分，无法达到监管目的"。

对此，本书认为，形式标准和实质标准并不是一种非黑即白的排斥下使用关系，它们在本质上是一种递进关系。这意味着，检察机关在决定是否启动后续诉讼程序时，应该先按照行为标准，来判断行政机关是否按照公益诉

---

[1] "检察建议回复期满后，行政机关没有纠正违法行为或者没有依法全面履行职责，或者没有回复，国家利益或者社会公共利益持续处于受侵害的，检察机关以公益诉讼起诉人的身份依法提起行政公益诉讼。"《检察机关行政公益诉讼案件办案指南（试行）》（高检民〔2018〕9号）。

[2]《检察机关行政公益诉讼案件办案指南（试行）》（高检民〔2018〕9号）。

讼检察建议实施整改行为并且在法定期限内作出书面答复。如果这两个行为中有任何一个没有做，那么必然构成行政不作为从而提起诉讼；如果这两个行为都做了，那么检察机关可以进一步判断，行政机关的整改行为是否取得公益保护或者救济的效果，从而决定是否提起诉讼。因此，形式标准是判断诉前程序是否向诉讼程序转换的第一步。

三、诉前程序与诉讼程序的衔接混乱：基于司法实践的表现[①]

从关于诉前程序与诉讼程序衔接的规定来看，衔接标准是相对清晰的。但是，在相关案例实践中，诉前程序与诉讼程序的衔接标准，也就是行政机关在公益诉讼检察建议送达后是否构成不作为的判断出现了混乱。总结来看，主要表现在以下四个方面。

（一）整改期间仅作出行政行为并未结案

部分典型案例显示，对于行政机关在收到公益诉讼检察建议之后"是否已经履行职责"的判断[②]，行政机关一般认为，按照检察建议的内容实施了相应的行为、采取了相应的措施，就应当属于"已经履行了职责"，检察机关不应再提起后续诉讼程序。该认识表明行政机关更倾向于以形式标准予以判断。而检察机关并不这么认为，他们采用实质标准来判断，这就意味着行政机关实施了相应的行为、采取了相应的措施，这是不够的，必须产生特定的效果，

---

① 此处司法实践主要来自检察机关发布的典型案例，收录于《检察机关提起公益实务实践与探索》《行政公益诉讼典型案例实务指引》等。

② 有法院在行政公益诉讼案件的判决文书（〔2016〕甘0981行初30号）中指出："行政机关是否履行严格审查职责，尽到合理的审查义务及行政相对人违法行为是否停止是司法机关审查行政机关履行法定职责是否合法到位的重要标准。该法院对于行政机关是否履行职责的判断标准融合了行为标准和效果标准：前两者属于行为标准，相对人的违法行为是否停止则属于效果标准。"

即公共利益得到恢复，否则就属于"未履行职责"，需要提起后续诉讼程序。比如，在白山市检察院诉江源区卫生和计划生育局、江源区中医医院行政公益附带民事公益诉讼案中，行政机关收到检察建议之后，限期作出了回复并采取了相应措施，但检察机关仍然认为行政机关的措施"一直未能有效制止中医院违法排放医疗污水，存在造成环境污染的重大风险和隐患"，进而启动了诉讼程序。检察机关和行政机关对于这一问题的不同认识，我们还可以从诉讼程序启动后，法院是如何认识的角度予以观察：泰州1.6亿元天价环境公益诉讼案件中，被告在诉讼中提出了自己的疑问："具有经营盐酸的资质，且经过公安机关备案，上述行为完全合乎法律规定，为何其还需要承担环境侵权责任？"① 对此，法院采纳了行为的致害性标准，而《环境侵权纠纷司法解释》也同样予以明确。② 从这个案件来看，至少对于环境公益案件，法院更倾向于采纳实质标准。

（二）要求行政机关穷尽所有法律程序以实现公益维护的效果

行政行为是一个程序性的行为，程序正当影响着行政行为的效力，因此，一个行政行为要实现法律效果，必然是"成熟"的，也就是在程序上是完整的、正当的。正是这个原因，一个完整的行政行为通常是耗时的。在部分典型案例中，我们发现，检察机关非但不尊重行政机关按照检察建议的内容所作的行政行为的成熟性要求，还进一步要求行政机关应当穷尽所有的法律程序和方式，如果没有穷尽并使公共利益仍然受损，那么就需要提起诉讼。③ 比如，德州市庆云县检察院在全国首个行政公益诉讼案件起诉书中写道："被

---

① 乔刚，胡环宇.泰州1.6亿元天价环境公益案诉讼手记［M］.北京：法律出版社，2018：62.

② 《最高人民法院关于审理环境侵权责任纠纷案件适用法律若干问题的解释》（2015）第1条。

③ 有论者称之为"全链条式"监督，即："'不依法履行职责'的职责范围不仅仅限于行政机关对相对人违法行为的初始处理，还包括对生效行政决定的执行。"详见：张旭勇.行政公益诉讼中"不依法履行职责"的认定［J］.浙江社会科学，2020（1）：68.

告既未采取有效措施督促庆顺公司执行行政处罚决定，也未按照《行政处罚法》（笔者注：2021 年 1 月 22 日修订前）第五十一条之规定申请人民法院强制执行，致使该公司违法生产行为至今从未间断，对当地环境持续造成严重危害。"① 由此可见，在庆云县检察院看来，行政机关作出行政处罚的决定还不够，还要完成后续的申请强制执行行为，方属于行政作为，不然就是行政不作为，应当被起诉。在苏州市吴中区检察院诉区国土资源局不作为案和丹东市振兴区检察院诉市国土资源局不作为案中，检察机关也都有相似的表述。也有法院在判决书中对检察院的上述观点持认可态度："被告……尤其是在收到……检察建议书后，仍未穷尽法律手段履行职责。"②

如果检察机关坚持认为行政机关应当穷尽所有法律程序与方式，那么势必会与规范上对行政机关限期履职整改与回复的要求产生冲突。部分检察机关在实务中，选择放弃对行政机关在时间上的要求，等待行政机关完成全部法律程序和方式，再根据公益救济与恢复的实际效果作出是否起诉的决定。

在一些典型案例中，检察机关通过延长等待行政机关履职与回复的时间，使行政机关完成了全部履职并恢复和救济了公益，最终以诉前程序结案，没有提起诉讼程序。比如，在密云区检察院保障首都水源安全系列案中，行政机关在收到检察建议后，向涉案当事人送达了行政处罚事先告知书，当事人对处罚提出了听证的要求。行政机关在回复检察机关时，还没有组织实施听证程序，行政机关在回复中对听证程序的组织实施和处罚的执行作出了相应的承诺，检察机关也没有提起诉讼程序，而是给予了充足的时间。又如，检察机关在高密市国土资源局与土地经营开发管理办公室不依法

① 最高人民检察院第八检察厅.行政公益诉讼典型案例实务指引（生态环境·资源保护领域）[M].北京：中国检察出版社，2019：262.
② 最高人民检察院第八检察厅.行政公益诉讼典型案例实务指引（食品药品安全·国有财产保护·国有土地使用权出让等领域）[M].北京：中国检察出版社，2019：305.

履行职责案中，于 2015 年 8 月 10 日发出了检察建议，行政机关分别于 2015 年 10 月 15 日和 10 月 19 日将出让金催缴情况回复了检察机关。显然，无论是 10 月 15 日还是 10 月 19 日都超过了当时规范要求的一个月履行和回复期限，而检察机关也就此以诉前程序结案。再如，检察机关在石首市国土资源局不依法履职案中，于 2016 年 9 月 9 日发出检察建议，行政机关在 9 月 27 日就收到了相对人缴足的剩余出让金，但在 10 月 10 日才将处理结果回复给检察机关。

但也有检察机关在典型案例中，因为行政机关未能够使公共利益得到恢复和救济而启动了诉讼程序。比如，甘肃省庆阳市环县人民检察院诉县税务局不作为案中，检察机关于 2016 年 7 月 26 日发出检察建议，行政机关于 8 月 18 日回复。检察机关在 2016 年 10 月 28 日至 11 月 2 日对行政机关的履职进行回访调查，发现行政机关并没有采取进一步强有力的监管措施，于是在 11 月 2 日向法院提起诉讼。

对于以上典型案例中检察机关的行为方式，需要进一步思考并明确若干问题。一是部分检察机关给予行政机关超长的整改时间，并以公益是否得到保护作为判断是否起诉的标准，这是否意味着对于检察机关而言，他们更看重诉前程序在公益保护上的效果？也有部分检察机关没有给予行政机关超长的整改时间，而是在满足规范要求后提起行政诉讼。如果行政机关在法院作出裁判前，履行了法定职责并且使公益得到了恢复或保护，那么检察机关就会请求变更诉讼请求 ①。对于这两种不同的做法，在制度上如何看待需要进

---

① 比如，三明市大田县检察院诉县国土资源局不作为案中，行政机关在 2016 年 12 月 30 日收到检察建议后，于 2017 年 1 月 3 日向涉案当事人作出了于 1 月 20 日前缴存生态恢复治理保证金的通知，非金属矿的出资人在 1 月 18 日承诺在 6 月底之前缴存，并且实际按期缴存了。但检察机关仍然提起了诉讼，并且法院也持支持的态度："经努力，洋地一张畲瓷土矿在本案审理过程中，已缴存矿山生态恢复治理保证金 227.205 万元。被告上述积极履职行为，应予以肯定。但在公益诉讼人起诉前，被告仍未全面履职到位，洋地一张畲瓷土矿采取的相关恢复治理措施，也未达到生态环境全面改善的效果。本院应当确认被告怠于履行法定职责的行为违法。"

一步地思考。二是上述典型案例都出自检察公益诉讼试点阶段，而试点阶段的整改期限仅一个月，相对较短，检察机关的耐心等待也是可以理解的，那么在当下全面实施阶段，整改期间已经延长至两个月，如果仍然有检察机关选择等待行政机关完成所有程序或方式，又该如何从制度与规范上予以回应呢？

（三）检察机关信任行政机关作出的整改承诺

在一些典型的案例中，检察机关展现出对行政机关较为宽容的态度，即没有严格适用规范中确定的诉前程序与诉讼程序的衔接标准，而是在行政机关采取整改措施并且作出进一步整改的承诺后，相信该承诺从而以诉前程序结案。比如，额济纳旗环境保护局不依法履行职责案中，环保局督促涉案企业制定整改方案、采取加大洒水频次等防尘措施，并且由口岸管委会完成了运煤专线和运煤立交通道的建设，并承诺该交通工程"正在准备投入使用"，检察机关就此结案。又如，重庆市检察院督促石柱县政府依法履职案中，石柱县政府在 2018 年 10 月 12 日向检察机关作出以下承诺："一是……按照生态修复总方案，尽快明确生态修复具体项目，并于今年 10 月底完成生态修复项目公开招标。二是抓住季节时令，迅速实施生态修复项目，确保今年 12 月底取得阶段性进展，明年 4 月底前全面完成并邀请专家开展县级验收，明年 6 月底前修复整改取得明显成效。"再如，安徽省阜阳市临泉县人民检察院督促县国土资源局依法履职案中，行政机关针对"建议你局加强对县域国土资源的监管，依法积极对临泉县泽金新型节能建材有限公司进行履职"的检察建议，在回复中报告了采取的措施，并且承诺"拟定近期对窑厂东侧的团结沟进行大沟治理，届时将责成临泉县泽金新型节能建材有限公司出资购买清淤弃土对取土区进行回填、修复，以彻底消除安全隐患、修复被侵害的土地"。

对于上述典型案例中检察机关信任行政机关的整改承诺的原因，从公开资料中无法获悉。因此，笔者只能对此进行合理揣测。一则可能与上一种表现形式类似，检察机关想要给予行政机关更多的履职和整改时间，也考虑到公益恢复所需要的周期。二则可能是检察机关与行政机关在诉前程序的协商过程中存在一些其他不当的考量因素，对检察机关信任行政机关的整改承诺造成不利影响。比如，在庆城县检察院诉县环保局行政公益诉讼案中，检察机关于 2016 年 5 月 17 日发出检察建议，行政机关于 6 月 16 日回复表示督促涉案公司在 7 月 30 日之前完成整改。8 月 5 日检察机关在回访调查后发现行政机关并未履行监管职责，公益仍处于持续受侵害状态，便于 11 月 9 日提起诉讼。由此可见，面对检察机关的"信任"，行政机关是有"辜负"的可能性的，因此，要从规范和制度上为检察机关的"信任"提供保障。

（四）检察机关在诉前程序中实施了多次或多种形式的督促行为

从规范层面来看，检察建议是诉前程序的法定形式，但并没有对建议的次数作出明确的规定。而从实践层面来看，绝大多数检察机关在诉前程序中作出了一次建议。但是，笔者也发现了一些特殊情况：一是有检察机关在诉前程序中作出了超过一次的检察建议。比如，锦屏县检察院诉县环保局行政公益诉讼案中，检察机关在 2014 年 8 月 15 日发出了检察建议，行政机关未在限期内答复，也没有履行职责，此时按照实在法的规定，检察机关应该提起诉讼。然而，2015 年 4 月 16 日检察机关又一次发出了检察建议，行政机关于 2015 年 11 月 11 日、12 月 1 日对涉案公司作出了行政处罚，但一直未对处罚的及时履行予以监管，检察机关于 2015 年 12 月 18 日向法院提起诉讼，距离第一次检察建议后可以起诉的时间晚了一年多。二是检察机关在制发了公益诉讼检察建议后，又以其他方式督促行政机关履职。比如，在苏尼特左旗检察院诉生态保护局行政公益诉讼案中，检察机关在 2015 年 10 月 20 日发出检察建议，行政机关进行了回复。在此之后，检察机关又先后于 2016 年 2 月 15 日、5 月 31 日以其他形式督促行政机关履职，但效果都不佳，于是于 2016 年 10 月 25 日提起诉讼。至于为何检察机关会在制发一次建议后，再次督促行政机关履职，目前也无法从公开资料中获得更多的信息。

四、诉前程序与诉讼程序衔接实践混乱的原因分析

（一）公益恢复需考虑客观因素

公共利益涵盖的利益范畴是多种多样的，纳入公共利益范畴的不同具体利益的救济和恢复方式并不相同。比如，国有土地使用权出让这一公益领域的救济方式主要是补缴土地出让金及利息和滞纳金或者收回土地使用权；而生态环境这一公益领域的救济方式首选的是恢复生态环境原貌。而且，即使是某个特定公益领域，在具体案件中实施救济与恢复时，也会受到一些客观因素的影响。比如，陕西省扶风县渭河沿线砂石企业违法占地破坏资源环境案中，"检察机关在行政机关未按期完成整改的情况下，充分考量和尊重行政机关的履职意愿，合理延长整改期限，把用诉前程序实现监督目的作为办案最佳状态"。[①] 此外，还需要考虑的是，行政机关按照检察建议的内容履行了整改措施之后，关于公共利益是否得到有效的恢复，需要通过鉴定等相对科学的方式予以判断，引入鉴定等相对科学的方式也会增加衔接的时间要求。正如《行政公益诉讼办案指南》的总结："对于一些特殊情形，如恢复植被、

---

① 也有检察机关不考虑公益恢复的客观要件的典型案例，比如，在内蒙古自治区阿拉善右旗人民检察院诉阿拉善右旗国土资源局行政公益诉讼案中，检察机关在 2016 年 11 月 7 日发出检察建议，行政机关在 2016 年 12 月 7 日作出了书面回函，"要求企业在 2017 年初开展地质环境恢复治理工作，2017 年 4 月底完成地质环境恢复治理，基本达到原貌"。但检察机关认为行政机关"只是制定了整改计划，并未采取实际措施加以整改"，因此提起了诉讼程序。

修复土壤、治理污染等，行政机关主观上有整改意愿，但由于受季节气候条件、施工条件、工期等客观原因限制，行政机关无法在检察建议回复期内整改完毕的，应当继续跟进调查。行政机关回复将采取明确可行的措施，制定详细的计划和目标，并积极准备前期工作的，检察机关应对方案的可行性进行审查，必要时可以咨询专业人员的意见，认为方案切实可行的，暂不提起行政公益诉讼；如在合理期限内仍未整改到位，国家利益或者社会公共利益持续处于受侵害的状态的，应当提起行政公益诉讼。"① 所以，从公益恢复周期性要求和实际情况来看，检察机关在实践中延长或者等待规范文本中规定的期限其实是对公益恢复周期等客观因素的尊重。

（二）法律程序的完成需要时间

行政行为的完成是需要时间和过程的。如果行政行为在过程中出现诸如听证、鉴定等环节，在过程后发生复议、申诉等环节，这些环节都需要消耗更多的时间，同样是检察机关在确定诉前程序与诉讼程序衔接标准时应当考虑的因素。比如，《环境行政执法后督察办法》要求生态环境行政部门（原环保行政部门）应当在环境行政处罚、行政命令等具体行政行为执行期限届满之日起 60 日内进行行政执法后督察，并且针对在督察之后发现仍需要处理的问题，还可以采取进一步的措施或处罚。② 这个因素可以作为解释检察机关在实务中要求行政机关穷尽所有的法律程序和方式，从而摆脱规范文本对行政机关整改时限的要求。

---

① 《人民检察院公益诉讼办案规则》第 78 条第 1 款也有类似规定："行政机关在法律、司法解释规定的整改期限内已依法作出行政决定或者制定整改方案，但因突发事件等客观原因不能全部整改到位，且没有怠于履行监督管理职责情形的，人民检察院可以中止审查。"
② 详见：《环境行政执法后督察办法》（2011）。

（三）制度设立初期的探索需要

检察公益诉讼制度从试点开始至今已经有 10 年的时间。经过试点过程，做了尝试，积累了经验，并且最终以《民事诉讼法》和《行政诉讼法》的修改而正式确立为正式制度。但是从制度的成熟性等方面来看，检察公益诉讼制度仍处于初期，需要在实践中进一步探索和尝试，并不断解决存在的问题，而且相关规范层面也有着进一步调整的空间。① 因此检察机关在诉前程序与诉讼程序衔接标准的判断上基于不同的考虑有不同的做法，也是可以理解的。但这也从一个侧面反映出相关的规范，如《公益诉讼司法解释》中对衔接标准的判断规定在弹性和变通方面存在不足，这导致检察机关在实际案件中的探索面临合法性方面的挑战，同时，作为检察系统内部重要指导文件的《行政公益诉讼办案指南》，其在办案实践中总结的规范也面临合法性的不足。所以有必要从正式规范和制度的层面，对衔接标准作出更加明确的回应。

---

① 在 2018 年 3 月 2 日最高人民检察院举行的新闻发布会上，相关人员介绍了公益诉讼制度仍处于边探索边固定的阶段："对于实践层面存在的一些问题，'两高'坚持求同存异、协同推进的原则，能形成共识的，就在《解释》中固定下来；对于仍然存在不同认识的，在司法解释中确定一些基本原则……便于地方法院、检察院在协同推进公益诉讼的实践过程中积极探索解决方案，同时也为将来完善立法奠定基础。"此外，"检察公益诉讼法"的制定已经被提上了议事日程：2023 年 9 月 7 日公布的十四届全国人大立法规划中"检察公益诉讼法（公益诉讼法，一并考虑）"作为"条件比较成熟、任期内拟提请审议的法律草案"；2024 年 2 月 20 日，媒体从最高检获得消息，《检察公益诉讼法（建议稿）》已经形成。

第五章 行政公益诉讼诉前程序的完善路径

第一节 诉前程序启动环节的完善

一、拓宽案件来源，化解单一启动主体的不利

解决诉前程序启动主体单一的直接方式是扩大诉前程序启动主体的范围，并赋予更多的主体启动诉前程序的权利。然而，鉴于当前我国公益诉讼实际运行状况的深入考量，上述方式在当前阶段并不适宜采纳。相反，我们应当在充分尊重检察机关作为唯一启动主体的制度设计框架内，积极探索其他有效途径，以化解单一启动主体所带来的不利影响。对此，本书认为，进一步拓宽案件来源渠道，是一个切实可行且值得推荐的解决方案。

（一）拓宽案件来源是化解不利的关键

经过 10 年的时间，包括行政公益诉讼在内的检察公益诉讼制度在规范和实践中都已经逐步成型，并且取得了一定的成效。[①]但是正如前文所述，该制度仍然处于发展过程中，还有诸多问题需要进一步明确，相关制度设计还有待进一步检验，这些都有待于更多的案例与实践予以支持：在案例中检验制度的设计；通过案例发现新的问题。而更多的案例与案件来源的拓展密切相关，此外，通过进一步拓展案件来源，还有助于解决本书第四章中提出的因检察机关作为唯一的启动主体而产生的案件来源限缩、监督角色缺位和违背公益构成这三方面的问题。这是因为拓宽案件来源与设置监督角色、公益的构成之间具有以下关系。

1.提供案件线索是对检察机关履职的监督

在检察机关作为单一启动主体的制度中，检察机关的履职态度直接关系到诉前程序保护公益的效果。而检察机关在履职过程中可能出现消极懈怠的情况，一方面是由于其存在不可避免的行使权力的谦抑性，另一方面则可能是检察机关没有按照规定将案件线索转换为诉前程序的启动。这种情形是不应当发生的。这也给监督提供了空间，而监督的主体自然是提供案件线索的主体。从心理上来看，向检察机关提供诉前程序案件线索的主体是非常希望

---

① "这项工作自 2017 年 7 月全面开展至今，全国检察机关共立案办理公益诉讼案件 31 万余件……行政公益诉讼 29 万余件、民事公益诉讼 1.8 万余件。三年来，检察机关共办理诉前程序案件 27 万余件，其中向行政机关发出诉前检察建议 26 万余件、发出民事公益诉讼公告 1 万余件；提起诉讼 1 万余件……检察公益诉讼设置诉前程序，以检察建议的方式督促行政机关自我纠错、依法履职，确立'诉前实现保护公益目的是最佳司法状态'的目标追求，充分展现了公益诉讼独特的程序价值。实践中，行政机关对诉前检察建议的到期整改回复率超过 96.9%，实现良好监督效果的同时节约了司法资源。"详见：中华人民共和国最高人民检察院.检察公益诉讼全面实施三年办理案件 31 万余件［EB/OL］.（2020-07-08）［2024-06-24］.https://www.spp.gov.cn/spp/xwfbh/wsfbh/202007/t20200708_472509.shtml.

能够实质性地转换为诉前程序的启动，因此他们天然地具有监督检察机关是否积极履职予以转换的动力。由此看来，如果能够拓宽案件来源，那就意味着由更多的主体向检察机关提供案件线索，也就相应地由更多的主体对检察机关履行启动诉前程序的职责予以监督，而监督所取得的效果又会激发线索提供者的积极性，从而形成一个良性的互动关系。

2.提供案件线索能够补缺公共利益的类型

因为"国家—社会"格局的形成，除了国家利益之外，社会公共利益也是公共利益的重要组成部分。这在我国现行有关检察公益诉讼制度保护公益的确定方式中得到了体现——分为国家利益和社会公共利益两个类型。两类不同的公共利益在检察公益诉讼制度中应当由相应的利益代表者来启动这一保护制度。检察机关作为国家机构，自然可以作为国家利益的代表者和维护者启动诉前程序。而在现有制度下，检察机关同时也承担着社会公共利益代表者和维护者的角色，特别是在行政公益诉讼之中。但是，从前文分析的社会公共利益的产生和来源来看，最适合代表和维护社会公共利益的是社会公益组织，甚至是公民个人。这需要对现有的检察公益诉讼制度，特别是行政公益诉讼进行巨大调整，甚至重塑。① 如果不改变检察机关是行政公益诉讼诉前程序唯一启动主体的设计，如何让社会公益组织或者个人在整个诉前程序中更有参与感呢？本书认为，需要从制度上鼓励和支持社会公益组织或者个人向检察机关提供更多的案件线索，尤其是属于社会公共利益领域的案件线索。在这个过程中，可以把检察机关看作是受到社会公益组织或者公民的委托，从而启动行政公益诉讼诉前程序，以保护公共利益。

---

① 持行政公益诉讼诉前程序启动主体和诉讼程序的原告应当拓展到社会组织或者公益组织观点的论者并不在少数，并且分析了原因、进行了论证。比如，"检察机关在当前政治体制架构之中，自身未见得有足够的地位与能力在任何事项上抵制住更为强势的政府对其施加的影响力，因此检察机关在一些问题上能够发挥的空间有限。对此，我们可以适当引入'社会化'改造，拓展社会组织甚至是个人的行政公益诉讼主体资格，以弥补这种单一'国家化'构造对敏感公益救济之不足"。详见：覃慧. 检察机关提起行政公益诉讼的实证考察［J］. 行政法学研究，2019（3）：99-100.

（二）拓宽案件来源的具体措施①

1."内部挖潜"：加强与其他检察业务的融合

从相关规范文本的规定来看，检察机关案件的主要来源是其"履行职责"中发现的线索。这比较符合检察权运行的谦抑性特点，也就是说，拓宽案件来源的举措不能要求检察机关如行政机关一样，积极主动地去寻找案件线索。在尊重和维持检察权履职特点的情况下，如果要进一步拓展诉前程序的案件来源，那就需要对"履行职责"这一规范文本的规定作出扩大的解释。由此，公益诉讼检察部门需要加强与其他检察业务承办部门的协作与配合，通过"四大检察"业务全面协调发展与相互融合，使得其他检察业务能够为检察公益诉讼业务部门提供更多的案件线索。因为相较于其他检察业务来说，公益诉讼检察业务是一项新的业务，需要借助已经较为成熟的其他业务为其提供更多的案源。特别是从业务关系上来看，公益诉讼检察与行政检察的关系更为紧密："行政诉讼检察与公益诉讼检察……都归属于广义的行政检察范围……两个部门的业务有交叉，也需要衔接。从监督的流程看，公益诉讼检察处于行政检察的中心位置，既可以将监督触角延展到行政执法活动中，也可以通过诉讼制度进行专门监督，还可以向行政检察部门移交诉讼监督案件。"②

---

① 《人民检察院公益诉讼办案规则》（2021）第24条罗列了公益诉讼案件线索的来源，包括：自然人、法人和非法人组织向人民检察院控告、举报的；人民检察院在办案中发现的；行政执法信息共享平台上发现的；国家机关、社会团体和人大代表、政协委员等转交的；新闻媒体、社会舆论等反映的；其他在履行职责中发现的。

② 刘艺.我国检察公益诉讼制度的发展态势与制度完善——基于2017—2019年数据的实证分析 [J].重庆大学学报（社会科学版），2020，26（4）：180.

2．"外部协作"：加强与其他国家机构的联系

除了从检察机关内部挖潜以外，通过与其他国家机构的配合与协作获得案件线索和来源也是非常重要的，这也符合我国《宪法》对各国家机构之间相互配合履职的要求和定位。比如，检察机关通过与公安机关建立合作机制，使公安机关在刑事案件侦查阶段如果发现了行政公益诉讼案件的线索，就可以转交给检察机关并进一步判断是否需要启动诉前程序，发挥诉前程序在保护公益上的预防性的特点和功能。又如，检察机关可以与行政机关之间建立合作机制，因为行政机关的履职具有主动性和积极性的特点，因此他们如果在行政执法过程中发现了公益受损的情形，但不属于他们履职范围的，可以通过转交给检察机关启动诉前程序的方式督促应当履职的行政机关履行保护公益的职责。这样与其他国家机构合作的机制与方式应当从规范层面予以保障和支撑。

3．"广泛拓展"：激发社会主体的积极性

无论是通过检察机关内部业务融合还是与其他国家机构的合作，拓展案件来源的路径都还局限在国家机构的范围里，这显然还不够。要把更多的社会主体的积极性激发起来，从规范与制度上为他们向检察机关提供案件线索予以保障，他们提供的案件线索更契合公共利益构成中社会公共利益的范畴。一则，检察机关应当对各类社会主体提供的案件线索建立登记与反馈制度，确保每一个案件线索的后续处理都能够向社会主体作出反馈，特别是对于没有转换启动诉前程序的案件线索，要向线索提供者说明理由，这样既可以表示对线索提供者的尊重与感谢，又能够为线索提供者提供指引，方便他们今后向检察机关提供更精准的案件线索。二则，在全面数字化转型的背景下，检察机关要善于运用各类数字技术与数据要素，通过不同数据之间的对

比，发现更多的案件线索。① 此外，各类数字技术与互联网平台还为各类社会组织向检察机关提供案件线索提供了便利，检察机关因此要加强对这类平台的建设。三则，要加大对公益诉讼的宣传力度，消除"检察院主要是抓贪官"的固有认知，让人们逐渐建立起发现公益受到损害时要找检察机关的观念和认知，"任何人只要发现行政机关有行政违法或不作为问题，都可以向检察机关进行举报、控告，检察机关在此基础上进行立案，并开启诉前程序，只有这样，才能避免检察权对行政权的不当干预，才能进一步拓展行政公益诉讼的案源，才有利于行政公益诉讼长久持续良性发展"。② 而检察机关也可以在必要时通过奖励的方式鼓励人们提供线索。

二、细化启动条件，解决适用实践中的困难

（一）确定行政职权非正式法依据的适用效力

正如本书第四章中所分析的，现实中行政机关履行的职权存在交叉的现象，而履职的法规范依据又因为表述的模糊性与稳定性的要求而无法为检察机关提供明确行政机关职权的依据，进而为启动诉前程序带来了困难。为此，检察机关只能从"三定"规定、权力清单等更为具体的依据中寻找支撑。虽然这些非正式法依据的引入解决了具体实务中的问题，但是依然需要在规范属性与适用效力上获得确定，不然检察机关的解决方案无法在规范层面得到

---

① "譬如，浙江省仙居县政府补（救）助资金监管类案中，检察机关通过对民政、人社、医保等行政机关的数据以及司法数据进行筛选、比对、碰撞、分析，发现行政机关对服刑人员和已死亡人口违法发放政府补（救）助资金的线索，并在此基础上扩展排查范围，又发现县政府补（救）助资金的重叠领取问题。可见，对于线索发现而言，检察机关借助数字技术将过往的'被动遭遇'转向为'主动排查'，更是能动地依循数字逻辑将关联问题一并囊括，即所谓的'类案治理'。"详见：梁鸿飞.数字检察赋能行政公益诉讼：从技术嵌入到制度融合［J］.兰州大学学报（社会科学版），2024，52（2）：66.

② 王春业.论行政公益诉讼诉前程序的改革——以适度司法化为导向［J］.当代法学，2020，34（1）：95.

支撑。

第一，"三定"规定越来越多地表现出党内法规的属性，而党内法规已经纳入我国法治体系之中，[①]但尚不属于《立法法》规定的规范范畴。而检察机关处理的诉前程序案件仍然是属于法律的范畴，因此要为"三定"规定在国家的法律体系中找到合适的位置，并纳入依赖于国家的法律体系建立的合宪性与合法性审查体系，从而保障其质量，增强其严肃性，为检察机关的适用提供更强的依据。在具体方式上，"三定"规定是对行政机关职权、编制和机构的确定，因此属于行政组织法的范畴，而我国现行的行政组织法主要是《中华人民共和国公务员组织法》和《中华人民共和国地方各级人民代表大会和地方各级人民政府组织法》，两者在对职权的规定方式上都采用了比较简单的方式，前者以"国务院行使宪法和有关法律规定的职权"来表述[②]，从而将职权的具体内容引向了宪法和其他法律；后者则采用罗列的方式对地方各级政府的职权作出规定[③]，与宪法的规定相比[④]，的确更为具体，但与日益复杂的社会事务相比，仍显简单。为此，在不改变现行上述行政组织法规范确定行政机关职权方式的情况下，可以通过在上述两部法律中设置授权条款，赋予"三定"规定的制定主体"编委"和"编办"以法律上的制定权力，把"三定"规定的制定作为"编委"和"编办"履行法定权力的结果，从而使"三定"规定获得法律上的依据。

第二，对于权力清单的管理。一是通过建立权力清单的监督审查机制，防止政府通过完全自主完成权力清单的制作而扩张自己的权力，实现对行政权行使的约束。二是通过确立权力清单在检察机关适用时的地位规则，来对

---

① "从我国关于党的规范性文件可以作为国家法的构成渊源而论，它们也应当是我国法治体系的内容。"详见：关保英.论行政编制法的新定位［J］.社会科学研究，2019（2）：126.

② 《中华人民共和国国务院组织法》（2023）第6条。

③ 详见：《中华人民共和国地方各级人民代表大会和地方各级人民政府组织法》（2022）第73条。

④ 详见：《中华人民共和国宪法》（2018）第107条。

权力清单的适用作出必要的限制。这是由于权力清单在规范地位、审查监督等方面的原因所造成的。因此，检察机关在确定行政机关职权的时候，应当先从法律法规、规章等正式法依据中去寻找，只有穷尽了这些正式法依据仍然无法确定行政机关的职权，而该公益的受损又与行政机关具有因果关系，那么检察机关才能通过权力清单的适用作出判断，这类似于行政诉讼法中适用规章的"参照"方式。

（二）区分适用不同类型行政行为的判断标准

1.明确类型化行政行为的判断标准

对于检察机关在判断作为启动诉前程序"行为条件"的行政行为上，与行政机关存在不同观点和认识的情况，可以参考法院系统的做法予以明确。最高人民法院在《关于行政案件案由的暂行规定》（2020）中设定了三级案由："行政行为"是一级案由；二级案由则由行政处罚、行政强制措施、行政强制执行、行政许可等类型化的行政行为构成[①]；三级案由则是对二级案由的再类型化，如行政处罚二级案由的三级案由就是警告、通报批评、罚款等行政处罚的种类构成。从中可以看出，法院在行政诉讼中采用了以"行政行为"为核心并且予以类型化的处理方式，检察机关也可以予以参考适用，即对诉前程序启动的"行为条件"以"行政行为"为核心，并且以类型化作为进一步的处理方式，从而方便检察机关的适用。当然，检察机关在参考适用时，还要考虑行政机关在履行保护公益职责时所具有的给付行政的色彩，要在行政行为的类型化处理中体现上述特点。正如有学者所说："我们应当根据给付

---

① 《关于行政案件案由的暂行规定》（2020）列举的二级案由主要包括：行政处罚、行政强制措施、行政强制执行、行政许可、行政征收或者征用、行政登记、行政确认、行政给付、行政允诺、行政征缴、行政奖励、行政收费、政府信息公开、行政批复、行政处理、行政复议、行政裁决、行政协议、行政补偿、行政赔偿及不履行职责、公益诉讼。

行政的行政法治价值来划分行政行为的类型。"①

把行政行为作类型化处理，对行政机关而言，便于他们依法履行公益保护的职责，避免行政机关以未类型化或者不产生行政法上法律效果的行为作为已经履职的理由，使公益人处于受损的状态。此外，考虑行政机关在履职过程中采用协商、指导等柔性行为的空间越来越大的现实性，以类型化或者产生行政法上法律效果为标准判断行政机关的行为，可以压缩以上空间，避免行政机关基于不相关因素的考量与相对人在公益持续的损害上达成一致。对检察机关而言，则便于他们识别行政机关的行为。因为如果把行政机关实施行政行为看作是一个系统的话，检察机关启动诉前程序予以监督就是从这个系统之外进行干预，而对"行为条件"的判断则是干预的时机。显然，类型化的处理方式给检察机关准确把握干预的时机提供了明显的标准，因为许多类型化的行为如何实施在规范层面是有明确规定的，这也为检察机关的判断提供了便利。

还需注意的问题是，检察机关在启动诉前程序时对行政机关作出的行政行为的判断，除了要对行为的内容作出判断外，还需要注意行为作出的主体。提出这个问题是源自对甘肃省酒泉市肃州区人民检察院诉肃州区财政局不作为案的观察与分析，该案的涉案金额44万元在检察建议发出前就已经退回给了省财政厅，但是44万元是肃州区工信局从其中小企业服务协会专项资金账户中提取的，而不是由被监督的肃州区财政局从涉案企业处追缴而来的。因此，如果从退回涉案金额的主体来看，这一行为并不恰当，应当考虑继续提起行政公益诉讼予以进一步的监督，而非在实践中以诉前程序结案。

2.谨慎适用判断不作为的实质标准

类型化处理模式在判断形态化行政行为时，被证明是一种有效的手段；然而，对于不作为形态的行政行为，鉴于其本质上已作为行政行为的一个特

---

① 关保英.给付行政的精神解读［J］.社会科学辑刊，2017（4）：41.

定分类存在，从该分类的内在逻辑出发，正如前文所述，检察机关在实际操作中已超越了规范层面所设定的形式化界限，转而采用了更为深入的实质化标准进行评估。但是，本书认为，应当明确规范层面所确立的形式标准仍然应当是判断行政机关构成不作为的首要标准，对于实质标准在诉前程序启动时判断的适用要保持谨慎态度。因为，一方面形式标准易于检察机关判断，对检察机关来说，只要从外观上没有证据证明行政机关实施了履职行为，就可以认定为不作为。而且对于形式标准的认识，无论理论上还是实务中都没有太大的分歧。另一方面，如前文所述，形式标准与实质标准并不存在冲突或者平行关系，而是隐含着递进的层次，即形式标准是前提，实质标准是在形式标准基础上的更进一步。具体来说，基于形式标准，检察机关如果发现行政机关对公益损害的现实没有履职或者采取措施，那么就属于不作为，可以考虑启动诉前程序。实质标准是在基于行政机关已经履职或者采取措施的前提下，其是否已经产生了公益保护或者救济的效果，如果没有，那么构成不作为，可以考虑启动诉前程序。

在诉前程序启动的判断中要谨慎适用实质标准有以下三个主要原因。一则，要尊重形式标准和实质标准之间的递进关系，实质标准的适用是以形式标准适用的结果为前提的。二则，实质标准重点关注行政行为所采取的措施和履职行为所产生的公益保护效果，但是如前文所述，公益保护效果的产生需要多种原因共同作用，属于典型的多因一果，包括恢复的技术难度、恢复的等待时间等都会对公益保护效果的发生产生影响。这些都要在适用实质标准时予以充分考虑。三则，从诉前程序与诉讼程序的衔接关系来看，启动诉前程序时对行政不作为的判断标准应当与启动诉讼程序时对行政不作为的判断标准相一致，这样才能够有效发挥以诉前程序结案的独特优势。

（三）以"概括"＋"标准"重构公益识别的方式

公共利益的识别关系是适用检察公益诉讼制度的前提与关键，也是整个制度的最终落脚点。本书的第四章对目前规范中识别公益的方式作了归纳与总结：由"四＋N领域"与"两类型"共同构成，并且在此基础上，详细分析了这一方式所存在的诸如救济范围限缩、实践依据不牢、预期目标落空以及公益领域重叠等方面的不足与问题。因此，需要对公益识别的方式作出调整。本书认为，可以采用"概括"与"标准"相结合的方式来重构公益识别的方式。所谓"概括"的方式，就是从规范上对"公共利益"做一个概念上的界定，划定基本的概念外延与轮廓，这也是对现行法回避界定的纠正。具体而言，公共利益是指不特定多数人所享有的基本的、重大的利益。所谓"标准"的方式，则是在"概括"方式中界定概念的基础上，设定若干具体的识别标准，解决因为概念过于抽象而无法适用的难题，因此"标准"是对"概括"的具体化，通过本书后文对"标准"的具体展开，明确本书界定公共利益概念的原因。此外，相较于描述特征、罗列内容等方式，"标准"的确定方式更为全面、更加稳定，并且能够适用公共利益内容发展的要求与现实。总体而言，基于检察公益诉讼制度设定的目标，结合检察机关对行政公益诉讼的探索实践，体现"以人民为中心的理念和双赢多赢共赢理念"，公共利益的识别标准是由国家标准、主体标准、质量标准和公平标准共同构成的体系。

1.国家标准：体现国家任务的利益

国家利益是公共利益的重要组成。在"国家—社会"二元结构还没有形成，以国家权力为主导的社会阶段，国家利益就是公共利益。① 比如，在我国1975 年和 1978 年的《宪法》中都"没有将公共利益规定为行使征用权的合目的性要件，因为……公共利益被等同于国家利益"。② 那么，哪些属于国家利益呢？对于这一问题，德国学者纽曼（Newman）提出的"客观公益"的概念为我们提供了一个很好的判断标准，他把"客观公益"定义为："基于国家、社会所需要的重要之目的及目标……客观公益就是等于国家目的（任务）。"③由此，我们可以把体现国家任务的利益都纳入国家利益的范畴之中。而一国的国家任务往往规定在该国的宪法之中，我国的宪法亦是如此。

具体来说，我国《宪法》中有关国家任务的内容主要体现在序言第七至十二自然段。按照许崇德教授的分析，这六个自然段的内容可以分为两部分："序言第七段、第八段和第九段是关于实现四个现代化建设、阶级斗争、统一祖国的规定，都是宪法为全国人民提出的任务。而第七段则规定了国家的根本任务④……序言第十段、第十一段、第十二段的内容是实现我国根本任务和

---

① 本质上来说，国家利益和公共利益是统一的，但这并不意味着国家利益和公共利益是完全等同的范畴。"国家利益是特定的概念，在汉语中有双重含义，即在国际政治范畴中以民族整体利益为内容的国家利益和国内政治意义上的国家利益，指政府所代表的全国性利益。从性质上讲，国家利益主要是以国家为主体而享有的利益，而公共利益主要是由社会成员享有的实际利益，享有利益的主体是不同的。"详见：韩大元. 宪法文本中"公共利益"的规范分析［J］. 法学论坛，2005（1）：7.

② 倪斐. 公共利益法律化研究［M］. 北京：人民出版社，2017：87.

③ 陈新民. 公共利益的概念［C］// 陈新民. 德国公法学基础理论（增订新版·上卷）. 北京：法律出版社，2010：233.

④ 2018 年的《宪法修正案》对《宪法》序言第七自然段作出了修改，修改后的国家根本任务是："国家的根本任务是，沿着中国特色社会主义道路，集中力量进行社会主义现代化建设。中国各族人民将继续在中国共产党领导下，在马克思列宁主义、毛泽东思想、邓小平理论、'三个代表'重要思想、科学发展观、习近平新时代中国特色社会主义思想指引下，坚持人民民主专政，坚持社会主义道路，坚持改革开放，不断完善社会主义的各项制度，发展社会主义市场经济，发展社会主义民主，健全社会主义法治，贯彻新发展理念，自力更生，艰苦奋斗，逐步实现工业、农业、国防和科学技术的现代化，推动物质文明、政治文明、精神文明、社会文明、生态文明协调发展，把我国建设成为富强民主文明和谐美丽的社会主义现代化强国，实现中华民族伟大复兴。"

其他任务的三个保证条件。"①《宪法》序言对国家任务的描述是抽象的，需要作出进一步的扩展规定，从而在《宪法》文本中构建有关国家任务规范的关系："宪法序言中所表述的国家根本任务在内涵上与宪法总纲诸规范之间存在着一般与特殊的关系，可以将整个宪法总纲视为是对国家任务在宪法内的具体诠释。由此观之，宪法序言所表述的国家根本任务在性质上可谓是最高层次的公共利益条款。"② 所以，《宪法》中序言和总纲的相关内容共同构成了国家利益的范畴，具体包括国体、民主制度、民族关系、法治、经济建设与发展、软实力和生态环境七个方面。

一是作为国家利益的国体。我国《宪法》总纲中的国体条款（第 1 条）是《宪法》序言第七自然段中"在中国共产党领导下……坚持人民民主专政，坚持社会主义道路"和第八自然段中"在我国，剥削阶级作为阶级已经消灭，但阶级斗争还将在一定范围内长期存在"等国家任务的具体化。二是作为国家利益的民主制度。我国《宪法》总纲中的政体条款（第 2 条）和民主集中制原则条款（第 3 条）都是有关国家民主制度的内容，是《宪法》序言第七自然段中"发展社会主义民主……把我国建设成为……民主……的社会主义现代化强国"的国家任务的具体化。三是作为国家利益的民族关系。我国《宪法》总纲中的民族关系条款（第 4 条）是《宪法》序言第十一自然段中有关民族政策的国家任务的具体化。所以，维护我国各民族之间的关系是国家利益的重要构成。四是作为国家利益的法治。我国《宪法》总纲中的依法治国条款（第 5 条）是《宪法》序言第七自然段中"健全社会主义法治"的国家任务的具体化。五是作为国家利益的经济建设与发展。我国《宪法》中的国家经济制度的相关条款（第 6—18 条），包括基本经济制度、分配制度、不同所有制经济的地位、财产权保护等规定，都是《宪法》序言第七自然段中

---

① 许崇德.中华人民共和国宪法史（下卷）[M].福州：福建人民出版社，2005：480.
② 陈玉山.论国家根本任务的宪法地位[J].清华法学，2012，6（5）：83.

有关经济建设与发展等国家任务的具体化。六是作为国家利益的软实力。我国《宪法》总纲中有关教科文体卫以及精神文明建设和社会主义核心价值观等条款（第19—22条、第24条）是《宪法》序言第七自然段中有关精神文明发展、建设文明的社会主义现代化强国等国家任务的具体化。七是作为国家利益的生态环境。我国《宪法》总纲中有关国家保护和改善环境与自然资源的责任条款（第9条第2款、第26条）是序言第七自然段中推动生态文明协调发展、建设和谐美丽的社会主义现代化强国等国家任务的具体化。因此，需要注意的是，保护生态环境也是国家利益的范畴。

2.主体标准：符合大多数人的利益

公共利益中的"公共性"在概念中通常表述为"不特定多数人"，相应地，公共利益容易被简化表达为不特定多数人的利益。[①]从这一表达可以看出，能够成为公共利益的，应当是社会中的多数人都希望实现或者得到保护的利益。

于是，随之而来的问题是："何谓公共？若只采简单二分法概念，将公共的概念，相对地提出私人之概念，也就是将公益相对于私益外，并不能完全清晰了解公共的定义为何。因为公共是许多私人的集合体，一个公共须由多少的私人来组成，抑或该项私人所能组成公共的可能性完全不能存在，就是一个值得深入考虑的问题。"[②]对于这一问题，仅德国学者就先后提出过三种不同的理论。第一种是地域基础理论，学者洛厚德（C. E. Leuthold）指出：

---

① 在宁波市海曙区人民检察院拓展案件范围时，就以"不特定多数人"标准为论证的切入点："针对'骚扰电话'治理是否在法律规定的检察机关提起公益诉讼领域之内的问题，司法实务和理论界均存在不同理解。海曙区人民检察院通过委托第三方开展社会调查，向人大代表、政协委员实名调查等形式，广泛征求民意，以具体的数据充分反映广大人民群众的心声，有效证明了'骚扰电话'侵害社会公共利益的实质。"详见：最高人民检察院法律政策研究室.公益诉讼指导性案例实务指引［M］.北京：中国检察出版社，2019：106.

② 陈新民.公共利益的概念［C］//陈新民.德国公法学基础理论（增订新版·上卷）.北京：法律出版社，2010：231.

"公共利益就是区域内'大多数人'的利益，与之对应的就是少数人的个别利益。"[①] 第二种是前文提及的纽曼提出的客观公益和主观公益：客观公益就是国家任务；主观公益则是"基于文化关系之下……一个不确定之多数（成员）所涉及的利益"。[②] 因此，主观公益是从不确定多数成员的利益角度对公共利益的界定。第三种是"圈子"理论："通过界定'某圈子'的个别利益，从反面间接界定社会公共利益……'圈子'具有隔离性，它并非对任何人都开放，另外，该圈子的成员数量非常有限。于是'公共'性就必须具有公共开放性，并在成员数量上要达到一定数额。"[③]

从利益主体不特定多数的角度来界定公共利益，特别是体现其公共性，是具有合理性的。一方面，它是前文所分析的公共利益的不确定性特点在受益对象上的体现；另一方面，它符合民主的观念："以受益人之多寡的方法决定，只要大多数人的不确定数目的利益人存在，即属公益。故，是强调在数量上的特征……因此，不确定多数人作为公共的概念，直至目前，仍是在一般情况下，广为被人承认的标准。"[④] 但是，如果仅以利益主体的数量作为识别公共利益的标准并不充分，它只能体现公共利益的一种特征，还需要配合其他识别标准共同判断。

3.质量标准：关涉基本权利的利益

正如上文所分析的，公共利益识别不能只看涉及的主体数量，还要从所涉及利益的内容方面予以考量。比如，个人利益可以成为公共利益的来源，而转化为公共利益的个人利益应当满足这样的条件："只有当个人利益

---

① 徐鹏.公共利益法律化及其在土地征收制度中的践行［J］.山东社会科学，2011（3）：142.
② 陈新民.公共利益的概念［C］//陈新民.德国公法学基础理论（增订新版·上卷）.北京：法律出版社，2010：233.
③ 徐鹏.公共利益法律化及其在土地征收制度中的践行［J］.山东社会科学，2011（3）：142.
④ 陈新民.公共利益的概念［C］//陈新民.德国公法学基础理论（增订新版·上卷）.北京：法律出版社，2010：234.

或者个人权利受侵害现象具有经济秩序或者社会正义的普遍性和典型性意义时，才能转化为社会公共利益。"① 这需要从利益的内容方面来识别公益，利益内容应当具有重要性。这也可以从公共利益作为限制个人利益的理由的角度得到印证，也就是说，个人利益之所以可以被牺牲，是因为公共利益更为重要。由此，如何判断利益内容的重要性就成为进一步需要明确的问题。

对此，本书认为，可以从宪法规定的公民基本权利角度来判断利益内容的重要性。一方面，这是由宪法中公民基本权利的地位和性质决定的："宪法权利往往是为实在的宪法所确认的权利。"② 宪法确认的权利是个人权利中那些具有固有性、不可侵犯性和普遍性的权利。③ 另一方面，这也是基本权利一旦遭到侵害会产生更严重后果决定的。因为对于权利主体来说，当基本权利受到侵害，可能产生不可逆的、难以挽回的，或者即使恢复也需要付出巨大代价的后果。相应地，从个人救济的角度来看，也是相当困难的，需要借助专业的组织予以救济。据此，我国《宪法》规范确认的以下公民基本权利可以作为识别公益的标准：平等权（第 33 条）；政治权利（第 34—35 条）；精神自由权（第 36 条）；人身自由权与人格尊严（第 37—40 条）；获得救济权（第 41 条）；社会经济权（第 42—44 条，第 46—47 条）。

4.公平标准：需要特别保障的利益

对公益的识别不仅是技术上的问题，即属于公益范畴的利益范围，更是价值上的问题："公益概念尽管有其抽象性，但并非飘渺不可及，因为其乃价

---

① 孙笑侠.法的现象与观念——中国法的两仪相对关系（修订四版）［M］.北京：光明日报出版社，2018：67.

② 林来梵.从宪法规范到规范宪法——规范宪法学的一种前言［M］.北京：商务印书馆，2017：87.

③ 有关宪法基本权利的性质，详见：芦部信喜.宪法（第六版）［M］.林来梵，凌维慈，龙绚丽，译.北京：清华大学出版社，2018：59-60.

值问题。"① 这意味着，公益识别属于价值判断。因此，需要把一些体现价值的利益作为公益纳入其中，以体现社会的公平，即使这些利益可能并不是多数人的利益。"从人权保护角度来看，公益诉讼始终以关注人权保障与弱势群体保护为视角。人权保障涉及的是一个普遍的泛化的问题，很多时候并不以人数的多少为标准。"② 此外，从作为限制个人利益或者平衡不同利益的角度来看，除了考虑利益主体的数量，也可以从蕴含在利益后的价值的角度进行考虑。比如，将社会中特定弱势群体的利益纳入公益的范畴中，并且以此来调节不同的利益，这正是价值角度考虑的结果。"公众不是一个单一实体，也不能识别出单一的、可鉴别的公众利益。政府不得不对共同体的不同部分的多种请求作出权衡。"③ 从公益诉讼的制度沿革来看，作为一种法律程序，它被赋予了保护弱势群体利益的功能，法律程序主义者认为："一个民主社会中的法治要求实现积极的司法，以矫正一个多数主义的政治制度因轻视少数人、异己分子和受践踏、被压迫者的利益而带来的趋向。这些都体现了公益诉讼所倡导的对少数人利益的保护，为法院在司法治理中实现社会边缘群体利益的公益观提供了坚实的基础。"④ 我国《宪法》在确认公民基本权利时，单独罗列了病人、残废军人（烈士军属）、女性、儿童和老人等特殊主体的基本权利⑤，突出了宪法对上述主体权利的特别保护。当然，按照前述分析，这些特殊主体的基本权利也可以"质量标准"而被识别为公益。在法律等其他规范层面，越来越多的特殊群体的利益被作为公益的组成。比如，英雄烈士的姓名、肖

① 陈新民.公共利益的概念［C］//陈新民.德国公法学基础理论（增订新版·上卷）.北京：法律出版社，2010：260.

② 林莉红.法社会学视野下的中国公益诉讼［C］//贺海仁.公益诉讼的新发展.北京：中国社会科学出版社，2008：11-12.

③ 卡罗尔·哈洛，理查德·罗林斯.法律与行政［M］.杨伟东，李凌波，石红心，等译.北京：商务印书馆，2004：1131.

④ 徐卉.通向社会正义之路——公益诉讼理论研究［M］.北京：法律出版社，2009：33.

⑤ 详见：《中华人民共和国宪法》（2018）第45、48—50条。

像、名誉和荣誉等人格利益[①]。又如，残疾人的公民权利与国家、社会的保障责任[②]。再如，消费领域中格式条款的接受者权利[③]等。当然，同样需要指出的是，这一标准也不宜单独或绝对适用，不然会导致公共利益范围的泛化。

三、行政公益诉讼诉前程序是程序竞合的优先选择

前文已经分析了诉前程序发生竞合的条件以及检察机关在选择启动何种诉前程序时应当考量的因素。基于上述分析，本书认为，当检察机关面临诉前程序竞合时，应当优先选择启动行政公益诉讼诉前程序，并且将这一选择在相关规范中得到明确，对行政机关形成约束。这一观点背后的原因主要有三个：一是行政公益诉讼诉前程序具有主动性特征；二是行政公益诉讼诉前程序具有转换功能；三是行政公益诉讼诉前程序的制约效果更显著。

（一）行政公益诉讼诉前程序的主动性特征

与民事公益诉讼诉前程序相比，行政公益诉讼诉前程序更为积极主动。这表现在检察机关在行政公益诉讼诉前程序中对行政机关形成了全程的监督，覆盖诉前程序从启动到检察建议送达后的整改，通过监督行政机关正确依法履行行政职责，发挥行政机关在公益保护和救济上的优势，实现既定的效果，从而能够发挥诉前程序结案的作用，以更经济的方式达到了公益保护的目标。而在民事公益诉讼诉前程序中，检察机关处于等待的状态。因为，本质上民事公益诉讼诉前程序并非直接的监督程序，而是公告程序，是给符合法定条件的社会组织以提起民事公益诉讼的时间，因此，检察机关并不能像行政公

---

① 《中华人民共和国英雄烈士保护法》（2018）第 25 条。

② 详见：《中华人民共和国残疾人保障法》（2018）。

③ 《最高人民法院关于审理消费民事公益诉讼案件适用法律若干问题的解释》（2020）第 2 条。

益诉讼诉前程序那样发挥监督作用，甚至实务中出现了检察机关与社会组织在民事公益诉讼诉前程序中达成默契的现象，一旦检察机关提起了民事公益诉讼诉前程序，社会组织就不再准备提起民事公益诉讼了，等到诉前程序结束后，检察机关再起诉。显然，这会造成公益保护在时间上的滞后，与制度的设计初衷背道而驰。

（二）行政公益诉讼诉前程序的转换功能

行政公益诉讼诉前程序的转换功能实际上在本书第二章中已经进行了阐释，即通过诉前程序，实现由检察机关启动的司法保护程序向行政机关的执法程序的转换，发挥行政机关在保护公益上的优势。"行政处理先行原则基于行政权在国家权力中应当是最有活力、最富有效率和能动性的公权力，涉及社会生活的方方面面，具有最大的涵盖面，且具有很强的专业性、技术性，为了保持行政权的能动与自主，以适应经济社会发展的现实需要，检察机关应当尊重行政裁量权的行使，尽可能督促行政机关自行纠正违法行政或不当行政。"[1] 而民事公益诉讼诉前程序显然不具有转换功能，正如前文所分析的，无论民事公益诉讼诉前程序的结果如何，其最终走向都是提起民事公益诉讼，即民事公益诉讼诉前程序并不具有结案的作用。"诉前公告制度适合于鼓励不特定的社会组织进行启动民事公益诉讼程序，但对于特定明确且负有起诉职权、具有诉讼条件的相关社会组织、法定机关而言，督促起诉的效果可能并不理想。因为诉前公告督促效力表现薄弱，尤其是没有要求'回复'的规定，唯一的后果就是检察机关届时获得提起民事公益诉讼的资格，既不利于有效督促起诉，也会为相关社会组织规避起诉提供空间。"[2]

---

[1] 傅国云.行政检察监督研究：从历史变迁到制度架构［M］.北京：法律出版社，2014：116.

[2] 蒋玮，李震.检察公益监督的诉前建议适用及效力论［J］.西部法学评论，2019（2）：26.

（三）行政公益诉讼诉前程序的制约效果显著

行政公益诉讼诉前程序具有监督行政权的作用，它形成了对行政机关在履行公益保护职责领域的专门监督，是行政权受到监督体系的重要组成部分。从监督的效果来看，检察机关和行政机关同为国家机构，并且在法律地位上基本相当，再加之检察机关和行政机关在诉前程序中基于共同的目标创造性地采用了协商等更加柔性的方式，使得双方的沟通更为便利，各自的资源也能够相互使用，因此在监督或制约的效果上要比民事公益诉讼诉前程序更为显著。此外，检察机关在实践中还可以利用其与其他党政机构之间的关系，在向行政机关发出检察建议的同时，将相关情况告知同级党委和上一级行政机关，从而强化对行政机关的制约效果，这是其他社会力量难以实现的。

而民事公益诉讼诉前程序毕竟不是一个专门的监督程序和方式，只是起到提醒符合法定条件的社会组织去提起诉讼的作用，同时也为检察机关自己在民事公益诉讼诉前程序结束后可能需要提起诉讼做准备。

第二节　诉前程序调查核实环节的完善

一、恢复有关调查核实方式的规定

检察机关在诉前程序中对相关事实和证据进行调查核实的权力，本质上是一种公权力，因此应当"于法有据"，并且这里的"法"应当属于正式法规范的范畴，并且具有较高的效力位阶。正如本书第四章中所分析的，目前处于高效力位阶的《人民检察院组织法》仅明确了调查核实作为检察机关履职的方式，并未制定具体的规则;《公益诉讼司法解释》中的相关规定又过于单薄；而《检察建议 2019 规定》《行政公益诉讼办案指南》《公益诉讼办案规则》等可以适用的具体规则在规范的效力位阶上又较低，甚至有的规范还不能作为正式法规范，这给检察机关依法调查核实带来了一定的挑战。

因此，需要在正式法规范中对调查核实的相关规定予以充实。一方面，以《公益诉讼司法解释》第 6 条为载体，将《公益诉讼办案规则》中规定的调查核实可采取的七种措施重新纳入其中作出规定①，弥补当时制定《公益诉讼司法解释》时规定得较为原则的问题。② 另一方面，检察公益诉讼法是一部列入全国人大立法规划的法律，在效力位阶上仅次于宪法，一旦立法成功，将改变目前有关检察公益诉讼的法律规范"散装"的现状，调查核实权作为这一制度中重要的权力，可以考虑在该法中对其作出相对具体明确的规定，从而彻底解决检察机关行使调查核实权法依据的问题。

二、增强调查核实权的强制力

检察机关在诉前程序的调查核实中不得采取强制性的措施的确有合理性和恰当性，但同时我们也应当看到，这给检察机关在行使调查核实权时

---

① 《人民检察院公益诉讼办案规则》（2021）第 35 条规定："人民检察院办理公益诉讼案件，可以采取以下方式开展调查和收集证据：（一）查阅、调取、复制有关执法、诉讼卷宗材料等；（二）询问行政机关工作人员、违法行为人以及行政相对人、利害关系人、证人等；（三）向有关单位和个人收集书证、物证、视听资料、电子数据等证据；（四）咨询专业人员、相关部门或者行业协会等对专门问题的意见；（五）委托鉴定、评估、审计、检验、检测、翻译；（六）勘验物证、现场；（七）其他必要的调查方式。"

② 时任最高人民检察院公益诉讼检察厅（筹）负责人胡卫列在 2018 年 12 月 25 日召开的最高人民检察院新闻发布会上回答记者提问时指出："检察机关调查权缺乏保障是检察机关在办案过程中存在的问题之一，虽然今年（2018 年，笔者注）年初发布的'两高'检察公益诉讼司法解释对检察机关调查收集证据作出原则性规定，但并没有规定具体调查手段，也缺乏保障机制的相关内容。"详见：最高人民检察院第八检察厅. 最高人民检察院第十三批指导性案例适用指引（公益诉讼）[M]. 北京：中国检察出版社，2019：50.

带来了一定的障碍，影响调查核实和诉前程序的效果。在处理相关事务时，若缺乏必要的强制性措施，检察机关在调查核实过程中将显得力有不逮，这对其履行职责和确保公正性构成了一定程度的挑战。正如有论者指出的："这种没有相关制度保障的倡导性规定，在不履行配合义务的组织和个人面前缺乏刚性，以至于在实践中行政机关和其他主体不配合、应付、拖延、拒绝等现象时有发生。"①有关检察机关在诉前程序中行使调查核实权是否可以采取强制性措施，是存在不同观点的："有积极主张赋予检察机关不同于一般当事人的调查取证权，不仅要对拒绝配合检察机关调查取证的主体进行制裁，而且要探索构建'检察官＋法警'的直接强制性调查取证模式。也有消极主张检察机关作为普通原告的证据收集手段理应没有国家强制力，当维持检察机关在公益诉讼的优先调查取证原则，或将检察公益调查权定位为一项'弱权力'。另有折衷主张，调查保障措施包括查封、扣押、冻结等在必要情形和必要限度内的强制措施，或在严禁限制人身自由和侵犯财产的约束下，可以采取封存台账等直接强制措施和对不配合调查的主体实施惩罚的间接强制措施。"②

其实，以上有关检察机关在诉前程序调查核实中是否能够采取强制性措施的讨论是调查核实权强制力问题中的一个具体问题。整体上来说，本书认为，检察机关在诉前程序中调查核实权的强制力宜进一步增强，具体可以从以下三个方面予以落实。

（一）在规范层面采用"应当调查核实"的表述

从规范层面来看，检察机关与调查核实之间是"可以"的关系。本书认为，应该在规范层面将上述关系修改为"应当"，即检察机关应当调查核实，

---

① 熊文钊，赵莹莹.检察机关公益诉讼调查核实制度的优化［J］.人民检察，2019（8）：7.

② 曹建军.论检察公益调查核实权的强制性［J］.国家检察官学院学报，2020，28（2）：54.

这将检察机关行使调查核实权的本质揭示了出来。一方面是因为，检察机关进行调查核实的目的是查清案件事实，获取并且固定证据，从而确定办案要求的"以事实为依据"中的"事实"。如果调查核实无法得到充分的保障，那么就会影响检察机关查清事实、固定证据，从而使办案的事实基础不牢。另一方面是因为，调查核实之于检察机关来说应当是一种权力，对于公权力行使主体来说，权力与职责具有一致性，是不能被随意放弃的。

（二）设置调查核实对象不配合的责任条款

检察机关行使调查核实权是针对特定对象的，无论是被调查核实的人或者组织，还是被调查核实的财产的权利人，按照现行规范的规定，"应当配合检察机关的调查核实"。既然谓之"应当配合"，那么对于调查核实的对象来说就是一项法定义务。而且，该法定义务不应是宣示性的，而是应当得以落实的。要落实"应当配合"的法定义务，应当设置相应的法律责任。试想，如果没有法律责任的规定，再加之检察机关不能采取强制性措施，那么检察机关行使调查核实权的效果只能依赖调查对象的配合。因此，通过设置调查核实对象不配合的法定责任，可以在一定程度上提升调查核实对象的配合度，并且有利于保障检察机关行使调查核实权的权威。《公益诉讼办案规则》（2021）已经对此作出了初步的规定，[①] 但是它将该责任条款局限于不配合调查核实的行政机关及其工作人员，没有拓展到所有调查核实的对象。

---

① 《人民检察院公益诉讼办案规则》（2021）第 45 条规定："行政机关及其工作人员拒绝或者妨碍人民检察院调查收集证据的，人民检察院可以向同级人大常委会报告，向同级纪检监察机关通报，或者通过上级人民检察院向其上级主管机关通报。"

（三）赋予检察机关可以适度采取强制措施的权力

本书在第四章的分析中指出，检察公益诉讼的规范文本中规定检察机关在诉前程序的调查核实不能采取强制措施，从检察建议在其他应用场景中有相似规定也可以得到印证。但是，这样的"印证"并没有考虑"公益诉讼"这个应用场景与其他应用场景相比的特殊性，即检察机关在行政公益诉讼诉前程序中处于主导地位，而在检察建议应用的其他场景（如监督诉讼程序的推进、关注当事人程序权利的保障、监督法院依法行使审判权和执行权），并不是由检察机关主导的，而是由法院主导推进的民事诉讼和普通行政诉讼。既然是检察机关主导的程序，那么它在行使调查核实权时理应获得更充分的保障，为了进一步增强其行政权的监督效能。而在法院主导的程序中，检察机关的地位和作用得不到凸显和强化。因此，本书认为，在公益诉讼检察建议这一类型中，检察机关应当从规范上被赋予调查核实的强制措施权力。但需要说明的是，考虑最终作出的检察建议以及检察机关与行政机关在诉前程序中的关系等因素，对调查核实中可采取的强制措施应当作出必要的限制。检察机关可以参照行政机关能够采取的措施的强度，在调查核实中相应地实施查封扣押财产、冻结存款汇款、制发禁制令、传唤当事人等强制性措施，并且要遵守法律法规对这些强制性措施的约束性规定。①

---

① 对此，有论者借鉴并引入行政调查按照被调查人的协助义务程度以及是否具有强制力的不同，可以划分为任意调查和强制调查的类型，提出"检察公益调查核实权只是不具有直接强制的属性，但这并不影响其在整体上仍具有强制性……检察公益调查核实的任意调查与间接强制调查足以承载调查核实的目标与任务。""检察公益调查核实权的间接强制性主要包括手段型间接强制与后果型间接强制。前者是指被调查主体拒绝检察机关的任意调查时，检察机关可以借助审判机关的力量，经由法定的诉讼程序实现直接强制的目的与效果。后者是指被调查主体拒绝检察机关的任意调查时，检察机关可以施加制裁措施，以心理强制或人身强制、财产强制替代直接对证据材料的物理强制，确保被调查主体自觉履行协力调查义务"。详见：曹建军．论检察公益调查核实权的强制性［J］．国家检察官学院学报，2020，28（2）：65-67.

三、提升调查核实的专业程度

本书认为，检察机关在诉前程序中调查核实专业性上存在的不足，可以从增强办案人员的专业能力和拓展检察机关设置的鉴定机构的适用范围两方面来予以解决，通过提升调查核实的专业度，来确保公益诉讼检察建议的正当性，"一定量的恰当的专业知识是正当性的先决条件"。[①]

（一）增强办案人员的专业能力

增强诉前程序办案人员的专业能力可以采取以下措施。一是检察机关应当继续加强与涉及公益领域的专业机构之间的合作关系，比如生态环境行政机关、环保公益组织等；二是通过拓展案件来源与线索，使办案人员在具体办案实践中掌握和提升专业能力；三是在办案人员队伍建设中突出专业化的要求和条件，满足案件专业性的要求；四是在诉前程序中引入专家辅助人制度，建立专家库，充分发挥检察一体的特点，使一定范围内的检察机关可以共享专家资源，弥补办案人员专业性上的不足，也有助于提升案件办理的公正性。

此外，除了上述直接提高办案人员专业能力的措施外，还可以考虑从组织架构上提高专业性。比如，虽然都是公益诉讼检察部门办理案件，但考虑到不同公益领域之间其实存在着较强的专业属性，加之公益领域仍在不断拓展之中，可以在公益诉讼检察部门中合理划分出专门办理特定公益领域案件的组织，并配置相关专业人员，从进一步细分组织设置的角度来提升专业性。

---

① 卡罗尔·哈洛，理查德·罗林斯.法律与行政［M］.杨伟东，李凌波，石红心，等译.北京：商务印书馆，2004：586.

（二）拓展检察机关设置的鉴定机构的适用范围

鉴定是检察机关在诉前程序的调查核实中处理专门性问题的一种方式，实践中由检察机关委托具备资格的机构进行鉴定，而具备鉴定资格的机构通常由行政机关主管。因此，在检察机关监督行政机关的诉前程序中，这样的委托鉴定所出具的鉴定意见在公正性上容易受到质疑。而如前文所述，既然检察机关可以依法设立并管理鉴定机构，而且这些鉴定机构出具的鉴定意见可以在刑事诉讼中适用，那么可以考虑通过规范的制定与设置，把行政公益诉讼中专门性问题的鉴定交给这些由检察机关设立并管理的鉴定机构来实施，并出具鉴定意见。这样既能够解决公益诉讼检察部门在办案时专业能力不足的问题，又能够增强鉴定流程的便利性、公正性，以及鉴定结论的客观性。当然，检察机关设立并管理鉴定机构实施行政公益诉讼中的鉴定活动，并不意味着排除行政机关主管的鉴定机构和其他社会化的鉴定机构，要根据不同鉴定机构所具有的优势，在规范上形成互补与配合的机制。以环境领域为例，"环境行政管理部门在技术人员、设施配置上具有专业性，在行政管理过程中能够及时掌握环境违法信息，而司法机关则具有调查取证、事实认定、因果关系判断的经验优势"。[①]

---

① 乔刚，胡环宇．泰州 1.6 亿元天价环境公益案诉讼手记［M］．北京：法律出版社，2018：101．

第三节 诉前程序检察建议制发的完善

一、实现检察建议规范的"外部性"转变

《人民检察院组织法》（2018）和《检察建议 2019 规定》共同为检察建议的适用提供了规范依据。这两部规范为检察机关提供的依据各有侧重：前者属于组织法的范畴，对"检察建议"的规范是从规范行政机关行使法律监督职能的角度作出的，并不是专门针对检察建议的规范，而该法作为狭义的法律，具有仅次于宪法的效力位阶，使得在实践中适用颇为广泛的检察建议由此具有了正式法渊源，成为检察机关履行法律监督职能的法定方式；后者是检察机关自行制定、自主适用和自我解释的规定，可以看作是检察机关系统内部的工作规则，并没有纳入我国《立法法》所确立的正式法规范体系之中，而从其内容来看，它是专门针对检察建议的规则，对检察建议的适用作出了较为详细的规定，能够为检察机关适用检察建议提供具体的依据。从规范的效力层次与内容特点的关系来看，效力位阶高的规范，其内容相对抽象与原则；效力位阶低的规范，其内容相对具体与明确。上述两部有关检察建议的规范依据亦符合上述特性。但是《检察建议 2019 规定》的效力位阶实属过低了，具体表现在检察系统的内部性特点。而基于以下三个原因，要将其由作为检察系统内部的工作规则转变为具有对外效力的规范。

第一，检察建议适用场景拓展的需要。从本书前文的梳理中可以看出，检察建议的适用场景伴随着检察机关履职的变化而不断发生拓展：从非诉程序拓展到诉讼程序；从针对制度性和苗头性问题提出建议到针对个案提出建议。适用场景的拓展意味着，检察建议的作用范围在不断扩大，受到检察建

议影响的对象更多。这样的实践状况，对检察建议的规范提出了要求。因为要确保检察建议的适用有法可依，而且所依的"法"并不是指任意的规则，最好是属于我国正式法规范体系之中的规则，也就是我们所说的正式法规范，因为法规范体系不仅体现了规则之间的效力位阶和适用关系，还蕴涵着监督关系，能够确保体系中规则的合宪性与正当性。

第二，检察建议规范应受监督的需要。既然检察建议的适用应当有法可依，那就意味着所依的法构成了检察建议合法性的来源。而要作为检察建议的合法性判断标准，该标准本身应当在合法性上没有瑕疵，也就是说，有关检察建议的规范应当在一个特定的监督系统之中，以确保其有效性。正式法规范体系是一个既存的监督系统，这个体系中的法规范遵循"上位法优先于下位法"的规则，[①] 而且这个规则还是一种监督规则："在法源之间发生冲突时，位阶较高者有效，予以适用，而与位阶较高法源相抵触者，则视为无效，不能适用。"[②] 由此，对于尚未成为正式法规范体系一员的《检察建议 2019 规定》来说，要受到监督，就必须成为正式法规范体系的一员，从而可以适用基于位阶效力的监督规则。

第三，增强检察建议约束力的需要。检察建议对建议对象来说是具有约束力的，并且其约束力有不断增强的表现和趋势，如检察建议制发后的整改监督、行政公益诉讼制度中的提起诉讼、将检察建议抄送上一级机关或主管机关等。伴随着检察建议约束力的增强，对其合法性与正当性的要求也应当不断提升，这样才能确保检察建议的质量，使检察建议获得建议对象的认同并得到执行，达成建议的效果。

以上是对检察建议规范效力外部性转变的原因分析，而在具体转变的路径上，本书认为有以下两种选择。一种选择是整体提高有关检察建议规范的

---

① "上位法优先于下位法"见诸于《立法法》（2015）第 87—89 条。

② 应松年 . 当代中国行政法［M］. 北京：人民出版社，2018：113.

效力位阶，将检察建议的规范内容嵌入属于正式法规范体系的规则之中。比如，正在研究制定的检察公益诉讼法，可以在其中对公益诉讼检察建议作出规定。另一种选择是在不废止《检察建议 2019 规定》的前提下，通过对该规定法律性质和地位的解释，实现效力的外部性转变。《检察建议 2019 规定》应当属于最高检作出的司法解释，即最高人民检察院作出的属于检察工作中具体应用法律的解释，应当主要针对具体的法律条文，并符合立法目的、原则和原意。① 根据这一定义，一方面，作出司法解释的场景是"检察工作中具体应用法律"，这就意味着司法解释"可在一定程度上与具体案件相脱离"②，这是司法解释在形式上有所不同的原因。③《检察建议 2019 规定》是有关作为检察机关履职方式的检察建议的规则，属于"检察工作中具体应用法律"的场景。另一方面，作出司法解释的对象是"具体的法律条文"，"解释的标的是'承载'意义的法律文字，解释就是要探求这项意义"。④《检察建议 2019规定》所解释的对象是《人民检察院组织法》（2018）第 21 条。此外，作出司法解释应当受立法目的、原则和法律条文原意的约束。《检察建议 2019 规定》的内容整体，没有脱离被解释的法律条文及其所在法律的约束。既然《检察建议 2019 规定》属于司法解释的范畴，那么按照《立法法》（2023）和《中华人民共和国各级人民代表大会常务委员会监督法》（2007）的规定，司法解释属于应当向全国人大常委会报请备案审查的法规范。⑤

---

① "在实践中，最高人民法院和最高人民检察院的部分司法解释并不是对审判、检察工作中具体应用法律、法令问题所作出的解释，而是针对某一类问题而作出的规范性解释，兼有立法和法律实施的双重属性，具有系统性和抽象性。虽然这类司法解释不属于《立法法》上的'法'，但在司法实务中，可以作为具体案件的裁判依据。"详见：乔刚，胡环宇. 泰州 1.6 亿元天价环境公益案诉讼手记［M］. 北京：法律出版社，2018：41.

② 刘风景. 司法解释权限的界定与行使［J］. 中国法学，2016（3）：209.

③ 《最高人民检察院司法解释工作规定》（2015 年修订）第 6 条。

④ 卡尔·拉伦茨. 法学方法论［M］. 陈爱娥，译. 北京：商务印书馆，2013：194.

⑤ 《中华人民共和国立法法》（2023）第 119 条和《中华人民共和国各级人民代表大会常务委员会监督法》（2007）第 31—33 条是有关司法解释备案审查的规定。

二、加强对检察建议的整改监督

检察机关经过诉前程序的调查核实之后，向行政机关制发检察建议，当行政机关收到检察建议后，要根据检察建议的内容进行整改，并且接受检察机关的监督。这表明，制发检察建议并不是检察机关在诉前程序中的最后一个环节。而检察机关对行政机关的整改予以监督，主要是因为"行政公益诉讼案件的办案周期长，行政机关的变化随时存在，因此，办理这类型案件要求承办人实时跟进行政机关新进展贯穿于办案始终"。[①] 因此，对诉前程序的研究不能忽视检察机关对整改的监督这一环节，需要从规范上进一步厘清检察机关与行政机关在整改期间的权利和义务，既要防止检察机关越俎代庖指挥行政机关进行整改，又要防止检察机关过于保守和谦抑。

第一，设置行政机关向检察机关报告整改过程的法定义务。按照现有规范的规定，行政机关在收到检察建议后有义务在整改实践到期后及时向检察机关书面报告履职情况。[②] 这是对行政机关报告整改结果义务的规定。这对检察机关来说是不够的，行政机关应当将整改期间内所采取的措施、公益恢复的情况等内容动态地、适时地告知检察机关，便于检察机关了解检察建议的执行与落实情况，发挥诉前程序的交涉功能。增加行政机关报告整改过程的法定义务，主要基于以下考虑。一是公共利益恢复的实际情况，恢复的过程需要经历若干环节和步骤。如果等到最终结果不如预期，再回溯恢复公益的每个环节和步骤，显然是不经济的。因此，检察机关通

---

① 最高人民检察院第八检察厅.行政公益诉讼典型案例实务指引（食品药品安全·国有财产保护·国有土地使用权出让等领域）［M］.北京：中国检察出版社，2019：240.

② 详见:《最高人民法院 最高人民检察院关于检察公益诉讼案件适用法律若干问题的解释》（2020）第 21 条第 2 款。

过加强对行政机关整改过程的监督，既可以对行政机关采取的措施或行政行为予以监督，又可以强化对公益恢复的环节与步骤的监管，有助于及时发现问题，提出进一步的要求，从而为最终达成公益恢复的结果奠定更好的基础，也避免出现上述不经济的现象。二是公益恢复本身是一个复杂的过程，其中涉及诸多技术性的问题，未必是某个行政机关和造成公益损害的行政相对人能够完全解决和处理的。因此，检察机关对整改过程的监督，实际上是给予了行政机关向检察机关反馈整改过程中存在的困难或问题的机会，如多头监管、相对人不配合等，行政机关可以在检察机关的过程监管中寻求获得他们的支持。

第二，规定检察机关适时督促与协调的法定权力。诉前程序是一个检察机关主导的程序，因此在公益保护上，检察机关应当被赋予更多的权力。此处所指的权力并不是直接替代行政机关履职的内容，而更多的是督促与协调的权力。比如，在试点阶段，有试点地区的检察机关探索出了一些发挥其牵头协调作用的创新性机制，引入各方力量促使检察建议的落实与公益救济效果的达成。[①] 这样的探索在试点阶段应当说是值得鼓励和支持的，因为试点本身就带有鲜明的探索色彩。试点阶段的相关规范只是对整个制度的基本轮廓和边界作了规定，给实践中的探索留出了一定的空间。而到了制度定型和正式"入法"并全面实施后，类似于诉前圆桌会议的方式或机制，如果没有正式法规范作为依据的话，本书认为在适用时还是需要持相对谨慎的态度。尽管它会取得令人满意的效果，但这些方式或机制超出了正式法规范中确认的

[①] 福建省检察机关探索推行的行政公益诉讼诉前圆桌会议机制是典型代表："所谓诉前圆桌会议，是一种借鉴'枫桥经验'，着力协商解决公益受损问题的方式方法。人民检察院在向行政机关发出检察建议之后，针对被监督行政机关虽有整改意愿但因客观原因整改确有困难，或案件涉及多个行政机关需协调配合共同履职的，人民检察院通过召集相关部门、组织以及群众代表召开诉前圆桌会议，共同研究解决方案和措施，推动被监督行政机关更好履行公益保护职责。"引自《福建省人民检察院关于建立行政公益诉讼诉前圆桌会议机制的规定（试行）》（2019）。

第五章　行政公益诉讼诉前程序的完善路径 | 197

检察建议单一诉前程序的形式。因此，对于上述这些有着明显效果，并且能够有效嵌入诉前程序之中的方式或机制应当考虑"再入法"，并且对检察机关的督促与协调权力作出明确的规定，使其在正式法规范中获得相应的地位，为检察机关的准确适用提供支撑。①

三、改进检察建议书的构造与内容

公益诉讼检察建议书是案件经过诉前程序后的结果，也是检察机关向行政机关提出检察建议的形式，因此它在构造与内容上应当体现诉前程序的功能与检察公益诉讼的特点。在试点阶段，最高人民检察院专门对人民检察院用于诉前程序的检察建议书的格式做出了规范②；2019 年最高检印发了《人民检察院检察建议法律文书格式样本》，其中包含了用于诉前程序的检察建议书的格式样本，并配备了制作说明③。

"检察建议书（行政公益诉讼诉前程序用）"作为法律文书的一种，在构造上可以分为首部、正文和尾部三个部分。首部由制发主体、文书名称和文书编号等构成。正文则是"被监督对象的名称；案件来源及监督目的；检察机关调查查明的案件基本情况，检察机关认定的被监督行政机关违法行使职权或者不作为的事实；被监督行政机关行政作为构成违法行使职权或者不作为的理由和法律依据；检察机关提出检察建议的法律依据；建议的具体内容；

---

① 《人民检察院公益诉讼办案规则》（2021）正在探索相关督促与协商的方式或机制的"再入法"，该规则的第 70 条规定："人民检察院决定立案的，应当在七日内将《立案决定书》送达行政机关，并可以就其是否存在违法行使职权或者不作为、国家利益或者社会公共利益受到侵害的后果、整改方案等事项进行磋商。磋商可以采取召开磋商座谈会、向行政机关发送事实确认书等方式进行，并形成会议记录或者纪要等书面材料。"

② 最高人民检察院民事行政检察厅 . 检察机关提起公益诉讼实践与探索［M］. 北京：中国检察出版社，2017：429.

③ 详见：关于印发《人民检察院检察建议法律文书格式样本》的通知（高检发办字〔2019〕10 号）。

告知被监督行政机关在收到检察建议书后两个月内依法履行职责并书面回复办理情况，但出现国家利益或者社会公共利益损害继续扩大等紧急情形时，人民检察院可以要求行政机关在十五日内依法履行职责；其他需要说明的情形"。① 尾部由制发日期和院印共同构成。从法律文书结构的完整性与用于诉前程序的功能来看，这一文书结构是可以在实践中适用的。

与此同时，我们也要认识到，"检察建议书（行政公益诉讼诉前程序用）"在具体适用中还可以作出以下改进。

第一，对文书名称作出修改。目前文书名称使用的是"检察建议书（行政公益诉讼诉前程序用）"，本书认为，这个文书名称显然已经不适合当下的制度发展状况了，可以考虑修改为"公益诉讼检察建议书"。如此调整的规范依据源于《检察建议 2019 规定》中对检察建议进行了类型化的区分，其中将"公益诉讼检察建议"作为一个新的类型予以明确。

第二，完善公益诉讼检察建议的具体内容。检察建议的具体内容一定是整个文书中最为核心和重要的部分。从实践来看，检察机关对这一部分内容的安排倾向于简略化的处理，具体包括两部分：一部分是行政机关应当依法履行的职责内容，这也是检察建议内容与后续可能提起诉讼的请求内容的衔接点；另一部分是由个案到类案的举一反三效果。基于本书第四章中对检察建议的内容安排，应当考虑若干因素作出的详尽分析，本书认为，公益诉讼检察建议的具体内容应当作一些调整。一是在内容中明确行政机关应当实施的类型化行政行为。如前文所述，检察机关在启动诉前程序时对行为条件，特别是作为类行为的判断是从类型化的角度着手的。由此延伸，公益诉讼检察建议的具体内容在为行政机关的整改行为作出指引时，也应当从类型化的角度切入为宜。这样既能够给行政机关以明确的指引，又便于检察机关对整改的监督。二是检察建议的内容要与提起行政诉讼的诉讼请求的表达方式相

---

① 《检察机关行政公益诉讼案件办案指南（试行）》（高检民〔2018〕9 号）。

衔接，这在本书的第四章中已经作出了具体的分析，此处不再赘述。三是检察建议的具体内容应当体现层次性。所谓层次性主要是指从个案到类案这样的层次安排，体现检察建议在拓展个案效果、发现苗头、预防性保护公共利益的作用与功能。因此，检察建议的具体内容不能就事论事地对该个案作出建议，还要对办案过程中发现的制度性问题、深层次问题等作出建议，从而形成"办理一案，治理一片，教育一面"的辐射效果，避免出现"部分基层院为了办案而办案，大批量做同类案监督立案，即对同一类型的案件不是采取对典型对象立案或整体立案的方式，而是对一个个最小业务单元分别立案"[①]的情况。

第三，增加对整改效果预期的判断描述。基于诉前程序与诉讼程序的关系，公益诉讼检察建议书中的具体内容会成为检察机关判断是否要启动诉讼程序的依据。如果简单来看这个问题，那么判断依据就是公益有没有得到恢复。然而，这在实践中并不是一个简单的问题。因为公益本身包含着多个领域，而不同领域的恢复标准并不一致。比如，"恢复林地原状是指恢复到林地之前的状态，即恢复到林地之所以为林地，具备林地宜种树木、涵养水土、净化环境、固碳制氧的功能"。[②] 如果再考虑前文提及的公益恢复所涉及的其他因素，情况将更加复杂。在一些典型案例中，检察机关的做法也印证了上述观点。比如，中宁县检察院督促县市场监督管理局依法履职案中，检察机关在 2018 年 6 月 6 日发出检察建议，要求行政机关采取有效措施、依法处理并在两个月内书面回复；行政机关于 2018 年 8 月 5 日回复检察机关称"目前，该案正在进一步调查中"，并于同年 9 月 18 日向行政相对人作出行政处罚决定书。由此出现两个问题：一是行政机关于 8 月 5 日作出的回复明显表明公

---

① 最高人民检察院法律政策研究室 . 公益诉讼指导性案例实务指引［M］. 北京：中国检察出版社，2019：180.

② 最高人民检察院第八检察厅 . 行政公益诉讼典型案例实务指引（生态环境·资源保护领域）［M］. 北京：中国检察出版社，2019：575.

共利益尚未得到恢复，而整改时间也已经到期了，检察机关为何就以诉前程序结案了呢？二是行政机关于 9 月 18 日作出的行政处罚决定也已经超过了整改期间，那么，检察机关又为何不在行政处罚决定作出之前提起诉讼程序呢？与该案形成明显对比的是南安市检察院诉市环保局不作为案，检察机关在该案的诉前程序中要求行政机关"继续加强对违法行为人南安市泰田建材有限公司的监管，责令该公司立即停止生产；督促该公司依法向环保部门申请环境保护设施竣工验收，建设项目需要配套建设的环境保护设施未经环境保护局审批和验收合格，不得恢复生产……"[1] 对于行政机关回复的"已联合多部门对泰田公司进行停电处理，强制企业停止生产；责令企业需要配套建设的环境保护设施未经验收合格，不得恢复生产"[2] 等措施，检察机关并不认同："经公益诉讼人调查，发现被告在对泰田公司进行行政处罚之后，未按照法律规定履行相关监管职责，致使该公司的黄精保护设施未经验收合格就恢复生产经营，对生态环境持续产生危害。"[3] 检察机关由此提起了诉讼程序。基于上述分析和实务中的不同做法，本书认为，检察机关在制发检察建议书时应当将预期的整改效果明确告知行政机关，并以此整改效果作为诉前程序结案或是提起诉讼程序的判断标准，这样就能防止出现上述两例典型案例所表现出的矛盾，也能够借助诉前程序这一沟通协商平台，合理、科学地设定预期效果。

---

[1] 最高人民检察院第八检察厅 . 行政公益诉讼典型案例实务指引（生态环境·资源保护领域）[M]. 北京：中国检察出版社，2019：228.

[2] 最高人民检察院第八检察厅 . 行政公益诉讼典型案例实务指引（生态环境·资源保护领域）[M]. 北京：中国检察出版社，2019：229.

[3] 最高人民检察院第八检察厅 . 行政公益诉讼典型案例实务指引（生态环境·资源保护领域）[M]. 北京：中国检察出版社，2019：229.

第四节　与诉讼程序衔接的完善

一、完善诉前程序与诉讼程序衔接的目标

（一）实现公共利益的保护

作为整个检察公益诉讼制度的组成部分，行政公益诉讼的诉前程序与诉讼程序都以公共利益的保护为目标，正是基于这一目标，才设计了两种不同的程序，期望发挥各自的优势和长处。有观点将实现诉讼目的作为界定公益诉讼的要素之一："公益诉讼概念其实包含了三个要素，即'公益诉讼 = 公益 + 诉讼 + 诉讼目的或功能'。而'诉讼目的或功能'，恰恰是定义公益诉讼概念的关键。"[①] 所以，在关于诉前程序与诉讼程序衔接标准的考量中，首先应当考虑促成实现公共利益保护这一目标。对此，本书认为，公共利益是否得到有效的保护或救济是诉前程序与诉讼程序衔接标准之一，即实质标准。在经过作为前置必经程序的诉前程序之后，如果公共利益得到了保护或救济，那就可以结案，不再需要提起诉讼程序；如果公共利益没有得到保护或救济，那就需要提起诉讼程序。[②]

但在适用效果标准的时候，我们应当考虑以下实际情况：不同公共利益领域（特别是在我国目前以"领域"作为确定公益的主要方式的前提下）的恢复标准不同。在面对实际问题时，需要考虑不同的客观因素，无法直接适

---

① 乔刚，胡环宇．泰州 1.6 亿元天价环境公益案诉讼手记［M］．北京：法律出版社，2018：80.

② 详见：《最高人民法院 最高人民检察院关于检察公益诉讼案件适用法律若干问题的解释》（2020）第 22 条。

用私益损害救济中"恢复原状"的标准，更不能"一刀切"式地提出时限上的要求。因此，应当在现行规范中根据不同公益领域的实际情况，设置更细致的标准，留存一定的弹性空间。当然，如果对公益的识别方式作出改变，那么效果标准的适用则需要相应地作出调整。

（二）发挥诉前程序的独特优势

诉前程序在行政公益诉讼中承载着制度设计者特别的预期，即希望大部分行政公益诉讼案件能够以诉前程序的方式结案，而试点以来的实践也表明上述预期是可以实现的。可以说，诉前程序在行政公益诉讼中具有独特的优势，具体表现在以下方面。一是诉前程序的成本较低，特别是时间成本。这源于诉前程序在构造上更简易、环节上更精简，能够让诉前程序相较于诉讼程序的推进速度更快，与公益保护的时间和预防性要求更契合。二是诉前程序的针对性更强。它是专门为保护和救济公共利益而设置的程序，检察机关可以通过诉前程序"专心致志"地保护和救济公共利益。三是诉前程序的协商性更显著。检察机关与行政机关在诉前程序中并非呈现出对抗的格局，而是有更多协商与配合的色彩。由此，在完善诉前程序与诉讼程序的衔接标准时，要充分保持并发挥诉前程序所具有的以上独特优势，仍然要让更多的案件以诉前程序的方式结案。相应地在规范中，可以考虑进一步调整有关整改时间的规定，使其更具弹性；也可以对诉前程序中的协商机制作出进一步的规范，特别是协商机制与诉讼程序的衔接方面等。

（三）调动行政机关履职积极性

诉前程序具有转换的功能，即从检察机关启动的程序向行政机关履职的行政程序转换。而在公益保护的职责履行上，行政机关居于优先地位，尽管诉前程序和诉讼程序都有监督行政机关履职的作用。但是，一方面，诉前程序的时间更快、推进更有效率，更能够有效、及时地去救济和保护公益；另一方面，如果有选择，行政机关显然更愿意在诉前程序中受到监督，而不是在诉讼程序中。从这个意义上来说，诉前程序更能够调动行政机关履行公益保护或救济职责的积极性。为此，在完善诉前程序与诉讼程序的衔接标准时，要注重行政机关履职积极性调动这一因素，继续发挥行政机关在公益保护或救济中的优先地位和优势，如给予行政机关更多的整改时间或协商空间等。

二、完善与诉讼程序衔接的措施

（一）明确实质标准的法规范地位

实质标准不仅契合了公益保护和救济的制度目标，而且有助于诉前程序监督行政作用的发挥，更好地督促行政机关高效、及时履行公益保护和救济的职责。实际上，实质标准体现了对"功能主义路径"的遵循："功能主义路径认为，法律是政府机器的一个组成部分，主要关注点是法律的规制和便利功能，并因此而注重法律的意图和目标，并采取一种工具主义的社会政策路径。这种进路必须辅以结果的有益性考察，否则，不能判断行政机关是否实现其目的，并为了目的进行了恰当的利益衡量和价值判断。"[①] 既然实质标准符合诉前程序与诉讼程序衔接标准的目标，在办案实践中得到了适用，并且

---

① 王清军. 环境行政公益诉讼中行政不作为的审查基准［J］. 清华法学，2020，14（2）：134.

检察机关还以指导性案例[①]、办案指南等方式提升了认可程度，那么从制度层面来说，应该在相关规范中得到明确的体现，也有助于解决"功能主义路径"在形成稳定预期上的不足。

在具体路径上，考虑到检察公益诉讼法正在制定过程中，相关问题还没有明确，因此暂时可以从充实《行政诉讼法》中有关条款予以实现。一是在《行政诉讼法》"总则"这一章中纳入行政公益诉讼这一特殊类型的行政诉讼，从而使我国《行政诉讼法》中增加客观诉讼的色彩。二是在《行政诉讼法》中设置单独的"诉前程序"一章，对诉前程序的步骤予以规范化，不仅使"诉前程序"成为一个实在法上的概念，并且能够提高目前有关诉前程序规范的位阶效力，包括诉前程序与诉讼程序衔接的标准也应当在这一章中予以明确。三是在《行政诉讼法》的"起诉与受理"这一章中增加有关行政公益诉讼起诉的特别条件，实现与诉前程序结案标准的衔接与统一。

（二）增设整改期间的弹性空间

本书对检察机关在办案实践中突破规范要求的时限的做法进行了整理，由此反映出，如果检察机关要适用实质标准来判断诉前程序是否应当结束，就会与现行规范中有关行政机关在整改上的时间要求相冲突。《公益诉讼司法解释》在这方面相较于试点期间的规定已经有了明显的改进，即不再是"一刀切"式的规定，而是考虑了一些实际情况并分别作出了规定："一方面，普

---

① 最高检在"陕西省宝鸡市环境保护局凤翔分局不全面履职案（检例第49号）"的"指导意义"中指出："对行政机关不依法履行法定职责的判断和认定，应……以是否全面运用或者穷尽法律法规和规范性文件规定的行政监管手段制止违法行为，国家利益或者社会公共利益是否得到了有效保护为标准。行政机关虽然采取了部分行政监管或者处罚措施，但未依法全面运用或者穷尽行政监管手段制止违法行为，国家利益或者社会公共利益受侵害状态没有得到有效纠正的，应认定行政机关不依法全面履职。"最高人民检察院法律政策研究室.公益诉讼指导性案例实务指引［M］.北京:中国检察出版社，2019: 6.

遍地延长了行政机关的回复期限，为行政机关履行职责留出了更加充裕的时间，体现了对行政机关自我纠错的尊重，有利于更加充分地实现行政公益诉讼诉前程序的价值目标；另一方面，又规定了紧急情况下特殊的回复期限，以保证在确有必要的时候能够及时对违法行政行为和受损的公共利益给予更有效的司法监督和救济。"① 这样的改变契合了公益保护与救济的特点，也是"试点—全面实施"路径的必然。

但是，《公益诉讼司法解释》的相关规定依然有进一步调整的空间，特别是在增加整改时间的弹性上。这个问题与公益保护与救济的特殊性有关：不同公益领域的方式存在不同；公益恢复时间受到客观因素影响；效果的判断依赖专业性较强等。这些特殊性对行政机关的整改时间会产生不同程度的影响，而法律规范终究无法详细覆盖或罗列现实中的所有特殊情形。因此，在规范中增设弹性的整改时间条款，可以应对公益保护或恢复中发生的特殊情形。既然是弹性时间，那么在规范上就不宜作出具体的规定，可以考虑由行政机关根据整改的实际情况向检察机关提出申请，由检察机关根据对整改过程的监督等确定整改时间，这也是检察机关与行政机关在诉前程序中沟通协商功能的体现。而现行规定中的确定时限——两个月，则可以作为一般情况下行政机关书面回复检察机关的时限和整改履职的时限，从而形成一个"原则＋例外"的设置方式。

（三）限制督促履职的适用次数与形式

从可以检索的典型案例来看，检察机关在诉前程序中制发检察建议一次以上的案例并不在多数，检察机关之所以会这么做可能还是想通过增加督促的次数，使公益得到尽快的恢复，进而结案。在这个意义上，也可以看作检

---

① 张雪樵.《关于检察公益诉讼案件适用法律若干问题的解释》的理解与适用 [J]. 人民检察，2018（7）：7.

察机关遵循的是实质标准。检察机关的出发点虽然是好的，但并不建议这样做。主要是出于以下两方面原因的考虑：一方面，虽然规范条款中没有明确规定检察建议在诉前程序中的适用次数，但是从对规范条文的通常理解和解释来看，"一次"的理解显然要比"多次"的理解更为合理；另一方面，从实务中的做法来看，检察机关之所以在一次检察建议制发后，再一次制发检察建议，主要是行政机关没有按照第一次检察建议的内容作出整改，并且没有达到相应的效果。这正是检察机关应当提起后续行政公益诉讼的条件，所以检察机关应当依法提起诉讼。如果检察机关为了追求诉前程序的结案功能而刻意多次制发检察建议来督促行政机关履职，而不依法提起行政公益诉讼，那么实际上是对检察公益诉讼制度的误读，破坏了该制度所设计的从弱约束的诉前程序到强约束的监督过程，也可能延误了公益的保护和救济。所以，"无论是从检察建议的严肃性，还是从有效维护社会公共利益和国家利益的角度讲，检察建议宜为一次性"。①

至于检察机关在诉前程序中采用其他督促形式的做法，本书认为，这也是不可取的。一方面，它损害了检察建议作为诉前程序法定形式的权威性，特别是在公益诉讼检察建议已经作为独立的检察建议类型在规范层面予以明确的情况下；另一方面，不管检察机关采用了其他何种名称的督促形式，在作用与功能上都与公益诉讼检察建议是一致的，因此，其他督促形式的适用相当于增加了检察建议的次数，与前述对诉前程序中检察建议次数"一次为宜"的理解产生了冲突。

---

① 黄学贤.行政公益诉讼回顾与展望——基于"一决定三解释"及试点期间相关案例和《行政诉讼法》修正案的分析［J］.苏州大学学报（哲学社会科学版），2018，39（2）：50.

参考文献

一、中文参考文献

［1］E.博登海默.法理学:法律哲学与法律方法［M］.邓正来，译.北京：中国政法大学出版社，2017.

［2］J.S.密尔.代议制政府［M］.汪瑄，译.北京：商务印书馆，1982.

［3］奥托·迈耶.德国行政法［M］.刘飞，译.北京：商务印书馆，2013.

［4］边沁.道德与立法原理导论［M］.时殷红，译.北京：商务印书馆，2000.

［5］卜正民，傅尧乐.国家与社会［M］.北京：中央编译出版社，2014.

［6］蔡小雪.行政行为的合法性审查［M］.北京：中国民主法制出版社，2020.

［7］曹和平，尚永昕.中国构建环境行政公益诉讼制度的障碍与对策［J］.南京社会科学，2009（7）：119-124.

［8］曹建军.论检察公益调查核实权的强制性［J］.国家检察官学院学报，2020（2）：53-70.

［9］曹明德.检察院提起公益诉讼面临的困境和推进方向［J］.法学评论，2020（1）：118-125.

［10］曾文生．检察机关提起行政公益诉讼试点工作机制构建［J］．人民检察，2015（18）：33-34.

［11］陈冬．美国环境公民诉讼研究［M］．北京：中国人民大学出版社，2014.

［12］陈丽玲，诸葛旸．检察机关提起行政公益诉讼之探讨——从现实和法理的角度考察［J］．行政法学研究，2005（3）：88-94.

［13］陈新民．公共利益的概念［C］//陈新民．德国公法学基础理论（增订新版·上卷）．北京：法律出版社，2010.

［14］陈新民．公法学札记［M］．北京：法律出版社，2010.

［15］陈玉山．论国家根本任务的宪法地位［J］．清华法学，2012（5）：73-90.

［16］崔卓兰，卢护锋．建构行政公益诉讼制度的若干问题探析［J］．长白学刊，2006（5）：35-40.

［17］德怀特·沃尔多．行政国家：美国公共行政的政治理论研究［M］．北京：中央编译出版社，2017.

［18］狄骥．公法的变迁［M］．北京：商务印书馆，2013.

［19］邓正来．国家与社会：中国市民社会研究［M］．北京：中国法制出版社，2018.

［20］杜飞进．中国现代化的一个全新维度——论国家治理体系和治理能力现代化［J］．社会科学研究，2014（5）：37-53.

［21］杜万华．最高人民法院消费民事公益诉讼司法解释理解与适用［M］．北京：人民法院出版社，2016.

［22］段厚省．环境民事公益诉讼基本理论思考［J］．中外法学，2016（4）：889-901.

［23］樊华中．检察公益诉讼的调查核实权研究——基于目的主义视角

［J］．中国政法大学学报，2019（3）：5-18.

［24］范明志，韩建英，黄斌．《人民法院审理人民检察院提起公益诉讼案件试点工作实施办法》的理解与适用［J］．法律适用，2016（5）：38-42.

［25］冯勇．行政公益诉讼受案范围的界定：标准与架构［J］．人民论坛，2013（17）：146-147.

［26］弗兰克·古德诺．政治与行政——政府之研究［M］．丰俊功，译．北京：北京大学出版社，2012.

［27］傅国云．论民事督促起诉——对国家利益、公共利益监管权的监督［J］．浙江大学学报（人文社会科学版），2008（1）：45-54.

［28］傅国云．行政检察监督研究：从历史变迁到制度架构［M］．北京：法律出版社，2014.

［29］傅国云．行政公益诉讼制度的构建［J］．中国检察官，2016（5）：64-66.

［30］傅思明．"行政不作为"的后果、责任与司法救济［J］．中国党政干部论坛，2003（9）：26-29.

［31］高桂林，刘燚．我国环境行政公益诉讼前置程序研究［J］．广西社会科学，2018（1）：98-105.

［32］高鸿钧，翟志勇，周林刚，等．商谈法哲学与民主法治国——《在事实与规范之间》阅读［M］．北京：清华大学出版社，2007.

［33］高家伟．检察行政公益诉讼的理论基础［J］．国家检察官学院学报，2017（2）：19-29.

［34］高建伟，马晓锐．检察机关提起公益诉讼诉前程序研究［J］．人民检察，2017（19）：34-36.

［35］高艳．行政公益诉讼中公民原告资格探究［J］．湖北社会科学，2013（5）：147-150.

［36］高宗祥.行政公益诉讼制度施行疑难探讨［J］.人民检察，2016（10）：6-10.

［37］龚雄艳.我国应该建立行政公益诉讼制度［J］.法学杂志，2001（6）：40-41.

［38］巩固.美国环境公民诉讼之起诉限制及其启示［J］.法商研究，2017（5）：171-182.

［39］巩固.检察公益"两诉"衔接机制探析——以"检察公益诉讼解释"的完善为切入［J］.浙江工商大学学报，2018（4）：27-34.

［40］关保英.行政法的私权文化与潜能［M］.山东：山东人民出版社，2011.

［41］关保英.行政推诿研究［J］.苏州大学学报（法学版），2014（1）：78-89.

［42］关保英.给付行政的精神解读［J］.社会科学辑刊，2017（4）：35-41.

［43］关保英.行政法时代精神之解构：后现代行政法理论的条文化表达（增订本）［M］.北京：北京大学出版社，2017.

［44］关保英.行政法治的时代精神解读［J］.政法论坛，2017（1）：46-60.

［45］关保英.行政主体拖延履行法定职责研究——以政府法治为视角［J］.山东大学学报（哲学社会科学版），2017（3）：33-41.

［46］关保英.论行政法中技术标准的运用［J］.中国法学，2017（5）：216-236.

［47］关保英.行政法学（第二版）［M］.北京：法律出版社，2018.

［48］关保英.行政法治新的时代精神解构［J］.吉林大学社会科学学报，2018（4）：162-172.

［49］关保英.行政公益诉讼中的公益拓展研究［J］.政治与法律，2019（8）：125-137.

［50］关保英.论行政编制法的新定位［J］.社会科学研究，2019（2）：125-134.

［51］关保英.检察机关在行政公益诉讼中应享有取证权［J］.法学，2020（1）：108-123.

［52］关保英.行政公益诉讼的范畴研究［J］.法律科学，2009（4）：53-61.

［53］关保英.论行政不作为的诉权范畴［J］.法律适用，2010（4）：48-52.

［54］关保英.比较行政法学（第二版）［M］.北京：法律出版社，2014.

［55］关保英.行政法思想宝库［M］.山东：山东人民出版社，2015.

［56］广东省中山市人民检察院.民事行政检察实践与研究［M］.北京：中国检察出版社，2018.

［57］桂萍，贾飞林.检察机关提起行政公益诉讼制度刍议［J］.行政与法，2019（6）：89-99.

［58］郭道晖.社会权力与公民社会［M］.江苏：译林出版社，2019.

［59］郭锦勇.检察机关在环境公益诉讼中的职能研究——以公益诉讼专门制度的构建与实施为视角［J］.河北法学，2015（11）：181-190.

［60］哈特穆特·毛雷尔.行政法学总论［M］.高家伟，译.北京：法律出版社，2000.

［61］韩成军.检察建议的本质属性与法律规制［J］.河南大学学报（社会科学版），2014（9）：46-52.

［62］韩大元.宪法文本中"公共利益"的规范分析［J］.法学论坛，2005（1）：5-9.

［63］韩静茹.社会治理型民事检察制度初探——实践、规范、理论的交错视角［J］.当代法学，2014（5）：133-143.

［64］汉密尔顿，杰伊，麦迪逊.联邦党人文集［M］.程逢如，在汉，舒逊，译.北京：商务印书馆，1980.

［65］何海波.中外行政诉讼法汇编［M］.北京：商务印书馆，2018.

［66］贺海仁.公益诉讼的新发展［M］.北京：中国社会科学出版社，2008.

［67］胡鸿高.论公共利益的法律界定——从要素解释的路径［J］.中国法学，2008（4）：56-67.

［68］胡建淼.行政诉讼法学［M］.北京：法律出版社，2019.

［69］胡卫列，迟晓燕.从试点情况看行政公益诉讼诉前程序［J］.国家检察官学院学报，2017（2）：30-48.

［70］胡卫列.国家治理视野下的公益诉讼检察制度［J］.国家检察官学院学报，2020（2）：3-20.

［71］胡卫列，田凯.检察机关提起行政公益诉讼试点情况研究［J］.行政法学研究，2017（2）：19-35.

［72］胡卫列.论行政公益诉讼制度的建构［J］.行政法学研究，2012（2）：34-41.

［73］胡尹慧.多元治理机制维度下行政不作为规制的逻辑与路径［J］.河北法学，2017（6）：165-171.

［74］胡云红.比较法视野下的域外公益诉讼制度研究［J］.中国政法大学学报，2017（4）：16-40.

［75］黄涛，付厅.甘肃省检察机关行政公益诉讼试点工作调研报告［J］.中国检察官，2017（2）：42-46.

［76］黄学贤.行政公益诉讼若干热点问题探讨［J］.法学，2005（10）：

45-52.

［77］黄学贤.行政公益诉讼回顾与展望——基于"一决定三解释"及试点期间相关案例和《行政诉讼法》修正案的分析［J］.苏州大学学报（哲学社会科学版），2018（2）：41-53.

［78］黄学贤，邹宇.行政公益诉讼原告资格制度的建构［J］.江苏大学学报（社会科学版），2012（4）：83-84.

［79］黄学贤.行政诉讼中的专家辅助人制度及其完善［J］.法学，2008（9）：93-103.

［80］黄学贤.形式作为而实质不作为行政行为探讨——行政不作为的新视角［J］.中国法学，2009（5）：41-52.

［81］季美君.检察机关提起行政公益诉讼的路径［J］.中国法律评论，2015（3）：214-221.

［82］季卫东.法治秩序的建构（增补版）［M］.北京：商务印书馆，2014.

［83］江利红.行政监察职能在监察体制改革中的整合［J］.法学，2018（3）：80-89.

［84］姜明安.行政法与行政诉讼法（第七版）［M］.北京：北京大学出版社，2019.

［85］姜伟，杨隽.检察建议法制化的历史、现实和比较［J］.政治与法律，2010（10）：98-105.

［86］蒋玮，李震.检察公益监督的诉前建议适用及效力论［J］.西部法学评论，2019（2）：21-29.

［87］蒋毅，勾香华.检察建议的适用与完善［J］.山东省政法管理干部学院学报，2015（3）：32-34.

［88］解志勇.行政检察：解决行政争议的第三条道路［J］.中国法学，

2015（1）: 48-66.

[89] 晋松. 困惑与突破：环境司法保护的诉讼模式——基于行政公益诉讼制度构建的反思 [J]. 法律适用，2014（2）: 69-74.

[90] 卡尔·拉伦茨. 法学方法论 [M]. 陈爱娥，译. 北京：商务印书馆，2003.

[91] 卡罗尔·哈洛，理查德·罗林斯. 法律与行政 [M]. 杨伟东，李凌波，石红心，等译. 北京：商务印书馆，2004.

[92] 康健，刘大伟. 略论行政不作为的诉讼救济 [J]. 行政与法，2001（4）: 59-61.

[93] 孔祥稳，王玎，余积明. 检察机关提起行政公益诉讼试点工作调研报告 [J]. 行政法学研究，2017（5）: 87-98.

[94] 李刚. 上级检察院领导与下级检察院依法独立办案关系研究 [J]. 法学杂志，2016（9）: 114-124.

[95] 李洪雷. 检察机关提起行政公益诉讼的法治化路径 [J]. 行政法学研究，2017（5）: 52-62.

[96] 李江发. 检察建议的三种属性 [J]. 人民检察，2015（5）: 73-74.

[97] 李劲. 行政公益诉讼的价值基础及制度构建 [J]. 社会科学报刊，2015（3）: 72-77.

[98] 李磊. 行政公益诉讼与权力控制 [J]. 行政与法，2008（3）: 75-77.

[99] 李旻. 检察机关提起行政公益诉讼的理论基础——以检察权与行政权的关系为视角 [J]. 云南大学学报法学版，2015（5）: 7-10.

[100] 李沫，向明. 行政公益诉讼的前置审查程序探析——基于公正和效率视角 [J]. 江西社会科学，2010（2）: 174-177.

[101] 李卫华. 不完全作为行政行为研究 [J]. 山西警察学院学报，2017（2）: 60-64.

［102］李湘刚.论检察机关启动我国行政公益诉讼程序［J］.南京社会科学，2012（7）：95-102.

［103］李友梅，马西恒，刘玉照，等.新时期加强社会组织建设研究［M］.北京：经济科学出版社，2016.

［104］理查德·J.皮尔斯.行政法（第五版）［M］.苏苗罕，译.北京：中国人民大学出版社，2016.

［105］理查德·B.斯图尔特.美国行政法的重构［M］.沈岿，译.北京：商务印书馆，2011.

［106］练育强.行政公益诉讼第三人制度的实证反思与理论建构［J］.行政法学研究，2019（4）：67-85.

［107］梁鸿飞.中国行政公益诉讼的法理检视［J］.重庆大学学报（社会科学版），2017（6）：92-101.

［108］廖丹，倪瑞兰.《行政诉讼法》修改中检察建议的适用［J］.广东行政学院学报，2014（5）：51-55.

［109］林来梵.从宪法规范到规范宪法——规范宪法学的一种前言［M］.北京：商务印书馆，2017.

［110］林莉红，马立群.作为客观诉讼的行政公益诉讼［J］.行政法学研究，2011（4）：3-15.

［111］林莉红.公益诉讼的含义和范围［J］.法学研究，2006（6）：148-150.

［112］林莉红.台湾地区行政公益诉讼的立法与实践——以"美丽湾案"为切入点［J］.武汉大学学报（哲学社会科学版），2016（2）：98-106.

［113］林仪明.我国行政公益诉讼立法难题与司法应对［J］.东方法学，2018（2）：151-160.

［114］刘超.环境行政公益诉讼诉前程序省思［J］.法学，2018（1）：114-123.

［115］刘飞，徐泳和.检察机关在行政公益诉讼中的公诉人地位及其制度构建［J］.浙江社会科学，2020（1）：59-66.

［116］刘风景.司法解释权限的界定与行使［J］.中国法学，2016（3）：207-225.

［117］刘宏博.论环境行政不作为及其司法诉讼与规制——湖南"1·11"较大环境污染砷中毒事故启示［J］.环境保护，2013（23）：48-50.

［118］刘加良.解释论视野中的民事督促起诉［J］.法学评论，2013（4）：92-98.

［119］刘加良.检察院提起民事公益诉讼诉前程序研究［J］.政治与法律，2017（5）：132-150.

［120］刘娟，胡睿，刘春.检察机关启动行政公益诉讼的法理基础和诉讼地位［J］.中国检察官，2012（9）：69-71.

［121］刘祥林，王太高.行政公益诉讼是否可能——行政诉讼原告资格发展趋势及其启示［J］.学海，2005（6）：111-115.

［122］刘艺.构建行政公益诉讼的客观诉讼机制［J］.法学研究，2018（3）：39-50.

［123］刘艺.公益诉讼检察与其他检察业务的融合发展［J］.人民检察，2019（Z1）：89-90.

［124］刘艺.论国家治理体系下的检察公益诉讼［J］.中国法学，2020（2）：149-167.

［125］刘艺.我国检察公益诉讼制度的发展态势与制度完善——基于2017—2019年数据的实证分析［J］.重庆大学学报（社会科学版），2020（4）：173-183.

［126］刘艺.检察公益诉讼的司法实践与理论探索［J］.国家检察官学院学报，2017（2）：3-18.

［127］龙宗智.检察机关办案方式的适度司法化改革［J］.法学研究，2013（1）：169-191.

［128］卢超.从司法过程到组织激励：行政公益诉讼的中国试验［J］.法商研究，2018（5）：25-35.

［129］卢护锋.检察建议的柔性效力及其保障［J］.甘肃社会科学，2017（5）：168-172.

［130］卢秋帆.法律语言的模糊性分析［J］.法学评论，2010（2）：20-26.

［131］卢梭.社会契约论［M］.李平沤，译.北京：商务印书馆，2011.

［132］陆军，杨学飞.检察机关民事公益诉讼诉前程序实践检视［J］.国家检察官学院学报，2017（6）：67-82.

［133］罗伯特·A.达尔，布鲁斯·斯泰恩布里克纳.现代政治分析（第六版）［M］.吴勇，译.北京：中国人民大学出版社，2012.

［134］罗丽.我国环境公益诉讼制度的建构问题与解决对策［J］.中国法学，2017（3）：244-266.

［135］罗倩.检察建议谦抑性的回归［J］.福建法学，2014（1）：73-78.

［136］罗斯科·庞德.通过法律的社会控制［M］.沈宗灵，译.北京：商务印书馆，2010.

［137］吕敬美，朱钊，姚立国.检察建议令状化改造的缘由及具体设计［J］.中国检察官，2018（13）：53-56.

［138］吕涛.检察建议的法理分析［J］.法学论坛，2010（2）：108-114.

［139］马怀德.行政诉讼法的时代价值——行政诉讼三十年：回首与前行［J］.中国法律评论，2019（2）：19-28.

［140］马克斯·韦伯.经济与社会（第二卷 上册）［M］.阎克文，译.上海：上海人民出版社，2010.

［141］马敏.现代化的"中国道路"——中国现代化历史进程的若干思考［J］.中国社会科学，2016（9）：28-40.

［142］马明生.论行政公益诉讼的原告资格［J］.法学论坛，2008（6）：96-101.

［143］马长山.国家、市民与法治社会［M］.北京：商务印书馆，2002.

［144］迈克·费恩塔克.规制中的公共利益［M］.戴昕，译.北京：中国人民大学出版社，2014.

［145］毛斌.论行政公益诉讼前置程序［J］.中国检察官，2016（12）：44-47.

［146］倪斐.公共利益法律化研究［M］.北京：人民出版社，2017.

［147］倪洪涛.行政公益诉讼、社会主义及其他［J］.法学评论，2014（4）：193-196.

［148］倪洪涛.从公共性行政诉讼到行政公益诉讼——从2006年典型公共性行政诉讼案谈起［J］.湘潭大学学报（哲学社会科学版），2016（4）：14-23.

［149］潘剑锋，郑含博.行政公益诉讼制度目的检视［J］.国家检察官学院学报，2020（2）：21-37.

［150］皮协中.行政法平衡理论：功能、挑战与超越［J］.清华法学，2015（1）：37-50.

［151］钱于立.行政公益诉讼的现实逻辑及其路径构建［J］.求索，2015（12）：142-146.

［152］钱渊.检察机关介入公益诉讼方式之选择［J］.政治与法律，2007（5）：88-93.

［153］乔刚，胡环宇.泰州1.6亿元天价环境公益案诉讼手记［M］.北京：法律出版社，2018.

［154］秦前红.检察机关参与行政公益诉讼理论与实践的若干问题探讨［J］.政治与法律，2016（11）：83-92.

［155］秦前红.我国监察的宪法定位——以国家机关相互间的关系为中心［J］.中外法学，2018（3）：555-569.

［156］秦前红，王天鸿.国家监察体制改革背景下检察权优化配置［J］.理论视野，2018（8）：47-55.

［157］秦天宝，段帷帷.论我国环境行政公益诉讼制度的发展——以全国首例检察机关提起环境行政公益诉讼案为例［J］.环境保护，2015（1）：55-57.

［158］曲婧.论防范行政不作为的五种应对机制［J］.求索，2012（12）：185-187.

［159］冉诗玉，张雷.检察机关提起行政公益诉讼制度实证研究［J］.金陵法律评论，2015（2）：236-246.

［160］任学强.检察建议的理论与实践——以检察机关社会综合治理职能为视角［J］.社会科学论坛，2014（10）：235-239.

［161］阮李全，胡耘通.论环境行政不作为的控制机制［J］.社会科学家，2009（5）：80-83.

［162］沈开举，邢昕.检察机关提起行政公益诉讼诉前程序实证研究［J］.行政法学研究，2017（5）：39-51.

［163］沈寿文.环境公益诉讼行政机关原告资格之反思——基于宪法原理的分析［J］.当代法学，2013（1）：61-67.

［164］石娟.人民检察院提起行政公益诉讼的基本问题研究［J］.海峡法学，2015（2）：104-112.

［165］室井力，芝池义一，浜川清.日本行政程序法逐条注释［M］.朱芒，译.上海：上海三联书店，2014.

［166］孙洪坤 . 检察机关参与环境公益诉讼的程序研究［M］. 北京：法律出版社，2013.

［167］孙笑侠 . 程序的法理（第二版）［M］. 北京：社会科学文献出版社，2017.

［168］孙笑侠 . 法的现象与观念——中国法的两仪相对关系（修订四版）［M］. 北京：光明日报出版社，2018.

［169］孙笑侠 . 法律对行政的控制（修订二版）［M］. 北京：光明日报出版社，2018.

［170］孙育玮 . "公共利益"问题的法理学探讨［J］. 学习与探索，2006（4）：105-111.

［171］覃慧 . 检察机关提起行政公益诉讼的实证考察［J］. 行政法学研究，2019（3）：87-100.

［172］谭义斌，黄萍 . 关于检察建议实施情况的调研报告［J］. 人民检察，2016（8）：35-40.

［173］唐震 . 行政公益诉讼中检察监督的定位与走向［J］. 学术界，2018（236）：150-164.

［174］陶建国 . 德国环境行政公益诉讼制度及其对我国的启示［J］. 德国研究，2013（2）：68-79.

［175］田凯，张嘉军，王红建，等 . 人民检察院提起公益诉讼立法研究［M］. 北京：中国检察出版社，2017.

［176］田凯 . 行政公诉论［M］. 北京：中国检察出版社，2009.

［177］田凯 . 行政公益诉讼启动模式与检察机关的定位选择［J］. 人民检察，2009（17）：17-21.

［178］田凯 . 初论探索行政公益诉讼的制度供给路径［J］. 中国检察官，2015（215）：3-6.

［179］田凯.检察机关提起行政公益诉讼的制度供给［J］.人民检察，2015（11）：41-42.

［180］托克维尔.论美国的民主［M］.董果良，译.北京：商务印书馆，2012.

［181］万绍红.西方共和主义公共利益理论研究［M］.上海：上海三联书店，2016.

［182］万毅.权力的边界:检察建议的实证分析［J］.东方法学,2008（1）：133-142.

［183］汪骏良.论权力清单的构造及完善——基于省级政府权力清单的实践［J］.河南财经政法大学学报，2019（1）：1-12.

［184］王春花.公益诉讼诉前程序的功能定位与制度完善——以民事公益诉讼为例［J］.东南大学学报（哲学社会科学版），2018（6）：105-108.

［185］王春业.行政公益诉讼"诉前程序"检视［J］.社会科学,2018（6）：94-103.

［186］王春业.论检察机关提起"预防性"行政公益诉讼制度［J］.浙江社会科学，2018（11）：51-58.

［187］王春业.论行政公益诉讼诉前程序的改革——以适度司法化为导向［J］.当代法学，2020（1）：89-97.

［188］王春业，王娟.行政公益诉讼范围的"等外"解读［J］.浙江学刊，2019（6）：97-103.

［189］王春业.论检察机关提起行政公益诉讼的"诉前程序"［J］.江汉大学学报（社会科学版），2018（3）：30-37.

［190］王丹红.日本行政诉讼类型法定化制度研究［M］.北京：法律出版社，2012.

［191］王红斌，贺楠.检察建议使用之乱象分析［J］.中国检察官，2015

（19）：31-32.

［192］王华伟.试论行政执法检察监督方式之改进——以"检察督促令"为契点［J］.湖北社会科学，2017（6）：148-155.

［193］王兰玉."不完全作为"行政行为的法律性质及分类归属［J］.政治与法律，2009（2）：112-117.

［194］王名扬.美国行政法［M］.北京：中国法制出版社，2005.

［195］王名扬.王名扬全集：英国行政法、比较行政法［M］.北京：北京大学出版社，2016.

［196］王明远.论我国环境公益诉讼的发展方向：基于行政权与司法权关系理论的分析［J］.中国法学，2016（1）：49-68.

［197］王浦劬，臧雷振.治理理论与实践：经典议题研究新解释［M］.北京：中央编译出版社，2017.

［198］王清军.环境行政公益诉讼中行政不作为的审查基准［J］.清华法学，2020（2）：129-142.

［199］王太高.新司法解释与行政公益诉讼［J］.行政法学研究，2004（1）：68-75.

［200］王太高.行政公益诉讼与我国宪法实施［J］.江苏社会科学，2006（6）：96-99.

［201］王太高.诉的利益与行政公益诉讼［J］.甘肃政法学院学报，2007（6）：31-35.

［202］王万华.完善检察机关提起行政公益诉讼制度的若干问题［J］.法学杂志，2018（1）：96-108.

［203］王曦，张岩.论美国环境公民诉讼制度［J］.交大法学，2015（4）：27-38.

［204］王志颖.行政公益诉讼与民事公益诉讼比较研究［J］.河北法学，

2004（9）：120-122.

［205］威廉·韦德，克里斯托弗·福赛.行政法（第十版）［M］.骆梅英，苏苗罕，周华兰，等译.北京：中国人民大学出版社，2017.

［206］文史哲编辑部.国家与社会：构建怎样的公域秩序？［M］.北京：商务印书馆，2010.

［207］翁晓斌，周翔.公益诉讼试点中的"行主民辅"现象研究——兼论检察机关在两种案件类型中的不同担当［J］.社会科学战线，2017（11）：218-229.

［208］翁岳生.行政法（上册）［M］.北京：中国法制出版社，2009.

［209］吴华.论课予义务诉讼——对行政不作为的救济形式［J］.行政法学研究，2006（1）：110-119.

［210］吴凯.域外行政公益诉讼原告资格的嬗变与借鉴［J］.行政与法，2010（7）：91-95.

［211］吴凯杰.论预防性环境公益诉讼［J］.理论与改革，2017（3）：146-161.

［212］吴美满.两岸生态环境行政公益诉讼比较研究——以台湾地区立法及案例的评析借鉴为基点［J］.人民检察，2016（8）：74-77.

［213］吴应甲.环境公益诉讼原告资格比较研究［M］.河南：郑州大学出版社，2019.

［214］吴应甲.中国环境公益诉讼主体多元化研究［M］.北京：中国检察出版社，2017.

［215］夏云娇.西方两大法系环境行政公益诉讼之比较与借鉴［J］.湖北社会科学，2009（5）：159-162.

［216］项谷，姜伟.检察建议：一种参与社会管理的软法机制［J］.中国检察官，2012（4）：14-17.

［217］肖建国，蔡梦非.环境公益诉讼诉前程序模式设计与路径选择［J］.人民司法，2017（13）：13-18.

［218］肖中扬.论新时代行政检察［J］.法学评论，2019（1）：48-62.

［219］小早川光郎.行政诉讼的构造分析［M］.王天华，译.北京：中国政法大学出版社，2014.

［220］谢玉美，刘为勇.行政违法行为检察监督程序论［J］.行政法学研究，2017（1）：41-49.

［221］邢昕.行政公益诉讼启动标准：基于74份裁判文书的省思［J］.行政法学研究，2018（6）：136-144.

［222］熊文钊，赵莹莹.检察机关公益诉讼调查核实制度的优化［J］.人民检察，2019（8）：5-9.

［223］徐卉.通向社会正义之路——公益诉讼理论研究［M］.北京：法律出版社，2009.

［224］徐鹏.公共利益法律化及其在土地征收制度中的践行［J］.山东社会科学，2011（3）：141-144.

［225］徐全兵.检察机关提起行政公益诉讼的职能定位与制度构建［J］.行政法学研究，2017（5）：77-86.

［226］许崇德.中华人民共和国宪法史（下卷）［M］.福建：福建人民出版社，2005.

［227］许世腾.论检察建议的规范与完善［J］.理论学刊，2014（2）：102-106.

［228］薛波.元照英美法词典（缩印版）［M］.北京：北京大学出版社，2013.

［229］薛刚凌，杨欣.论我国行政诉讼构造："主观诉讼"抑或"客观诉讼"？［J］.行政法学研究，2013（4）：29-37.

［230］薛刚凌.外国及港澳台行政诉讼制度［M］.北京:北京大学出版社，2006.

［231］薛志远，王敬波.行政公益诉讼制度的新发展［J］.法律适用，2016（9）：96-102.

［232］薛志远.行政公益诉讼的制度建构及完善建议［J］.行政与法，2016（9）：76-84.

［233］亚里士多德.政治学［M］.吴寿彭，译.北京：商务印书馆，2012.

［234］颜运秋.公益诉讼理念与实践研究［M］.北京：法律出版社，2019.

［235］晏翔.环境民事公益诉讼诉前程序的构建与完善［J］.山东行政学院学报，2017（3）：73-77.

［236］杨翠华，姜仙德.检察建议的分类与整合［J］.人民检察，2012（22）：78-79.

［237］杨建顺.《行政诉讼法》的修改与行政公益诉讼［J］.法律适用，2012（11）：60-68.

［238］杨解君，李俊宏.公益诉讼试点的若干重大实践问题探讨［J］.行政法学研究，2016（4）：108-123.

［239］杨书文.检察建议基本问题研究［J］.人民检察，2005（17）：16-21.

［240］杨伟东.政府信息公开申请人资格及其对行政诉讼原告资格的发展——以中华环保联合会诉修文县环保局案为分析基点［J］.行政法学研究，2017（1）：60-74.

［241］杨雅妮.检察机关提起民事公益诉讼诉前程序探析［J］.河南财经政法大学学报，2018（2）：107-116.

［242］姚华，简乐伟.论检察监督权的诉讼化改造［J］.苏州大学学报，2012（1）：78-83.

［243］叶必丰.具体行政行为的法律效果要件［J］.东方法学,2013（2）:3-12.

［244］叶韬平.论检察建议在民事诉讼监督机制中的位阶［J］.湖南警官学院学报,2015（1）:116-120.

［245］应松年.行政公益诉讼试点亟待解决的几个问题［J］.人民论坛,2015（24）:64-65.

［246］应松年,江必新,游劝荣,等.加快法治建设促进国家治理体系和治理能力现代化［J］.中国法学,2014（6）:40-56.

［247］应松年,胡卫列,张步洪,等.行政诉讼检察监督制度的改革与完善［J］.国家检察官学院学报,2015（3）:60-68.

［248］应松年.外国行政程序法汇编［M］.北京:中国法制出版社,2004.

［249］应松年.行政程序法［M］.北京:法律出版社,2009.

［250］应松年.当代中国行政法［M］.北京:人民出版社,2018.

［251］于安.行政诉讼的公益诉讼和客观诉讼问题［J］.法学,2001（5）:16-17.

［252］于安.公益行政诉讼及其在我国的构建［J］.法学杂志,2012（8）:66-71.

［253］于文轩,曾娅平.检察机关之环境行政公益诉讼原告资格探讨［J］.人民法治,2015（5）:29-31.

［254］余凌云.行政法案例分析和研究方法（第二版）［M］.北京:清华大学出版社,2019.

［255］余凌云.行政法讲义（第三版）［M］.北京:清华大学出版社,2019.

［256］余少祥.什么是公共利益——西方法哲学中公共利益概念解析［J］.江淮论坛,2010（2）:87-98.

［257］余彦，马竞遥．环境公益诉讼起诉主体二元序位新论——基于对起诉主体序位主流观点的评判［J］．社会科学家，2018（4）：112-118.

［258］俞可平．走向善治［M］．北京：中国文史出版社，2016.

［259］俞可平．中国如何治理？通向国家治理现代化的道路［M］．北京：外文出版社，2019.

［260］喻文光．环境行政公益诉讼及检察机关提起诉讼资格问题［J］．人民检察，2014（11）：59-62.

［261］袁本朴．检察机关提起行政公益诉讼刍议［J］．人民检察，2015（3）：6-12.

［262］原田尚彦．诉的利益［M］．石龙潭，译．北京：中国政法大学出版社，2014.

［263］约翰·罗尔斯．正义论［M］．何怀宏，何包钢，廖申白，等译．北京：商务印书馆，1988.

［264］岳向阳．行政公益诉讼制度从理论走向现实——"检察机关提起行政公益诉讼"研讨会综述［J］．中国检察官，2015（13）：9-12.

［265］詹姆斯·M.布坎南，戈登·图洛克．同意的计算——立宪民主的逻辑基础［M］．陈光金，译．上海：上海人民出版社，2017.

［266］张彬，张一博．行政公益诉讼诉前程序基本理论探析［J］．人民检察，2017（4）：62-65.

［267］张步洪．构建民事督促起诉制度的基本问题［J］．人民检察，2010（14）：19-22.

［268］张步洪．行政检察制度论［M］．北京：中国检察出版社，2013.

［269］张栋祥，柳砚涛．检察机关参与行政公益诉讼的角色定位［J］．山东社会科学，2017（267）：112-118.

［270］张方华．公共利益范畴的歧义性与准确界定［J］．云南行政学院学

报，2010（4）：101-104.

［271］张锋.环保社会组织环境公益诉讼起诉资格的"扬"与"抑"［J］.中国人口资源与环境，2015（3）：169-176.

［272］张晋邦.论检察建议的监督属性——以行政公益诉讼中行政机关执行检察建议为视角［J］.四川师范大学学报（社会科学版），2018（6）：71-78.

［273］张晋邦.检察机关一般法律监督权：规范内涵、宪制机理与调整方向——兼论检察院组织法原第5条的修改［J］.甘肃政法学院学报，2019（4）：23-41.

［274］张鲁萍.检察机关提起环境公益诉讼功能定位与制度建构［J］.学术界，2018（1）：137-149.

［275］张宁，张贵才.使用检察建议应有标准化体系［J］.人民检察，2018（22）：77-78.

［276］张培.检察院提起环境行政公益诉讼的五个法理问题——以检例第32号指导性案例为样本［J］.法律适用，2018（6）：74-78.

［277］张淑芳.论行政规避法律［J］.学术月刊，2018（5）：88-100.

［278］张文显.法治与国家治理现代化［J］.中国法学，2014（4）：5-27.

［279］张文显.法理学（第三版）［M］.北京：高等教育出版社，2007.

［280］张祥伟.环境公益诉讼司法运行理论与实践研究［M］.北京：中国政法大学出版社，2018.

［281］张晓飞，潘怀平.行政公益诉讼检察建议：价值意蕴、存在问题和优化路径［J］.理论探索，2018（6）：124-128.

［282］张晓玲.论行政公益诉讼权［J］.行政与法，2016（10）：71-73.

［283］张兴祥，刘飞，朱芒，等.外国行政程序法研究［M］.北京：中国法制出版社，2010.

［284］张旭勇.行政公益诉讼中"不依法履行职责"的认定［J］.浙江学

刊，2020（1）：67-76.

［285］张雪樵.《关于检察公益诉讼案件适用法律若干问题的解释》的理解与适用［J］.人民检察，2018（7）：5-8.

［286］张雪樵.检察公益诉讼比较研究［J］.国家检察官学院学报，2019（1）：149-160.

［287］张亚琼.论我国行政公益诉讼原告资格的确认［J］.行政论坛，2008（1）：67-71.

［288］章剑生.现代行政法基本理论（第二版）［M］.北京：法律出版社，2014.

［289］章志远.行政公益诉讼中的两大认识误区［J］.法学研究，2006（6）：151-153.

［290］章志远.行政公益诉讼热的冷思考［J］.法学评论，2007（1）：17-24.

［291］赵敏.服务行政视角下公安行政不作为新探——以警察干预家庭暴力为例［J］.河北法学，2013（8）：56-62.

［292］赵锐，李毅磊.检察建议实证分析研究［J］.中国检察官，2015（17）：30-32.

［293］赵芷珺.论环境行政公益诉讼——从雾霾引起的环境行政公益诉讼谈起［J］.湖北警官学院学报，2014（9）：138-142.

［294］甄君玮.检察建议司法适用中存在的问题及对策［J］.山东省政法管理干部学院学报，2012（3）：88-90.

［295］郑贤宇，刘玉姿.论行政公益诉讼中的"公益"概念［J］.社会科学家，2017（10）：99-104.

［296］周林彬，何朝丹.公共利益的法律界定探析——一种法律经济学的分析进路［J］.甘肃社会科学，2006（1）：130-137.

［297］周枏. 罗马法原论［M］. 北京：商务印书馆，2014.

［298］周佑勇，尚海龙. 裁量不作为的要件分析——基于法院判决的观察［J］. 法制与社会发展，2011（5）：143-151.

［299］朱迪·弗里曼. 合作治理与新行政法［M］. 毕洪海，陈标冲，译. 北京：商务印书馆，2010.

［300］朱汉卿. 检察机关的行政公益诉讼原告人的资格探讨——以民事诉讼法修正案的颁布、民事公益诉讼的确立为契机［J］. 江汉大学学报（社会科学版），2017（1）：50-57.

［301］朱全宝. 论检察机关提起行政公益诉讼：特征、模式与程序［J］. 法学杂志，2015（4）：112-118.

［302］朱全宝. 检察机关提起环境行政公益诉讼：试点检视与制度完善［J］. 法学杂志，2017（8）：117-123.

［303］朱孝清. 国家监察体制改革后检察制度的巩固与发展［J］. 法学研究，2018（4）：3-19.

［304］朱新力，黄娟. 以社团组织为原告的行政公益诉讼的制度进路［J］. 浙江大学学报（人文社会科学版），2016（1）：159-171.

［305］朱学磊. 论行政公益诉讼的宪法基础——以传统行政诉讼模式的合宪性危机为线索［J］. 现代法学，2016（6）：23-32.

［306］朱有志，杨盛海. 论检察建议的社会管理价值［J］. 求索，2013（2）：180-182.

［307］最高人民法院法律政策研究室. 公益诉讼指导性案例实务指引［M］. 北京：中国检察出版社，2019.

［308］最高人民检察院民事行政检察厅. 检察机关提起公益诉讼实践与探索［M］. 北京：中国检察出版社，2017.

［309］最高人民检察院第八检察厅. 行政公益诉讼典型案例实务指引

（生态环境·资源保护领域）［M］.北京：中国检察出版社，2019.

［310］最高人民检察院第八检察厅.行政公益诉讼典型案例实务指引（食品药品安全·国有财产保护·国有土地使用权出让等领域）［M］.北京：中国检察出版社，2019.

［311］最高人民检察院第八检察厅.最高人民检察院第十三批指导性案例适用指引（公益诉讼）［M］.北京：中国检察出版社，2019.

二、英文参考文献

［1］BORZEL T A, RISSE T. Governance Without a State: Can It Work? ［J］. *Regulation & Governance*, 2010, 4 (2): 113-134.

［2］COLEBATH H K. Making Sense of Governance ［J］.*Policy and Society*, 2014, 33: 307-316.

［3］KARL S C. Citizen Litigants Citizen Regulators: Four Cases Where Citizen Suits Drove Development of Clean Water Law ［J］. *Colorado Journal of International Environmental Law & Policy*, 2014, 25: 61-124.

［4］KIRK E, TINA N, STEPHEN B. An Integrative Framework for Collaborative Governance ［J］. *Journal of Public Administration Research and Theory*, 2012, 22: 1-30.

［5］LEHNER P H. The Efficiency of Citizen Suits ［J］.*Albany Law Environmental Outlook*, 1995, 4: 4-12.

［6］MORRISON T W. Private Attorneys General and the First Amendment［J］. *Michigan Law Review*, 2005, 103: 589-675.

［7］PARKER V. The Increasing Role of Citizen Antipollution Suits ［J］. *State Bar of Texas Environmental Law Journal*, 1985, 15 (3): 1-7.

［8］PETERS B G. Is Governance for Everybody?［J］.*Policy and Society*, 2014, 33: 301-306.

［9］RHODES R. Understanding Governance: Ten Years On［J］. *Organization Studies*, 2007, 28 (8): 1243-1264.

［10］RUBENSTEIN W B. On What a "Private Attorney General" Is—and Why It Matters［J］.*Vanderbilt Law Review*, 2004, 57: 2129-2173.

［11］SCHIPPER R S. Administrative Preclusion of Environmental Citizen Suits［J］.*University of Ilinois Law Review*, 1987, 1: 163-181.

［12］SMITH K M. Who's Suing Whom? A Comparison of Government and Citizen Suit Environmental Enforcement Actions Brought Under EPA Administered Statutes, 1995—2000［J］. *Columbia Journal of Environmental Law*, 2004, 29: 359-414.

［13］THOMPSON J L. Citizen Suits and Civil Penalties under the Clean Water Act［J］.*Michigan Law Review*, 1987, 85: 1656-1680.

附　录

有关检察机关提起行政公益诉讼的调查

1. 检察机关是否有对法定公益范围外领域的探索？对于"公共利益"的判断采用怎样的标准？考虑哪些因素？如何寻求法定公益范围外领域监督的规范支持？

2. 检察机关在实践中采用了哪些措施发挥诉前程序在行政公益诉讼制度中的积极作用？

3. 理论上认为检察权作为广义的司法权应当具有谦抑性，在行政公益诉讼的实践中，检察机关如何保持检察权谦抑性的同时发挥监督行政机关履职的作用？如何看待有些地方检察机关和行政机关联合开展公益领域专项监督的做法？

4. 贪污贿赂案件侦查权的转隶是否影响检察机关对行政机关在公益领域履职情况的监督？如果有影响，检察机关采取了哪些措施来增强监督刚性和效果？

5.《公益诉讼司法解释》赋予了检察机关在行政公益诉讼诉前程序中享有调查核实的权力，同时也要求检察机关不得采用强制措施，只是要求被调查人应当配合。那么，检察机关在实践中如何确保调查核实权力的落实？在调查核实中遇到哪些困难？在现有法律框架中是如何解决的？现有法律规范应当如何进一步完善？

6. 检察机关在制发检察建议之后，采取哪些措施来跟进和督促行政机关落实相关建议？有些地方采取的"圆桌会议"等形式是否具有可推广性？

7. 检察机关在撰写检察建议内容时如何考虑检察权与行政权履职的边界问题，即发挥检察权监督作用的同时，又不干涉行政机关的履职？

8. 在由诉前程序向诉讼程序转化的过程中，对于起诉条件是如何把握的？是"行政机关不履行检察建议要求的职责"？是"不在法定期限内回复"？还是"公共利益未得到恢复"？把握时考虑的因素有哪些？如果遵循"公益得到恢复"的标准，考虑公益恢复的难度等因素，如何协调与两个月的法定整改期限可能产生的冲突？

9. 在调查核实中，对于专业问题（如损害鉴定等），检察机关现有力量是否能够有效解决？在现有力量无法解决的时候，通常采用什么措施来解决？

10. 检察机关机构改革后，公益诉讼检察部门的人员通常来自哪里？是民事行政检察部门的人员为主还是有其他部门人员的填补？

11. 在行政公益诉讼案件的调查核实中，检察机关自己建立的鉴定机构是否承担了相关鉴定任务？为什么？

12. 在一些案例中，检察机关在行政公益诉讼诉前程序的调查核实中存在"依赖"行政机关专业优势的现象，实践中有哪些具体表现？是否会影响检察机关作为监督者的客观中立地位？

13. 检察建议的制发程序是什么？ 2018 年出台的《人民检察院检察建议工作规定》在适用于公益诉讼检察建议的制发过程中存在哪些问题与不足？

14. 从检察机关的角度来看，社会组织是否适合提起行政公益诉讼？如果社会组织也可以提起行政公益诉讼的话，是否也应当设置诉前程序？如何设置与检察机关之间的关系更为合理？

后 记

　　行政公益诉讼制度从提出到实践的时间虽然并不长，但在公共利益的法律保护、检察机关职责的转型等方面取得了显著的成效，特别是诉前程序在检察机关办案积极性与办案质量、行政机关整改比例、公益保护效果以及群众满意度等方面都发挥了积极而有效的作用，可以说，诉前程序是行政公益诉讼制度中的特色与亮点。这一制度设计与有效实践，充分体现了我国的实际情况，具有鲜明的独创性与本土性。本书立足于理论、规范与实践三个维度，在对诉前程序所涉及的理论予以系统梳理和厘清的基础上，对照规范与实践，对启动、调查核实、制发检察建议以及与诉讼程序的衔接等诉前程序的全部环节予以检视，并且提出针对性的完善措施和建议，以期能够对诉前程序发挥更大的作用贡献自己的绵薄之力。

　　本书能够完成并且顺利出版，离不开很多人的支持：关保英教授作为我的博士生导师，对论文的选题、撰写以及出版给予了悉心的指导，并且从攻读硕士至今一直关心、帮助我，学生借此深表感谢！中国民主法制出版社的编辑们提出了诸多有益的建议，为本书能够顺利出版付出了辛勤的劳动！另外，这本书的出版，离不开我母亲的无私支持，这本书也是送给我母亲的！

　　对于行政公益诉讼诉前程序的研究，我全情投入，思考与写作过程中朝着观点上经得起推敲、表达上严谨精准的目标努力，但囿于水平与能力，难免有不足和可商榷之处，恳请各位专家同行批评指正，共同交流！

2024 年 7 月于上海